南懷瑾文化

# 傳統身心性命之學的探討

南懷瑾◎講述

# 出版說明

南師懷瑾先生，多年來傳授修行法要，並領導實際修持，到了二〇〇八年，已有半個世紀之久了。這一年的南師已屆九十高齡，對諸學子們的企盼，更為殷切，即於七月中旬通知各學子前來，並於八月一日開始，一連十日討論各人修學報告，並再三提醒學習重點，更重覆講解法要。

這次一共十日的講授和討論，隨即由張振熔學友根據錄音記錄，惟因當時忙於《孟子》各篇的整理工作，而拖遲本次記錄整理，直到二〇一六年檢出記錄，始由王濤學友整理全文，並加小標題，於二〇一八年四月十八日完工。

此後即先由宏忍師偕同許江學友校對錄音，馬宏達學友閱全文並提出問題，我也參與校閱三次之多，大家同心協力，務使確實無誤。現於出版印行之際，特記述經過俾讀者易於了解。

劉雨虹　記

二〇一九年元月廿四日

# 目錄

## 八月四日 217

## 八月五日　293

## 八月六日　349

## 八月七日　415

## 八月九日 517

八月十日　575

# 八月一日

# 第一堂

## 打坐的姿勢

新參與老參，你們打坐姿勢都有問題，包括出家人與在家的身體都是歪的，那白打坐了，你坐一萬年也沒有用。你不要看身體不重要，兩腿一盤，重點在腰椎這裡，必須要認識清楚屁股後的這七個骨節，從最開始這一節上來到腰這裡，身體不好的人直不起來的，打坐都喜歡在這幾節彎起來。你們能看到我這個背嗎？我穿著衣服你們能看到嗎？燈光夠不夠啊？看不到的站起來看，一般人坐著，腰椎這五節都是彎的，有些人練過武功的，拚命挺胸也不對，不是挺胸，是要注意腰、肩胛這兩個地方。肩膀要拉開但不是挺胸，也不是挺腰，就是把骨節擺直，這個五節就是那麼直，兩個肩膀自然拉開，時刻注意自己，等一下我拿一個尺子給你們量量看。你們做過西裝沒有？做西裝很有講究，那個裁縫師給你量褲子，從你腰開始量這個腿，每個人的兩腿長短都不一樣，可能差兩、三分，有些人差一寸，甚至差兩寸。你們現在穿的褲子，都是買來的，現在人們不講究，不會穿衣服，有條褲子就好了，買來就隨便穿，以為是名牌花錢多就會漂亮了，沒有文化連衣服都不會穿了，所以有經驗的裁縫給你量體裁衣，會將就你兩腿的長短製作。

人們平常講話走路都是歪的，你看站起來好像很端正，其實兩個肩膀不是平的，自己都要清楚，一個修行人連自己的身體都不清楚，時刻都是歪的，這些我平常都講過，我在《靜坐修道與長生不老》都講過的。大家都說看過我的書，我一聽就笑，根本沒有仔細看過，泛泛地自作聰明，然後坐起來肚子拱出來了，肚子拱出來就是腰這裡彎起來了。你看唐宋時期塑的佛像三圍是很標準的，腰自然挺直，這樣身體沒有毛病，修氣修脈做工夫就容易上路了。

一個一個改姿勢，我都出了一身汗，教你們真吃力。老和尚別動了，你右邊掉下去，左邊又提起來，這樣氣脈永遠通不了，因為身體一邊有病的人，心理下意識地會支持這一邊，這樣歪著舒服，只要仔細看人走路就會發現，一般人到中年以上，尤其現在背皮包的人，走起路一隻手在動，另一邊不動，那個人的心臟多半有病，他自己不知道，因為這邊管心臟。健康的人走路雙手自然甩得很整齊，現在人走路時拿個包，提慣了一邊肩膀不動，這是自己找病，我經常提醒同學們，你拿個皮包、書包，要換著背，這邊背一下，那邊背一下，一邊背慣了就會生病，這是氣脈的原因。

A同學你坐好，我要特別看你的姿勢了，你是老修行，還是有問題，你盤坐著不要挺腰，你先整個趴下去，再慢慢起來，你的身體好僵硬，氣要沉下去，腰不要挺，就是注意腰椎、尾椎的骨節，不要挺，忘我放鬆，這叫氣沉丹田，自然的肩膀拉開，這裡叫還陽穴，可以救人命的。你練拳練慣了都在用力，那都是外功的拳，不是內功，內功講究放鬆、氣沉，放鬆了氣自然沉，脊背放鬆，陽氣自然上來，肩膀向左右兩邊拉開，你的手不夠長就往上放，大家放鬆，在這裡要把自己的身分、年齡、地位都放下，聽命令，把自己當成小孩。喝喝茶再上座，這個姿勢沒有什麼話好說，不要遠來白跑一趟，有問題問我，至於身體不好、年紀大了可以坐藤椅上，不必盤腿，可以聽課。

## 身瑜珈與健康

B同學是標準的瑜珈師，學了好多年的瑜珈，上午你們有空趁機會可以跟她學習瑜珈，要趁這個機會把身體練好。我叫他們學少林武術、學舞蹈都要轉到瑜珈，所以唯識宗的經典《瑜伽師地論》講，有修行的練瑜珈的大師叫瑜伽師，地論就是修禪定一步一步的工夫。《瑜伽師地論》這個題目先搞清楚，瑜伽師是通過修禪定瑜珈求證佛法，所以《瑜伽師地論》分十七地。現在一般練的是身瑜珈，這與氣脈有關係。剛才講到脊背上的這些骨節，所以我叫她做瑜珈給你們看，你看她的身材，她也是中年人了，這樣練習把每一根筋骨氣脈都拉開，配合呼吸法，每一條經脈都放鬆了。達摩祖師傳授的少林拳也是身瑜珈，太極、八卦也是身瑜珈的範圍，再配合呼吸，鍛煉身體打通內部的氣脈，就是神經氣脈都放鬆了，軟化、恢復到嬰兒的身體。

印度講打坐的姿勢有九十多種，這樣的七支坐法容易入定。修習禪定，要動靜合一，當年淨土宗的大師印光法師講過四句話：「靜以修心，動以修身，身心兩健，動靜相因」。身體運動變健康了，雜念自然少了，容易得定。換一句話說，你不做運動，光念佛打坐，密宗、禪宗都修，但是有時候習氣還是改不了，脾氣也改不了，思想不能寧靜，這是因為身體的關係，使你產生情緒，內在的五臟六腑與經脈都不健康，就會使你心不寧靜，妄念斷不了。徹底斷妄念，除非禪宗的大徹大悟，修禪定證得菩提的人，身心一下改了，那很難，一般都要經過漸修。

中國禪宗講頓悟，我看了九十幾年，快一百年了，很多人都在吹牛，身心都沒有改變。我以自己的身體給你們證明，我也九十多歲了，還在練這個身體，我的腿還可以翻轉，走路還比你們輕便，現在不戴眼鏡還可以看書，我也沒有道，可是身體比你們健朗，為什麼？我今天早上還沒有吃東西，每天如此，早上起來到晚上只吃一餐，一餐喝一碗稀飯，還陪你們談笑風生，聲音也比你們大，但不是故意提高音。如果我吃了東西，腸胃塞滿了以後反倒不然，所以我討厭吃東西，然後夜裡十二點鐘，跟你們應酬完了，我自己就去做工夫了，或者看書也好，一直坐到天亮。我昨天夜裡還是一直坐到今天凌晨五點鐘才睡的，也就是休息一下，不是睡覺，是做睡功，行住坐臥、睡覺走路、活動講話時時都在用功。譬如我現在給你們講話，自己同時在做工夫，在一種定境中，不是離開了定境，假定是離開了定境，那我白修行幾十年了，乃至罵你們發脾氣，好像凶得很，其實我還在定中呢。

這一次找你們老同學回來，講這些實在話給你們聽，因為我覺得自己九十幾歲，算不定明天、後天走了，要給你們做個交待，你們再聽不懂、學不會也是活該。我也找了快一百年，我的運氣好，抗戰把全國這些三教九流的學者都趕到成都重慶，如果我個人去拜師訪問，那得花多大的力氣！這下都給趕攏一處，我都有幸見到。譬如共產黨創辦人陳獨秀、佛學專家歐陽竟無、馬一浮、謝无量，這些大師，我們都在一起談過，相互之間不是老師就是朋友。共產黨趕跑了國民黨，把一批大師又趕到台灣，又都在一起了，所有佛道兩家的高人名人，我看得多了，真實證道的很少看到。所以我笑中國當年流行氣功，中國文化竟然墮落到這個程度，只有氣功了，但是我也很佩服他們，為什麼？唯物主義流行不能講唯心，只好弄個氣功的帽子戴上。中國的內修工夫分五步，第一步是練武功，以前的出家修道人，像虛雲老和尚、印光法師都會武功，你不要以為他們沒有練過。然後，武功練好了是氣功，氣功練好了是內功、導引，內功練好了是道功，最後是禪功，這五個層次，一步一步修過來。

# 第二堂

## 再說姿勢

你們打坐姿勢要坐好，我還是指定幾位出來給大家改姿勢，如果被改的人覺得有疑問，馬上舉手問我，這個不能客氣。如果你覺得這樣不舒服，那個問題在哪裡？他改得對不對？不是說他們已經很高明了，是他們比較注意打坐姿勢，這是第一點。

第二點，你們下座的時候，蓋腿巾一定疊好放好。大家年紀大了，不守規矩的多，從兒童教育起沒有學好，生活要有次序，出來位置、鞋子一定放好。在家居士鞋子怎麼擺，出家怎麼擺都要清楚。在家居士的鞋放前面，但是這裡太低了，你就把兩個鞋子放到旁邊來，免得彼此呼吸到鞋子底下的髒氣。出家人兩個鞋子是後跟對後跟，在家人放前面也放好，最好把鞋子放到座位下面去，免得人家過來踢到，妨礙別人。你們回頭來看一下，你們鞋子有些沒有擺好的，自己看一下，就是說不要大模大樣，不要倚老賣老，到這裡都變成年輕人了。

因為我講話聲音大，有人說我在罵人，這是完全錯誤，你們很可憐，聲音都沒有了。我不是罵，我就有那麼多的氣、精神，一定要你們聽清楚，姿勢特別改好，尤其注意頭部，戴眼鏡的人打坐時最好拿掉眼鏡，打坐戴上眼鏡是非常有妨礙的，腦神經的氣脈就不通了。

A同學你身體歪了，屁股沒有坐正，整個身體歪的，你睜開眼注意對到正面來。假牙沒有關係，可以戴著，戴假牙的人口腔最好要清淨，口齒洗淨再打坐，因為坐好了以後，頭頂上有甘露下來，有甜的口水下來，就嚥下去。你們改姿勢時，注意他們重點都在腰椎下面，屁股下面墊高，不然都向後面靠了。以後我要特別注意你們的姿勢，你們諸位現在不是正式在打坐，你們是一邊練腿，一邊聽我講話。

我現在講話自己特別小心，常常是人家沒有聽懂，我現在再說明，教大家打坐是看大家都在用功，基本姿勢沒有學好，因此再改，改完了不是要你們打坐，現在開始是要你們靜下來聽，同時自己慢慢把兩腿練熟，這是生命根本的道理。所以我常常告訴出家同學們，先把腿練好，你至少要有個外形嘛，沒有道有個腿啊，一坐幾個鐘頭也嚇死人的，腿有這麼重要。

這一次講話是乘興而來，我有事、或者要休息了就不講，也不是正式禪修，你們坐不住就放鬆，旁邊有藤椅靠到去聽，不要在這裡硬撐。這次講幾天不一定，你們會吃不住的，這一點特別吩咐。

## 兩足尊

那麼再回轉來講兩個腿的重要，你們不是學佛嗎？都是假的，你們是宗教迷信，佛學不通，佛法更不懂了。怎麼叫作學佛？學佛是跟到佛去學。釋迦牟尼佛怎麼出家、怎麼用功你知道嗎？統統沒有研究，都是佛學專家了，開玩笑。孔子怎麼修養沒有搞清楚，老子做什麼工夫也沒有搞清楚。

說到學佛修道，現在的出家人、尤其在家居士大概都沒有認真做早晚功課，那叫禪門課誦，早晚和尚們唱唸得很好聽，但內容不注意。學佛要三皈依，第一句話：「皈依佛兩足尊，皈依法離欲尊，皈依僧眾中尊。」學佛的基本是三皈依，你們不是要找和尚或者尼姑拜師嗎？佛教的規矩，拜老師第一個就是三皈依，皈依不是入黨，也不是宗教意識，更不是參加幫會。皈依梵文叫「南無」，「南無」為什麼念「那摩」呢？這是唐宋以前的國語，客家話、廣東話、閩南話，這個「無」字念「摩」的音。中國人的發音各地區不同，各地區的語言對號的字不同，繁體字無，就是莫，就是英文的「NO」。我看世界的語言，懂了音韻學都差不多。南無梵文翻譯成中文叫「皈依」，就是拜師父，不是入黨，是找一個明師自己跟他學習，後來變成宗教了。佛在世的時候都是皈依佛，後來變成宗教才三皈依。「皈依佛兩足尊」，拜佛，好像佛就在前面，我們當到他老人家的面跪拜、行禮，頭碰到他的腳面，因為印度的規矩不穿鞋，禮拜要碰到腳背。

為什麼佛那麼值得尊敬皈依呢？後來的佛學解釋兩足尊是福德具足、智慧具足。一個人要想修行成功，反省自己一輩子世間的福報，很難要什麼有什麼，而佛天生是太子，一切富貴功名都有，都圓滿，沒有缺少，但他都不要都丟掉了，這是福德具足，而且智慧具足，他生來就悟道了，一輩子的修行是裝樣子的。因為佛在兜率天宮下來的時候，這一生是他三大阿僧祇劫最後一生，這個時代交給他了，教化責任歸他，所以叫作世尊。你們諸位修成了，將來最後一生都是成佛，都要領導一個時代、一個世界。他最後一生名叫釋迦牟尼，是這個娑婆世界的世尊。

那麼兩足尊是不是這個意思呢？現在重點來了，教理上法師們是這樣解釋，智慧具足、福德具足，一點沒有錯。但工夫上的兩足尊，兩個腳的氣脈要打通，我們打坐的困難在於腰以下，一點辦法都沒有。你看那個嬰兒躺在床上玩什麼？兩個手一點力氣都沒有，拿不住東西，身體也動不了，要吃就嗯嗯哭叫，他有時候哭是在叫人。嬰兒就是玩兩個腳，蹬來蹬去，指頭也在動，那是成長。人到了中年腰以下已經不行了，走路也不行，腿不行了，什麼都不行時，就是死亡，死亡是從下面開始上來。你看一個童子，他沒有停過活動，兩個腿是這樣重要。所以打坐修行，氣脈通到兩個腳底，兩個腳有了活力。比如我剛才叫那個孩子做瑜珈給你看，兩個腳可以自己在空中盤起來，也可以交到後面去，好像麻花一樣軟，一定是腰部以下的氣脈打通，兩腳氣脈完全通了以後叫神足通。

## 羅漢的神足

一般學教理的法師研究佛學解釋，神足就是精神氣力充足。那還要你講，我們活著的精神氣力都很充足啊，神通神通，精神氣力跟宇宙溝通的。你們看佛經都是研究佛學，頂門上沒有眼，佛的那些大弟子們，很多是神通具足。這些在流行的《金剛經》上面沒有講，所以你們注意看《大寶積經》，佛在說法的時候，其他弟子們在外地的，曉得佛在說法，一時乘空而來，不是坐飛機來的，我們乘飛機來，他乘空而來，在空中就飛過來了。譬如富樓那、君屠鉢歎，他們都派出去在外面弘法，曉得佛在中印度說法，就帶一班弟子乘空而來。這是佛經上描寫，我們當年看，真有意思，他們都是老師啊，舍利弗、富樓那、君屠鉢歎都帶領幾百個弟子在修行，曉得佛在那裡說法，乘空雁行而至，像空中高飛的大雁一樣，就飛過來坐下聽課了，這是講神話。

你看了佛經，可能不信這些，認為都是神話，可是對不起，我從小都信，就有這個事，如果自己沒有修到這一步，不算學佛，就有那麼嚴重。我也做不到啊！我也不夠資格學佛，可是告訴你們，你要立志，生命裡頭的功能是要做到，做不到是我們不用功，沒有切實去修證。不要吹了，你們儘管說要跟我學佛，你真正看經嗎？沒有看。叫我老師，老師的書真正看了嗎？沒有看。不要瞎扯了，我很清楚的，能不能讀書我最清楚。現在我講了半天話，你們邏輯要搞清楚，我的主題是叫你們練好這個腿，要姿勢改正確，為什麼你坐久了坐不住呢？身體腰部以下、橫隔膜以下統統有毛病。

## 真人之息以踵

C同學這一次來，我很佩服他，你們收到通知都沒有提問題，C同學來之前提了七個大問題，我慢慢會答覆。我說他到底了不起，提了問題，而且都是大問題，為什麼不能入定？為什麼坐不住？坐久會煩躁起來？你們也不好好研究，不是你心裡不想坐，心理受這個身體牽制，各種難受坐不下去了，是不是啊？為什麼會難受？心難受？心沒有啊，心很想坐，覺得有那麼多人我如果下座，不是很丟人嗎？可是熬不住啊，是身體的問題，四大變化，腰部以下不行，上身本身沒有問題，可是上身也就跟著煩躁了，心臟、肺部、肝部，尤其是肝煩躁起來，就坐不下去了。所以你只要看看三皈依就知道不簡單了，皈依佛兩足尊。我常常告訴親近的同學們，尤其這些出家的，注意這不是講理論，是講工夫。

再給你們一個證明，《莊子・大宗師》講「真人之息以踵，眾人之息以喉。」常人之息到胸口、肺部，有道的人呼吸達到腳底心、趾頭，那絕對是真的，告訴你我負責，這句話不是講理論，是講真實的工夫。莊子說常人的呼吸到喉嚨、肺部為止，得道的人，工夫到了，呼吸就到腳底下，到達腳底心、趾頭，那就是神足通的道理。中國文化這樣講，學一般自然科學的科學家要求證明，你拿儀器來量，測驗出來也不百分百準確。譬如我們的腳底心是燙的，趾頭是活的，原來受傷了會變好，細胞都變了，所以道家古人的話，說那些八、九十歲、一百多歲的神仙，「行疾奔馬，身輕如葉」，他走路馬一樣地快，年紀雖然大，身體輕得像樹葉一樣，在空中飄的，那就是神仙，這都不是空話。諸位兄弟們，注意哦！要學佛做真工夫，所以今天開始給你們改打坐姿勢，講這一段皈依佛兩足尊。

## 離欲尊

皈依法是皈依什麼？皈依佛法。法是個代號，代表了一切理、一切事、一切物，精神的、事實的萬事萬物歸在一起，形上形下都綜合在一起，這個叫法。佛法就是這個法，也沒有法，是緣起性空，性空緣起，無主宰，非自然，有時用一個字代表——空，證得真空的境界——離欲尊，就跳出了欲界，脫離男女飲食之欲，不一定吃東西了，男女關係、性欲的問題早就沒有這個事了。欲界兩件事，一個飲食，一個男女，這兩個方面他一點沒有問題了，可是還有一個大欲，就是禪定的欲，三明六通的欲，這些都要做到，做到所求，一切皆如意，才叫離欲尊。如果這些妄念都去不了，脾氣改不了，煩惱去不了，你還修行，離個什麼欲啊？脾氣、妄念、煩惱是欲界裡的事，念且不斷，沒有達到離欲尊，何談跳出欲界。

## 眾中尊

下面是皈依僧眾中尊，皈依僧不是皈依普通的和尚，是皈依僧伽也，就是得道的大阿羅漢僧團。所以普通皈依，規規矩矩還要皈依三師，到受戒的時候，三師七證變成一個僧團了，是皈依僧團不是皈依你這個人，皈依你叫師父，現在不得了，剃了光頭喜歡收徒弟，叫徒弟什麼都拿來，騙人家錢，造孽嘛。古人說你不要在袈裟下失去了人身啊！穿了一件出家的衣服，在袈裟下面失去人身，來生人都做不到，那就太可憐了，本來是要跳出去，反是穿了這件衣服更容易墮下去。我不是罵人，佛經上都有，你們學佛沒有留意，所以皈依僧是僧伽眾中尊。你要注意，大眾裡受萬人崇拜、尊重，譬如這一代的虛雲和尚、弘一法師、印光法師等等，這些都是受人崇敬的眾中之尊，因為他們做到離欲，受大眾皈依、崇拜，不是虛名，這就很難了。

不過這句三皈依，有些課本在後面加上兩句，「自皈依佛：當願眾生，體解大道，發無上心。自皈依法：當願眾生，深入經藏，智慧如海。自皈依僧：當願眾生，統領大眾，一切無礙。」既然學佛，希望每一個學生皈依佛以後，自己好好做功課，體會、理解佛的菩提大道是怎麼修的。大家一看文字念唱得都好，心裡頭沒有這個心念，白念了，這叫有口無心。皈依法，深入經藏，智慧如海。這一句話雙關，你真研究了佛經以後，佛經裡的智慧之多，學問之大，是浩如煙海；另一方面，你真正懂了一門，修證到自己的智慧打開了，同佛一樣，智慧如海。

第三句，皈依僧，統領大眾，一切無礙。不是統理，是領導的領。我們在座的有一個人為了這兩句話，問了很多和尚，痛苦了三年搞不通，他最後問我，我說你問這個幹嘛，你又不是出家人，這是講出家人皈依受萬眾景仰的大師，這個大師要做到統領大眾，一切無礙，等於國家的大領袖、皇帝，或者在家的作一個班長，乃至作一個省的領導，要做到統領大眾，一切無礙，那要多大的福報、功德啊，世間法與出世法是相通的。我說你這個人怎麼為這兩句話，參兩、三年，我說笑死人了，這不是你應該問的啊。這是講出家眾作大師的人要做到道德、修持使人一切景仰，才能統領大眾，如果在家人作老師、作校長，乃至於作大領袖，做到統領大眾一切無礙，那就天下太平了。有些書上寫的統理大眾，換個字力量就不夠了，中文一個字之差就差得那麼遠，你看統領大眾與統理大眾是一樣，我看不一樣，領跟理用在這裡完全不同。

# 一回相見一回稀

你們先把姿勢改正好，這次邀　些老朋友、老同學、老兄弟們回來，想到很多我的好朋友、老朋友已經走了，都到另外一個世界去報到了。你們現在活著回來，嚴重檢討一下。至於新的朋友，有緣的偶然參加了，看看你們自己的福氣，能跟得上嗎？本來這一次不是普遍的講，因為我也九十幾了，算不得明天走了，你要曉得有個老頭子摸了九十年，這個問題很值得研究了，為什麼？所以我先要改正大家的坐姿，再來談這個事。你們先休息一下，下座。下座以後要學會把前面蓋的毛巾疊好，放到位置上，不要散漫，把生活習慣改一下，不要人家服侍，自己服侍自己。我沒有來以前，這裡有很多機會學習運動，B同學現在是瑜珈師，有正式教師的資格了，也可以跟她學瑜珈，瑜珈也有很多派，她是練習身體動作這一派。你們年紀大的可以練八段錦，還有這位武當山的D同學，找他學太極十三式，D同學也可以跟他們學瑜珈，你最好還是準備讀書，好好讀書，不然到印度去，把一派瑜珈花個三五年學會了，回來作老師。

# 第三堂

## 三番說坐姿

我剛才再三聲明，這次我的目的是召集比較年輕的老朋友講話，不是對外公開，你們很多人都莫名其妙的進來了，希望你們有緣珍惜這個機會，珍惜兩個字我講得很輕、很客氣，你們自己要注意。第二，先給大家改正打坐姿勢，一般人的習慣，沒有這個決心，也沒有這個智慧，每次看到你們打坐我都要改正，你們要稍稍留意一下，如果來到這裡就放鬆了，就是沒有資格學道的人。你要曉得我為什麼那麼注重給你們改，這是很基本、很重要，你自己真要摸這一條路，就是一輩子的事，不是那麼簡單的。所以你們平常改正姿勢，我不在，你們彼此找老修行相互改正，學佛修道的規矩先進山門為大，那些資格老的有經驗，要趕快請教，把自己的姿勢調好，也就是一生不要馬虎。

剛才宏達給大家宣布每天上午我不大來，但是也不一定，我不大來是比較自私，我是為自己不願意為大家犧牲，我自己還在用功呢。所以上午你們有時間，學什麼也憑你們自己自由，學武術也好，學瑜珈也好，你們要學就學，不學也各聽自由，不是規定，到外面學還要花錢、還要拜師，現在有這個方便機會給你們。那麼，學佛的人有兩句話，也是作人的道理，「莫將容易得，反作等閒看」，古人這兩句詩，像我們小的時候就知道、背來的，不要把容易得到的事情看得非常平常，這是錯誤的心理，等閒是普通、無所謂，對自己做學問的態度，儒家的道理就是自己不夠恭敬自己，不尊重自己，其實這個話不是尊重別人，而是尊重自己，「莫將容易得，反作等閒看」啊。

# 碌碌為誰忙

好久沒有跟大家在一起講話了，尤其對於這些半老的朋友們，老實講我心裡有點可憐，這個人生忙忙碌碌，忙些什麼呢？你們諸位半老的朋友都到五六十、六七十了，你們有些經歷、想法、要求，我都有過，沒有結論的，功名、富貴、老婆、孩子、孫子，你們這一方面放不下，是應該，不是不應該，但是真講修行之路，我七八十年以來，沒有看到一個人，心裡很難受，因此我忽然想到，九月份這裡的兒童課也要開始了，我們在辦一個新的實驗學校，準備實驗溝通中西文化，怎麼打基礎。因為現在辦的學校太浪費孩子們的體能與腦力，生活習慣也不好，尤其大陸只生一個，問題非常大，很嚴重。

C同學很想發心，也很有勇氣地吹：你給我招一二十個孤兒，我要花幾十年的時間，把他們培養好，至少是中文方面。C同學是我的老朋友，我說錢有，地方也有，只要你肯來，馬上辦，但是對象沒有。而且我也質疑孤兒

八月一日第三堂

——難辨，孤兒是另外一套教育，現在做父母的普遍犯一個錯誤，也是幾千年來的錯誤，都望子成龍、望女成鳳，都把子女往名校送，跟著時代走，都想他有前途，所謂前途——拿高薪有好位置坐，或者作官或者發財，不會培養孩子走修行這個路。你要教孤兒，孤兒多得很，但孤兒比普通人還難教十倍，你們沒有經驗少吹了，這些我都有經驗。我這一生在台灣也培養出來好幾個孤兒，有個孤兒還作了部長，官作得很大。譬如E同學也是我的學生，她也培養了好幾個孤兒，不是帶在身邊，我問她，妳的孤兒現在呢？喲！都結婚做爸爸了。我說：他們叫妳什麼呢？她說：隨便他了，叫老師也有，叫姐姐也有，隨便他叫了。她真是瀟脫，我說妳真是大菩薩。

## 身心性命之道

這裡開張兩年了，禪堂修好沒有人真正在這裡修禪，禪堂空的，為什麼？沒有人真修行，我寧可把禪堂爛了，都不叫人來坐，真修行我就供養，到這裡住禪堂是接受供養，不但吃住供養，一切供養。因此我也想到自己，九十多歲隨時可以走了，看看我對自己交待不下去，我不是對不起自己，是對不起一件事，這很嚴重，所以這次發出去的題目是我定的，大概你們看了也不會去參的，這就是話頭，我的題目為「傳統身心性命之學的探討——禪宗、道家、密宗」，也不講現代時髦的話，什麼認知科學、生命科學都不要，而是傳統身心性命之學的探討，下面附帶的禪宗、道家、密宗。換句話說，外國人亂吹認知科學、生命科學，我對美國人講，你們不要吹了，影子都沒有，真的認知科學在過去叫認識論、本體論、人生價值論，三個哲學大方向。印度文化傳到中國了，印度現在本身只有瑜珈，身體瑜珈還不錯，心瑜珈沒有了，彌勒菩薩、無著菩薩著的《瑜伽師地論》，在印度影子都沒有了。我說好可憐啊。

認知科學、生命科學這一方面的學問，只在中國，中國除了只此一家以外，別無分號，我就那麼吹，也不是吹，講的是真話，可是外形上我談笑來吹，把真東西故意變成輕鬆，但是內心感到很悲哀、很嚴重、很無奈。中國文化、東方文化怎麼變成這樣？所以叫諸位回來，首先，提醒自己的朋友們要注意中國傳統文化究竟是什麼？中心是什麼？憑我所知的我要給大家講出來，重點是注重研究中國歷史文化的發展，這個很重要。現在中國人不懂自己國家的歷史了，包括你們六、七十歲的人沒有讀過歷史，你們當然讀過一些諸如《中國歷史概論》的書，好像連什麼外國史都清楚，但老實講以我的標準你沒有讀過歷史，《二十四史》你讀過嗎？大概《史記》只讀了一篇，《資治通鑑》只讀了一段，你們讀的是推翻滿清以後大學裡這些老師們寫的《中國歷史概論》之類，再不然就是斷代地研究，那怎麼叫作懂歷史？很可憐，很痛苦，在我內心的感覺，是為民族國家悲哀。

所以從這個方面，我要告訴大家研究歷史文化的路線，這個路線的中心概括了全體人類的學問，就是「身心性命」四個字。在中國文化的立場來講，身體活著，包括我們一切眾生的身體、心理狀況，究竟什麼是心？這個活著的身心裡只有兩個中心，一個性，一個命，究竟中國文化講明心見性，上古文化講性是個什麼東西？命是個什麼東西？所以我在三十歲以前有個結論，當年在四川大學哲學系講課的時候，我說人類文化只有一個中心，不管宗教、哲學、科學，都圍著這四個字在轉——身心性命，任何學問如果與身心性命無關是不會存在的，也不能叫作學問，科學、哲學、宗教都圍著這個在轉。中國文化的代號在上古就是一個字——道，而這一方面的修養、學問隨著周、秦、漢、南北朝、唐、宋、元、明、清，一直到現在都在轉變，到現在自己摸不到，就變成氣功了。

## 內視觀想

第二次大戰以後，日本人鈴木大拙奉祕密的命令，在美國講禪宗、禪學，用東方文化去滲透美國，到現在全世界就是文化戰爭、思想戰爭的階段。但是鈴木大拙在美國、在西方講了禪宗以後，現在演變得已經這樣了。當年胡適之還在，有一段故事我不再詳細講了，C同學曉得這個理由，我最近寫了一篇關於虛雲和尚的文章，只有C同學看到了拍案，沒有叫絕，「老師啊，這篇文章是你一生寫得最重要的文章。」當時很多學佛的朋友跟我講，你不出來講，鈴木大拙蓋住了全世界，我說你不知道，讓他們鬧，鬧一陣就沒有了。這個階段台灣的密宗也起來，你們都不知道了，從前老前輩屈映光出來，剛開始也鬧熱得很，他們也跑來跟我講，你是禪宗大師，又是密宗大師，你卻不肯出來。我說讓他們去鬧，美國的禪、中國的密，我只講四個字——過眼煙雲，讓他們鬧一陣，將來都沒有了，因為沒有真東西。然後鈴木大拙的禪以外，當時在美國流行的，印度人也過來了，這個階段我也到了美國，印度來一個大師，那不得了，在美國不到五年，人家送他名牌汽車幾十部，那個男女弟子之多，場面之大，在美國轟動一時。同時韓國還有一個文鮮明，搞個新的基督教，全在美國。

所以美國的特務頭子對我說：南老師啊，你要不要在這裡出名？六個月當中，我保證全美國都聽你的，把這些都掃下去。我就問他：要多少錢啊？他就哈哈大笑：你到底很內行。我說你把菲律賓的總統弄下去花了多少？他就跟我講還不到五十萬。他說不到五萬塊錢，就把我在美國捧出名。我說你怎麼弄啊？「我讓美國報紙、電視台兩天、三天、天天都放你的新聞。」我說：「很便宜啊，五萬塊錢你會做到，可是對不起，你送我多少萬我也不要。」他就笑：「南先生啊，此所謂你就是南先生，不同。」我在美國絕口不談禪、不談佛，也不談文化。後來那個印度人、文鮮明統統被趕跑了。人家是西方文化耶穌基督教的天下，你在那裡玩這一套，開個小廟子，可以在華僑裡頭偶然玩玩，我那個一玩是世界性的，玩起來那還行啊？所以叫你們學會世間法，不懂世間法你不要玩政治了，也不要弘揚佛法，你看這些大和尚在外國修的大廟子，影響了誰？影響的都是華僑，外國的名流學者聽你的才是笑話呢。

現在美國流行什麼——內觀，日本、美國叫內觀，我聽了又笑了，內觀也是中國的，中國文化傳統打坐修行，叫內視之學，內視就是內觀，黃帝時候就有，所謂容成內視之學。容成是上古的祖師，黃帝的老師，內視之學，就是止觀，返照自己。現在流行的內觀，好像時髦得很，我就笑了。印度反而沒有，印度只剩身體的瑜珈。密宗的觀想也屬於內視之學的範圍。這是孔子以前都流行的中國文化啊，因為你們不讀書，管仲就有這樣的修養，中國人今天要治理國家天下太平，我告訴你要讀《管子》。管仲有兩篇文章專講修養的，〈心術〉篇的上下，還有一篇〈白心〉，與後世佛家道家的身心性命修養相通。管子的修養工夫都是道家的，你想不到吧！比孔子還早，這是中國傳統文化。現在我假設說做一個有立場的比較，把印度文化、中國文化比較，中國上古就有了，佛家還在後面遲得很呢。

## 賈寶玉燒的書

我前幾天問同學，我們這裡有沒有《紅樓夢》？回答說沒有。我說你趕快給我買古本去，舊本線裝，去上海找來。《紅樓夢》我太熟了，有些我都會背的，現在年紀大了懶得背，從胡適之開始，然後毛澤東跟上來提倡紅學，可是誰真的懂《紅樓夢》？你不懂禪宗，不懂道家，就不要研究《紅樓夢》了。有一次在香港，有個紅學大家來看我，我記不得名字了，一邊吃飯，我就問他《紅樓夢》會背嗎？他說有些會，我說我背一點給你聽，一背把他嚇住了，《紅樓夢》裡賈寶玉的四首詩，還有好多文句我都會背。我就問他，你研究過《紅樓夢》，賈寶下出家之前，功名也考取了，把書房裡自己最喜歡的書都燒了，現在考考紅學專家，燒的什麼書？他答不出來，沒有人答出來，他燒的是《春秋元命苞》《參同契》《莊子》，他平生最喜歡這些傳統文化。

你們聽過這部《春秋元命苞》嗎？你要研究歷史，《春秋元命苞》也要研究；還有一部《路史》，研究歷史的一條脈路，關於中國文化乃至於人類文化。《春秋元命苞》實實在在告訴你上古的文化是怎麼樣，就是傳統身心性命之道，也講治國之道。到孔子去世那一年，中國文化的歷史有兩百多萬年，現說中國文化的歷史只有三千年、五千年，太笑話了。現在有的學者發現，印第安人是我們中國人在商朝時期過去的，現在還有資料出土發現。我說真的中國文化是在上古，然後再談周、秦、漢、唐、宋，身心性命之學的發展。所以這一次沒有告訴你們上多少天的課，宏達他們再三問我，我說我也定不了，這個內容多少天講得完啊，這是一個開始。為什麼這一套身心性命修養之學會斷根呢？其實沒有斷。這是我要講的第二個方向。

第三個方向，也是C同學提出來的問題，他接到我通知說要來，我說那真稀奇，C同學的問題：怎麼叫打坐得定？怎麼叫入定？現在時代不能亂吹了，包括老前輩寫的傳記，一入定定多少天，至於他在什麼境界裡？他自己沒有講，而且自己出定的時候，哎呀！我都想不起來坐在這裡了，那不是開玩笑嗎？那是大昏沉啊。入定究竟是什麼？身心性命自己能夠作主嗎？也是個大問題。因此我這一次通知大家，題目是關於傳統身心性命之學，不是普通來學佛打坐，旁聽湊個熱鬧，這些都要很多的學問累積，深入科學研究，不是那麼簡單。你們年輕的來了聽聽熱鬧，學個打坐，就吹自己也在南老師那裡聽過，那算什麼啊？

# 書院問題

所以這一次你們要很嚴重地檢討，我把自己一生的經驗可以告訴你，我現在九十一歲，常說自己一輩子沒有讀過書，這句話你們不懂了，不相信，我笑大家，也笑自己，我說我一輩子沒有一張文憑，也沒有個學位，其實我是嘲笑人家，你們讀了什麼博士啊、博士後啊，什麼學問通，我說我一輩子沒有一張學校正式的文憑，有一張不算數的軍校證件，也沒有好好讀完，我去聽聽課，一聽不讀了，這些教授們講的我早已懂了，我還聽你的幹嘛，外國的我看看翻譯的書就知道了嘛，那我的書是怎麼讀來的？是家裡讀來的。所以現在許多人辦書院，我說你們讀過書院嗎？沒有。看過書院嗎？沒有。當然，現在很多書院房子還在，你跟過書院的老師讀過嗎？沒有。我說那你有資格辦書院？

我現在九十多，我對中國諸子百家的古書，很多沒有讀都已經知道了，我幾十年不講這個話，現在才告訴你們。這是生命的道理，不是耍神通，也不是迷信，生命的確有前生後世，我生來就清楚得很，所以看不起一般讀書人。你不是光讀過，還要記得啊，否則書是白讀的。所以劉老師要給我寫傳記，我說我的傳記不能寫，除非我自己寫，沒一個人有資格可以寫，我寫了會很有趣，是一個小說。我讀書古怪，家世也古怪，然後學武功，十一、二歲就開始練了，因為歷史小說看多了，要做英雄，要統一天下，要作第一人，還喜歡武俠，因此練武功，我身體也不好，這個武功裡的內容也很多了，所以我深信，不是信——親自體會過「書到今生讀已遲」。

今天給你們年紀大的講，你們現在讀書的程度不夠，文學程度看佛經也看不了，儘管出家修行，你能夠讀通幾部佛經？傳統《大藏經》擺在那裡，把每個字翻完的有幾個人？其實我修行一輩子的經驗，最後答案都在佛經上找出來了，每次找出來都是掉眼淚。佛啊！諸位菩薩，你老人家都交待了，可是沒有看，或者看到不知道，眼睛就過去了。像我有時候，中年修持有時候遇到身心性命解決不了的問題，真的會掉眼淚，我去問誰呢？沒有人可問，即使我袁老師在，老師這樣有學問但他答覆我不了，這裡頭有大問題。

最後沒有辦法，因為一輩子追求這個，就翻佛經看。哎！有了，而且很奇怪，我每次問一個問題，到放佛經的架子上抽出來這麼一翻，就是那一頁，這是很奇怪的事。

譬如你們研究唯識，玄奘法師《成唯識論》第三卷明明告訴你，意識不在身體上，不在腦裡，我現在先提出來跟你們講一下，你們不知道，認為意識就是腦子裡的思想，這是錯誤的。拿腦來測驗、研究，腦是身識的一部份，意識不在腦上。《成唯識論》第三卷明明告訴你，玄奘法師求證工夫的心得，相分、見分、自證分、證自證分，求證的工夫離不開四禪八定，這是《成唯識論》最後的要點。

## 秋水山莊　閒地庵

抗戰以前，我正在杭州讀書，就跟佛道有非常好的機緣，自己還只十七、八歲，已經結婚了，家裡已經有一個孩子，那個時候想前途向北京走，讀清華或北大，但是又想，要在這個國家作第一人，非學軍事不可，那麼目前只有去考黃埔軍校。在徬徨中，抗戰快要起來，我在裡西湖那裡讀書，那裡有個廟子很有意思，是史量才的家廟，你們到杭州看裡西湖，有個秋水山莊，是史量才修給他太太的。太太姓沈，叫沈秋水，大概是蘇州人，據說是青樓裡頭名妓出身，琵琶彈得非常好，史量才一生的創業很重要是靠這個太太。秋水山莊現在是一座飯店的一部份，她這個秋水山莊很漂亮，現在的西湖我不願意看了，不好看。秋水山莊門外以前是座木橋，叫博覽會橋，彎彎曲曲通到小孤山的對面。當年中國人第一次開世界博覽會就在我讀書的這一帶，一邊是秋水山莊，另一邊是博覽會橋，隨時走過去就到孤山。現在橋也沒有了，不好看，那個橋是彎彎的木頭橋，我印象很深。我有一次學費沒有了，就在橋邊撿到錢，可以交學費了，很有趣啊。秋水山莊還有一個小門，打開是個廟子——史量才的家廟，叫閒地庵，後門通秋水山莊。

當時史量才已經被蔣先生、戴雨農他們打死了，史量才以前據說道家的工夫很好，他所有祕密的道書、密宗的書，都放在閒地庵裡，裡面住有和尚。當時同學們說「你喜歡這一套古里古怪，那個和尚啊，他在找你。」我說哪裡有個和尚？「那個閒地庵裡的和尚。」我們叫他四仔眼的和尚，杭州話戴眼鏡的——四仔眼，所以你們現在都是四仔眼。「那個四仔眼的和尚，你不曉得啊，他每天注意你，想跟你做朋友啊。」我的同學告訴我，我說他叫什麼啊？「叫聖士。他有時候半天都站在門口，等你過去。」噢！我說有這回事啊，過去看看，一敲門，他出來了。「喲！我在等你。」我說你等我？他風度翩翩，說：「我想運動，你學國術，聽說是第一名，你來教我，好不好？我們這裡素菜很好，還有房間，你可以在這裡休息。」他帶著另外一個年輕和尚，會做菜的，叫大興。我說好啊，看到兩個大書櫃，放的都是古書，我說：「這是什麼書？」「哎，這書你不要看。你看不懂。」什麼書啊？「道家的。」我打開看看，什麼《性命圭旨》《參同契》等等，我說這是什麼道書啊？「這是古書，史先生的。」「史先生他有道啊？」「他武功真高。」我說：「他武功高啊，怎麼給人家打死了？」碰到槍沒有辦法，三個人用槍對到他打的，他的汽車開到路上，對方先把輪胎打壞，他就跳下來跟人打架，人家三把槍，最後跑不掉被追殺的。所以不是武功問題，如果沒有槍，三、四個人還是殺不了他。

「他武功那麼好？」「他不止這樣，道功也好。隔壁有個房間，是他的練功房，你去看看。」他在一個小房間裡頭練功打坐，他師父要來的時候，不通知的，突然站在前面，不曉得怎麼進來的，走的時候師父說「徒弟，再見」，就走了。我說這是神仙吧？他說不知道啊。後來我才知道，四眼和尚也是學禪宗的。我說那怎麼會被打死呢？他那天在打坐練功，突然師父在前面，他一看肅然站起來：「師父，你怎麼來了？」「你跟我走，現在跟我走，入山專修去。」「師父啊，我向你講過的，三個月以後。」「不行不行，來不及了。」「師父，我給你講過，我把一切事情處理好，要三個月。」「不行，現在馬上跟我走。」「師父，那實在不行，給我一個禮拜，好不好？」「哎呀，也不行，現在跟我走。」史量才就跪下了，說：「師父，實在是沒辦法，我這個事情沒有處理好。」最後師父把腳一跺，哎！算了，走了。第三天他就被打死了。我說真有這個事啊？「真的。」我說那都是他練功沒有得道。

## 初見《金剛經》

鬧地庵這裡有好書看，有好菜飯吃，每天我一下跑過去上課，一下跑過來這邊讀書。

有一天，我看到他的案頭有一部《指月錄》，喲！我說這個書名好得很，那麼文雅，手指到月亮，好看但讀不懂，一句也不懂，比道書還難懂。「這是什麼書？」「這叫禪宗。」我說什麼禪宗啊？他說「南先生啊，那邊你的學問很好，可是這一邊的道、特別是禪你不懂。」我想天下還有學問那麼難啊？他又拿出來一本《金剛般若波羅蜜經》，「你去念這個經。」我說為什麼念經啊？「這是佛的經典。」「噢！佛，我相信。」我只講相信，佛是什麼，我也搞不清楚。「你念以後，你的智慧就會打開了。」我回來一翻《金剛經》，很有意思，講什麼不大懂，可是他拿這一部經給我，非常有意思、有緣，我發願每天早上念一卷，我還要上課讀書，可是早晚偷偷地到學校後邊，沒有人的一個角落，就打開念這個《金剛經》。有一天忽然念到「無我相、無人相、無眾生相」，念不下去了，「我」沒有了，「我」到哪裡去了？愣住了，就把經合上，慢慢出門去閒地庵找這個和尚。

後來幾年前，我回到大陸，那個做飯的大興師父在天童寺，我和他聯絡上，他聽到是我很高興，可他已經很老了，現在也已過世了。

# 第四堂

現在不是打坐，是休息，如果打坐眼鏡一定要拿掉，戴眼鏡把兩邊的左太陽、右太陰、腦部的皮下神經壓住了。所以中國的聰明兩個字，就是耳聰目明。戴眼鏡的人把耳聰壓住了，目明也蓋了一半以上了，變成不聰明了。這是很遺憾的事，自己可以練過來，所以打坐的時候要你脫眼鏡，不要壓住腦部皮下神經同腦裡的氣脈。

## 怎麼讀歷史

中國傳統身心性命之學的探討，包括關於禪宗、道家、密宗等內容，有兩個大方向，一個是傳統文化的歷史，一個是講真修證的工夫。怎麼真正認識自己的東方文化？修證工夫究竟的重心在哪裡？C同學提的七個問題我都還沒有正式答覆，其實今天的講話有些是挨到邊上了。

下午講到傳統文化的歷史，我再補充一下，怎麼研究歷史。我吩咐大家，尤其是年輕人讀書，要讀中國正統的歷史典籍。滿清以前，有一、兩部歷史論著比較重要，也是中國的歷史大綱，一個是《綱鑑易知錄》。你看這個書名，「綱」就是歷史綱要，還只是大要中的大要。「鑑」，歷史是現實人生的一面鏡子，歷代政治、經濟、軍事、教育、社會等等的學問都在內。「易知」，容易知道。另一個是王鳳洲的《綱鑑會纂》，這兩部書寫到明朝為止。清朝三百年有《清史大綱》《清鑑》這兩本書。正式研究歷史不要看那些民國以來的大學者寫的什麼《中國通史》《中國歷史大綱》，這些學者的著作，是以他自己的觀點摘錄歷史，我年輕時就反對。這些人，第一沒有作過皇帝，第二沒有作過大官，第三也沒有作過小官，第四甚至連公務員也不是，他懂什麼歷史？沒有經驗啊！

中國文化、中國歷史有四個不可分，我講了幾十年，第一是文史不分，凡是歷史學家都是大文豪；第二是文哲不分，歷史學家同哲學是分不開的，歷史跟文學分不了，哲學跟文學也分不開；第三是文政不分，歷代史學家都是政治家，至少在政府裡頭作過重要的官職，譬如司馬遷是太史公，他家祖上三代都是太史公。太史公就是皇帝前面的顧問，掌管天文、地理、陰陽，等於現在的天文氣象學，也包括神祕的故事，是大顧問，這叫太史公。所以司馬遷自己寫歷史的評論，「太史公曰」，太史公說的，不是他自己說的哦！也不是他爸爸說的，就推到祖先上去了，評論是這樣寫的，你讀懂《史記》了嗎？

另外宋代的一部史書，司馬光寫的《資治通鑑》，司馬光既是大文豪，又是宰相，又是哲學家、大名士，大家喜歡讀，我也勸一些文官武將要讀這一部書，我說你們讀是讀，不要想作皇帝，司馬光這一部書是寫給皇帝看的，讓皇帝跟著前朝歷史學經驗。「資」，幫助作皇帝的條件，這些資料我都給你收集起來；「治」，政治，幫助皇帝統一天下太平，政治的資料。通鑑就是大綱、大要，還不是完全詳細。所以我勸人家讀《資治通鑑》，但是我說你不要忘記，那是給皇帝讀的，給作領袖的人讀的，它的資料、立場跟易知錄不同。所以讀《資治通鑑》和讀《綱鑑易知錄》的方向是兩樣的，這些我在十二三歲時就摸得很透了。所以一般讀書人讀《綱鑑易知錄》就會懂得歷史，因為其中包括了各方面的內容，像個帳簿一樣的綱要。所以王安石說他不喜歡讀歷史，像一部爛帳簿。這是他學問到家了講的，你帳簿都沒有看過，沒有他的學問就不要吹了。《資治通鑑》是給皇帝看的，可不像一般的綱鑑，不寫上古，從春秋戰國開始，春秋是五霸，戰國也是爭霸，秦漢以後才稱帝王，這些歷史足以幫助領袖統領國家，所以叫《資治通鑑》。但司馬光寫到宋代為止。宋代以後元、明、清，有人接著寫，比如清代的江蘇才子畢沅，他官作得也很大，接著寫《續資治通鑑》，寫到明朝為止。

## 歷代經濟學

我們現在社會的經濟發展有很多困境，都是因為不懂歷史，你看漢朝統一全國以後，不談經濟發展嗎？當然談，不談商業嗎？也談商業啊！而且商業很發達！那個時候跟外國的商業往來是通過西域，一路通商從新疆這邊出去，直到中東。漢朝的經濟怎麼發展？有沒有市場經濟呢？有。當時漢文帝、漢景帝積累財富給兒子用兵打仗，漢武帝為什麼非打匈奴不可？這等於美國跟俄國一樣的對抗啊！中國與匈奴當時是很嚴重的對抗，文、景兩代不動手，只發展經濟，把經濟、軍事力量準備起來。那個時候最好的武器是騎兵，現在是高科技，那時騎兵比陸軍重要，還談不上海軍。中國人沒有好馬啊！國家要向西方發展，這些經濟怎麼籌備？大家不讀歷史，不知道他漢代的市場是怎麼運用的。所以我讓你們留意，這些史書上都有，要真正了解，就要了解每部史書裡的〈食貨志〉，就是經濟財政的歷史，食是飲食，包括農業，經濟的第一基礎是農業，第二是工業，第三是商業。我們現在的經濟是工商層面的泡沫。這三個基礎最重要，歷代都有啊！漢朝怎麼處理？唐朝怎麼處理？太平的時候怎麼處理？變亂的時候怎麼處理？史書上都有。你讀了歷代的〈食貨志〉以外，還要看歷代大臣的奏議。譬如漢武帝準備打仗了，需要買馬，所以派張騫出使西域。

這些資料在哪裡呢？現在的學者，我告訴你有一個捷路，康熙、雍正、乾隆三代都給我們整理好了，康熙的時候陳夢雷他們就開始整理《古今圖書集成》，你要真做學問必須研究這一部書，涵蓋了中國兩千年的經濟、貨幣、市場發展經驗，把歷史的經驗告訴你們，你們不知道學習，碰到問題自己不知道解決辦法，也就是說我們的祖宗當時也碰到過類似的問題，他們是怎麼處理的？我們的爺爺碰到過啊！我們的老祖宗也解決過啊！所以學習歷史的經驗非讀這些不可。

## 佛法的歷史演變

講到身心性命之學的歷史發展，你學打坐也要懂歷史啊！禪宗出現以後，古人怎麼修持？開悟得道了又怎麼樣？佛經上說開悟得道的大阿羅漢都有神通，走的時候身體跳上虛空現十八變，乃至化光焚身。這一套是什麼？

難道佛經是騙人的？為什麼傳到中國，修到後世沒有這些神通變化了？現在中國人講，學佛修到預知時至，能早一點曉得死期，已經是了不起的高人了。那麼真正的佛法呢？以前的記錄都是騙人的嗎？這是生命的科學，我們追求這門學問，要想想古人是怎麼修持？你看這也是一個歷史的演變。所以我們要研究佛法傳來以前，中國文化原來的修持是怎麼修的？最先應該是道家，然後是禪，再後來是密宗，到現在是淨土等等，這也要懂歷史。

下午我補充提到我們讀歷史要讀兩本書，你們有些人大概是第一次聽到這個書名，在大學裡沒有聽過，念到博士、博士後也不一定知道《春秋元命苞》。還有一部南宋羅泌寫的《路史》，也很有名，都認為中國傳統文化到孔子獲麟，孔子死前的一、兩年，看到了死的麒麟，於是孔子感嘆自己要走了，中國上古到這個時候已有兩百多萬年了，中國文化的歷史是這樣久遠。那麼最有趣的是，我們的文化斷層出現在上世紀「五四運動」前後，當時中國的學者，跟著外國的學者走，否定中國五千年的歷史，說中國只有二千多年的歷史。這是很嚴重的問題，全體走入考古學的疑古階段，懷疑古代，包括胡適之都是這一派，盡量把中國歷史、中國文化攪得一塌糊塗。這些學者自甘下流，我從小就反對，我相信古史，現在慢慢有些文物出土，推翻了民國以來這些所謂的歷史學家、哲學家的觀點，都是亂講的，站不住了，中國古史不是他們講的那樣。

現代人不懂歷史經驗，我們現在最困難的財經、外貿問題，史書上都有，怎麼應付的辦法也有。你們都不讀書的啊！我常常說春秋戰國的時候，全國最大的市場是齊國的臨淄，齊國的經濟發達，就等於現在的上海，所以春秋戰國的臨淄同現在的上海一樣，那個經濟之發達，蘇秦，張儀到臨淄一看，街上之鬧熱，老百姓人口之多啊！揮汗如雲，大家擠來擠去，那個汗氣蒸上來像一片雲一樣，形容人口之多，經濟之發達，那不得了。然後慢慢發展到唐朝經濟中心是揚州，宋朝是福建漳州、泉州，清朝以來就是上海，每個時代的經濟中心區域，幾百年都有一次轉換。這一提大家就會注意，真是這樣。你去看歷史就懂了嘛！我常常說上海在清朝初期不過是一個小鎮，現在變成國際都市，我說還靠不住，不到一百年以後又向東南移了，你們注意舟山、洋山深水港那邊，那是海上的貿易交通重心，所以我今天補充講歷史，這些資料你們記一記哦！我現在輕易地告訴了你。

那麼你們學佛呢？要注意《佛祖歷代通載》，這是佛教發展的歷史，也有做工夫的歷史。以前我們小的時候練武功有武術史，這本書現在沒有了。我小時候的書房裡有好幾本，現在一本也找不到了，講武功的發展史，當年都有，現在重新寫很困難，這是我補充講的。

## 禪門真工夫

這一次給大家提出三個大方向的題目，我現在轉到第二個題目。你們打坐做什麼工夫？你們有沒有真的參禪？有沒有參話頭？一個都沒有。現在一提到禪宗就是參話頭，參念佛是誰？你們哪個真參了？有嗎？沒有。現代人講禪宗，你不參話頭，不算禪宗。我沒有說他對與不對，現代人講禪宗是這樣。那你們打坐不是禪宗嗎？你們打坐是修禪定嗎？是不是啊？我想你們不敢答，什麼是禪定？四禪八定完整的名字都報不出來，如果說你是修禪定，請你告訴我什麼叫四禪？什麼叫八定？好，F同學要報告。

**F同學**：初禪，心一境性，離生喜樂。二禪，心一境性，定生喜樂。三禪，離喜妙樂。四禪，捨念清淨。四定，空無邊處定，識無邊處定，無所有處定，非想非非想處定。

**師**：對！四定配四禪，合起來叫四禪八定，還有無想定，那是在四禪八定以外，是外道定，四禪八定以外還有一個滅盡定，那是真正證果的大阿羅漢的定，所以四禪八定加滅盡定叫九次第定。大家要注意，四空定是什麼意思呢？四禪是跳出物理世界的欲界，到達色界天，但是拿現在科學來講還在唯物學的範圍，還沒有完全跳出唯物學的範圍。四空定則是跳出唯物學的範圍了，達到精神世界的範圍。到了滅盡定，就是唯心的範圍，定境把心物一元統一起來。這個要注意，你們既然要學佛，要修學禪定，這個要先搞清楚，不是光記憶，尤其你們這一邊的女孩子們，每次來聽每次記，記了白記。

四禪八定是打坐做工夫的開始，這叫修持禪定，是漸修境界，不是頓悟的禪，但是漸修禪定也可以達到頓悟，其中問題很多。下午我提到法相唯識的《成唯識論》，八識離不開四禪定來求證，沒有定力求證，你那個唯識佛法講得天花亂墜都是思想，空的沒有用。初禪心一境性、離生喜樂，身心兩個可以分離開，身體跟情緒思想分開了，可以隨時解脫開。身心兩個攪在一起，你打起坐來不曉得哪個是思想、哪個是感覺，知覺跟感覺自己都分不清楚在哪裡，一塌糊塗攪在裡頭，一時難受，一時清淨，其實是因為感覺跟知覺攪在一起，兩個沒有分開。真到了初禪境界，有分離的現象生出來。你看離生喜樂這個文字，由分離生出來喜樂，喜樂是生理上真有這個事實，整個身體上發生快感。所以初禪心一境性，那個心念定在一個境界上，這個身心的感覺與知覺分離了，定下去了，才叫作初禪。所以佛學歸納的離生喜樂四個字，內容就那麼多，要研究清楚。

**問**：心一境性的「性」字做何解？

**師**：這個「性」不是本性的性，是性質的性，境界的意思，就是現在經常使用這個境界的意思，譬如說開放性的，科學性的，這個性字變成這樣一個用法，不是統稱的代號。初禪心一境性這個性字就是性質，不是本性，不是明心見性那個性。初禪的性質跟性能就是離生喜樂，有分離的現象生起，心理的喜悅，生理的快感、舒服、解脫了。至於腰痠、腿痛、背痛等都沒有了，都過關了。不是說不起來哦！佛學歸納了三十幾種的觸受，痠、痛、脹、麻、癢，乃至生瘡，渾身癢、脹，病都出來了，這些我都經歷過，都會過去。你打坐這些還沒有經歷過，不算真修證。

八觸是最起碼的，一定會有，那還不是輕微的反應，就是像病倒了一樣，你如果沒有信心，去看醫生會被嚇死，醫生一定告訴你身體裡長了個什麼東西，這些八觸都是真有，實際上不只是八種，有三十六個現象。比如「冷」，一身發冷，沒有病但會發冷，飯當然吃不下，或者全身像發燒一樣。有時候身體覺得很輕靈，自己很高興，好像得道了。有時候粗重，走路都走不動像被拖住了，像要病倒了，乃至全身出現水腫。有時候感覺身體粗脹起來，這些都是現象，不只是你打坐起來的想像，因為你做工夫，平常你身體感受不到的啊！這些我都經歷過，所以能夠深刻地講出來體會，光看書沒有用。「澀」，覺得皮膚的每個毛孔都很粗，會想怎麼搞的？找藥吃、拿藥膏擦都不對，有時候又相反，身體肌膚都變得細滑、滑嫩得不得了。柔、軟、硬、力、勇，這些都一個接一個出現，有時候像武功練好了一樣，就想發力氣揍人，好像看到岩石，一掌就能打穿了一樣，會有這種感覺脹起來。「劣」，肢體動不了，手都彎不動了。

以前我在台灣十方叢林書院講過，我三十幾歲用功的時候，這麼一張手紙都拿不住，怎麼抓都抓不住，你不讀書不了解會嚇死，以為自己病入膏肓了，不曉得這是用功的境界。「悶」，胸口發悶，不想用功了，非退步不可。「渴」是好像患了糖尿病想喝水，「飽」是不想吃東西，「餓」是拚命想吃，吃了又不飽。「癢」是身體到處發癢，難以忍受。還有黏、動、靜、老、病、死、疲勞，這些都是怎麼來的？都是因為你身體裡地水火風的變化，四大變化出來的。

## 懺悔之要

**問**：這三十六種是一個一個來一遍，還是個別出現？

**師**：不一定。你工夫好再配合上醫藥，如果自己也懂一點醫理，可以用藥調理。有時候用功效果更好，或者自身業力輕，配合念咒、念經，祈求菩薩他力的加持，很快就會過關，但有的拖一輩子也過不了關。這個問題你問得好，真正修行的人，在佛菩薩前面磕頭，懺悔過去的罪業，力求懺悔，它會減輕的。這是很奇怪的現象，真是這樣，所以工夫不上路，自己不能證道，趕快念佛、拜佛、求懺悔。換言之，修行不上路，是因為不求懺悔，你以為自己打坐很用功、很誠信的樣子，但不上路不行，非懺悔不可，所以懺悔有這樣大的功效。那麼懺悔最好用《華嚴經》的懺悔偈，其實我一直勸大家要學會唱念，尤其是在深山冷靜的地方，自己一個人一念這個偈子，用心證入，眼淚自己會掉下來，這是真懺悔。

自己用功為什麼不能進步？遭遇的環境為什麼那麼困苦？都是自己過去

生的業力所致，也就是三世因果的輪迴。懺悔非常有效，所以我每天施食，最後念懺悔。現在請宏忍師唱誦，你們聽聽看。（宏忍師領眾如法唱誦懺悔偈）

往昔所造諸惡業　皆由無始貪瞋癡
從身語意之所生　一切我今皆懺悔

懺悔文有很多種，這個偈子是《華嚴經》裡抽出來的四句，是最好的懺悔文，意義很深，文字也美。我當年學佛，每天晚上在佛前面拜好幾個鐘頭，身體力行求懺悔，真有效果。現在你們一起來，唱完我再講下去。（宏忍師再領眾如法唱誦）

剛才有人問，身心的調理需要多長時間，這不一定。以我年輕時修行的經驗，看了很多出家人，也包括在家的許多老修行，一身爛到流膿水，現在回想起來真可憐，他們就是那麼修過來的，熬啊！熬啊！所以小乘佛法講十六忍，大乘講無生法忍。他們不懂醫藥，所以我後來重新研究醫藥，自己現在想起都還懺悔，那些老和尚、老朋友，我如果當時懂得給他們吃藥多好啊！他們太痛苦了。修持到一定階段會發病，因為我們這個父母所生的身體是業力帶來的，很容易生病，研究藥師佛法門就可以得到很多幫助，可是聽西醫講起來的話，那可能非常嚴重，所以平常不大找西醫，只找過牙科西醫，因為要動手術拔牙齒，我自己不好拔。打坐修行，自己要懂得醫學，剛才問過你們修行為什麼要打坐，參禪也不是只有參話頭，至於修定，以後再談。

# 第五堂

## 對治法

我向大家提議，真坐不住就坐到旁邊藤椅上，不要勉強。我這是客氣話，提議是下級對上級、後輩對老前輩講話。如果上級對下級，不叫提議，那叫指導、指示。有些年輕人說：「老師啊，你向我建議吧！」他叫我老師，反叫我向他建議，這就是現在的中國文化，年輕人的言語，到處可以看到這樣用建議。現在我向大家建議，這是客氣話。現在還沒有正式禪修，大家輕鬆一點。你們精力還不及我，我可以連續講到天亮，你們可受不了，所以我建議你們坐到藤椅上靠著聽，不要勉強。

為什麼提出來讓你們打坐？佛經上說，修定打坐有八萬四千法門，方法有八萬四千個。你說佛是吹牛嗎？不是吹牛。所有修定的方法都是對治法，有這個病就吃這個藥，沒有病態，一切眾生個個是佛，就不需要修了，因為不是佛，還沒有達到常樂我淨，那非修持不可。眾生起心動念，身心兩面的發展有八萬四千煩惱，煩惱就是病態，心理的病態叫作煩惱，因此有八萬四千個不同法門，包括念佛、參禪、念咒、觀想、冥想、內觀、氣功等等。

## 殷勤說小乘

我一九四九年到台灣，當時國民黨在南京還沒有失守，我早走好幾個月，五十年代初期，我在台北的師範大學禮堂開始演講佛學，那個時候台灣是文化荒漠，才經過日本殖民時代，大陸過去的這些和尚都還在白色恐怖中，大陸是紅色恐怖，台灣是白色恐怖。我站出來開始講佛學，當然我是避開現實政治，對現實經濟、學術一概不談，只講佛學，我講小乘的經典《阿含經》，因為一般人講佛學都是大乘，我開始就講小乘，後來慢慢講禪。

四五十年後，我回到中國大陸，雖然中間也傳了少數密宗的準提法，包括毗盧遮那佛簡化的修法及蓮花生大士的咒語修法，都是隨緣方便。到上海以後，我一直提倡的還是小乘的禪修，因為大陸已經沒有禪宗了，令人很是傷感。大陸本來是禪宗的天下，五宗宗派只剩下什麼？拿參話頭當禪宗，是一件大笑話，也不是笑話，是拿中國的禪宗丟人。參念佛是誰？念佛是我嘛！我不要念就不念，我要念就是這樣，誰啊？你是誰？我就是我，佛經上有人問釋迦牟尼佛你是誰啊？我是天。天是誰啊？是狗。狗是誰啊？狗是佛。佛是什麼？他一路轉，我就大笑，這是佛答覆的。所以我開始學佛參念佛是誰，我就笑了，那你問我講話的是誰？吃飯的是誰？這是因為明朝以後禪宗佛法整體衰落了，為了對抗淨土宗的提倡念佛，提出參念佛是誰，拿這個當禪宗來玩，達摩祖師的臉皮都沒有地方放了，把達摩祖師供在上面，幹這個事，那你禪宗的工夫在哪裡？

## 《達摩禪經》

所以我為什麼這幾年提倡《達摩禪經》？你們大家手邊都有，但文字都能看懂嗎？絕對看不懂。《達摩禪經》同達摩祖師有沒有關係？肯定有絕對的關係，大家沒有研究過。達摩祖師的師父是什麼人？般若多羅尊者。他在印度有兩個大弟子，一個是到中國來的達摩祖師，一個是佛大先。《達摩多羅禪經》的譯者佛陀跋陀羅，與佛大先、達摩祖師都是一個法系。這部禪經是把五百羅漢《大毘婆沙論》修持的一切法門歸納起來，很誠懇地講修持禪定的方法。東晉的初期，中國的智者大師又從《達摩禪經》抽出來一部分，寫了天台止觀的六妙門修法，此後天台宗經過幾代傳承，就逐漸衰落了。現在天台宗也還存在，而且在日本很流行，現在到日本學習禪宗，主要都是學習天台宗的六妙門，也就是《達摩禪經》安那般那呼吸法門。

所以你們修持要研究《達摩禪經》，我可以很負責任地告訴大家，《達摩禪經》系統地講述安那般那、白骨觀，是從釋迦牟尼佛那裡一直流傳下來的修持路線，可是你們現在打坐修持，連數息隨息都搞不清楚，何況這還不是禪宗，你們也不會參話頭，禪宗是什麼也沒有真的體會過，我也沒有講正統的禪宗，因為沒有人有資格聽，禪宗也不是可以講的。那麼漸修之路只有依據最初傳進中國的《達摩禪經》和《修行道地經》，修持安那般那。所以我常常提醒你們看中國佛教的發展史，從東漢末年、三國直到魏晉南北朝，為什麼得道的出家人有那麼多？當時又演變成道家修法，成道的神仙也那麼多，都是走這個修持路線來的，也就是修安那般那的法門。

## 你會數息嗎

最使我驚訝的是，現在很多人還不會數息。我在台北講的《如何修證佛法》也出版很多年了，今天所謂的修安那般那都是在做數息觀，用鼻子呼吸一進一出，一、二、三、四計這個數。我說你又不是學會計，數數幹什麼？日本也走這個路線，一天坐在那裡數一千息，你不是學會計吧！因為呼吸往來是生滅法，不停留的，你計數字是心意識的作用，這是兩回事，你把它們綁在一起了。本來是完全正確的修行方法，但到了那個程度，轉到下一個啊！六妙門的數、隨、止，這很難了，我看修數息觀的人，沒有一個達到止息。止息以後才是觀，所以止觀你們更不懂了。觀以後還，還到什麼地方？還到哪裡去？還以後淨，更不知道了，這叫六妙門。

我最近才發現，原來有些人修行了半天，還不認得自己的呼吸，連鼻子的呼吸都不知道，這個嚴重了，尤其是宏忍師告訴我，很多女性學安那般那，教她觀呼吸，她竟然不知道呼吸是什麼？結果叫她躺下來手按在肚子上，感受吸氣呼氣，這才知道一點。鼻子呼吸是天然的，是從媽媽肚子生出來就開始，竟然不認得自然的呼吸。你們注意聽了要仔細研究哦！你們真認得鼻子自然的呼吸了嗎？不知道。有這個意識，但是自己沒有覺察到。譬如我現在講話，講話在呼氣出去哦！鼻子還在呼吸啊！你連自己的鼻子呼吸都不知道，怪不得修禪定沒有一個身體好的。

# 密宗的呼吸

安那般那後來演變成密宗修氣的法門，然後修脈，用氣把體內的脈，也就是整個的細胞統統換過來，這叫修脈，還是用這個呼吸。你要認得氣哦！意識配合這個呼吸，不是控制哦！天然認得呼吸，改變了身體氣脈，五臟六腑的病都趕出去了。病從哪裡來？多是由業報來的。業從哪裡來？唯心造的。病由業生，業由心造，所以修這個法門可以跳出來生老病苦，再配上白骨觀，人最後是必然要走的，釋迦牟尼佛也走了，但你有工夫可以慢點、輕鬆點，這個都做不到，那還玩這個幹嘛！結果連呼吸還沒有認清楚，這是我最大的驚訝。

所以修氣以後修脈，修脈以後，就是修明點了，修光明，明心見性。什麼叫密宗？這是密宗的三步祕密。明點之後修拙火，修火光三昧，就是三昧真火發動了，把身體整個的十萬八千毛孔，連細胞都轉化了，整個身心內外骨節都轉化了。意念一動，可以完全轉化它，所以三明六通都起來，就是從鼻子的一呼一吸這一步來的，結果第一步呼吸都認不清，這個嚴重了。

## 小乘的呼吸

回過來看小乘的禪修打坐，首先注意鼻端白，就是自己鼻孔這裡進出的氣要看得清楚，誰看到了？不是看到，你聽見了沒有？不是聽見，你感覺到了沒有？沒有。這個嚴重了，這怎麼叫修安那般那？所以《達摩禪經》上說，鈍根的人根本認不到自己的呼吸，只有利根的人才看得到。鈍根就是愚癡沒有智慧，連自己的呼吸都認不得你怎麼修行？你連工具都沒有，所以身體精神會變得這樣差，今天特別給你說明，你們初步要練習到知道呼吸。

譬如修瑜珈的先要練這個鼻子兩邊鼻孔的呼吸（師示範瑜珈呼吸），這是左鼻。右鼻呢？（師示範瑜珈呼吸）你聽聲音一樣不一樣？（答：不一樣。）對了，左鼻右鼻呼吸的聲音都不一樣，你們自己試會有鼻涕呼出來，因為你們身體裡不乾淨，你盡量的呼吸，裡面的鼻涕都出來了，這是你的鼻竇都沒有搞好，而且左鼻右鼻兩邊不一樣。還有雙鼻的呼吸（師示範雙鼻呼吸），這些都很重要，你第一步要把有形有相的呼吸搞好。

這些都是修密宗與禪宗最基本的條件，本來是不需要教就應該會的法門，我現在重新教你們有相的方法，你懂了這兩個鼻子的呼吸，你要把握住，隨時要曉得氣的進出，這只是開始講鼻竇。第二步，呼吸不在這兩個鼻竇了，在兩隻眼睛的內角上連到中間這裡，注意這裡的呼吸，這樣兩個鼻管才能夠打通，不然一般人都有鼻竇炎的，甚至還有哮喘。所以從明天起大家在身邊帶一點紙巾，這是講實際的工夫，一點都不能馬虎。第二步打通了，第三步呼吸在鼻根。所以修持安那般那，首先看清楚氣的進出，打通鼻竇兩邊的脈絡，這樣你就看清了五臟六腑，以及左脈、右脈、十二經脈，所以每天一坐下來精神就完全不同了，另外，你們躺下來在還沒有睡著的時候，你也注意聽自己的呼吸。

有一種瑜珈的法門，告訴你最好練習單鼻呼吸，白天靠左鼻孔呼吸，把右鼻孔封閉了，我當年還要做事，一邊和大家開會，一邊用手頂著右鼻孔，因為開會時他們講一大堆理論，大概重要的我聽兩句，同時在做我的工夫。白天用左鼻孔，夜裡用右鼻孔，左陰右陽，這個修法對身體生命的關係很重要。然後練習慣了藉用外在方式封閉，就不必再用外形，用意識也可以控制單獨的左鼻呼吸或右鼻呼吸，這就厲害了，用意念是可以控制的。最後用頭頂這裡呼吸，頂門打開與天地呼吸，也就是《莊子》所講的「與天地精神相往來」，這才是真的修安那般那。

## 心風得自在

如果你修到這一步，氣脈調理好了以後，打坐得定或者另外證入某種境界就快了，所以先要把鼻子調理好。你們鼻子調理好了以後反而睡不著了，不過睡眠不足也不行，鼻子這裡沒有調理好，耳朵、喉嚨的氣脈就永遠變不了。所以西醫耳鼻喉是一科，耳鼻喉的神經是串聯著的，眼睛是與督脈相通，那裡的修持又是另外一番道理。你的鼻子呼吸沒有調理好，怎麼修安那般那？你們都以為聽懂了，自己都會呼吸，其實你根本控制不了自己的呼吸。我現在幫你們，你們都比我的業力輕，你們大概前生都有修持，我沒有修持，我辛苦地在前面幫你們從佛經上扒出來。佛經上說「心風得自在者」，呼吸就是風，修風大，把呼吸與心兩個連起來，得自在者，很快就證得菩提成佛，所以說「心風得自在者」。再說你們也應該看過密宗最崇拜的《木訥記》，就是密勒日巴的傳記。密勒日巴是宋朝時候的人，他最後在空中飛行，現神足通給大家看。人家問他：祖師你怎麼修到的？一句話「心風得自在者」，心氣合一得自在，神通自在都是真話。《大藏經》中佛也說了心風得自在，你現在所謂修行，會講佛學，會講唯識，會講般若，會講中觀，卻一點工夫都沒有，心風都轉不了，色身的氣質就轉不了。儒家學問也講究變化氣質，這可是唯物的學問，你轉變不了唯物的地水火風，怎麼做到心能轉物呢？今天先講到這裡，你們先把鼻子與呼吸消化好了，我們再接著談。

# 八月二日

# 第一堂

## 理無礙

你們諸位現在自由靜坐，不是正式打坐，我講話你們自然聽到不需要注意，我發現很多人已經受不了了，那是當然的，你們不要自己硬撐，可以坐到旁邊的藤椅上。可見工夫是工夫，理論是理論，不能勉強的，事跟理不是合一的。所以華嚴宗講「事無礙、理無礙、事理無礙、事事無礙」。理是道理、學問，事是工夫、實驗。有許多人知識很多，佛學的學問很好，只是有知識而已，沒有真學問，理無礙還沒有做到，就開始著書立說，雖然都會寫文章，但是白寫的，不會流傳千古。所以我常笑，你們買了那麼多書，搬家的時候都願意丟掉。但我一輩子搬家，從抗戰到台灣，一直到現在，我計算一下搬了有六十多次，也丟了很多書，但永遠不肯丟的只有幾本，那才叫流傳千古。

所謂著書立說花拉大，花拉大是形容隨便看一看、翻一翻，也有人叫好，亂七八糟的書，乃至現在寫的黃色段子，也都有人叫好，但只有兩分鐘壽命，聽完了一笑，很多的文章連三個月的壽命都沒有，報紙上的文章是三分鐘的壽命。所以做到理無礙，著作才能流傳萬古不變，包括基督教的聖經、四書五經、佛經，永遠流傳也不會改變。

所以唯識學認為，語句跟文身屬於二十四種「心不相應行法」，為什麼？語言無論是英文、中文的語句，變成文章，比如四書五經的古文，是心不相應行法，你改變不了它，它另有生命存在，第六分別心改變不了它。一個思想文章的形成，你想把它改變，只有兩個東西，一個時間，一個空間，才能改變。

## 理事無礙

華嚴宗所標榜的事無礙是工夫，不管是妖魔外道、阿修羅、還是天人境界的工夫，你做得到嗎？打坐入定就是工夫，你不要看不起瑜珈，看不起武功，你不是學佛的嗎？一切唯心造，你的心怎麼造不出來呢？你怎麼做不到呢？工夫就是工夫，包括藝術家、科學家，也有他的工夫，也是事無礙。學佛講一切唯心，一切唯識。當年我二十幾歲到成都，還沒有開始學禪，當時在華西壩金陵大學有一個研究心理學的有名教授倪清源，我們是很好的朋友，有一天我和兩位法師在他家裡吃飯，很坦白地談參禪學佛用功。我說倪教授啊！你是留學美國的心理學博士，你相信唯心的道理嗎？他說絕對信，不過是普通的信。我說你這個話很合邏輯，當時傳西法師在座，倪教授一邊講一邊笑，把桌上的東西拿光，我們都是老朋友，不曉得他幹什麼。他接著說：現在這個桌面上是空的，你們兩位法師，一切唯心造，你現在念頭一動，給我生個黃金的雞會生黃金的蛋出來。大家都笑了，既然一切唯心，你說神通是假的，那麼用假神通變個魔術給我看一看，我就信了嘛！這就是說你理到事不到，工夫不到不行。我到金陵大學研究學習社會福利，也是因為他們這些人的介紹。

第三，理事無礙。理跟事合一，理到事就到，理論到工夫到，不能吹牛，這是科學。

第四，事事無礙。這是成就了，得道成佛。講起事法界，實際上就是菩提道品四如意足，四種所求如意，你打坐就想得定，但定不了，所求不如意嘛！一切唯心，一切唯識，你做得到嗎？你說我坐三天或者坐三個鐘頭，然後跟人家約好，你們不要吵我，可是大概半個鐘頭你就難受起來，為什麼？心轉變不了境。所謂一切唯心，萬法唯識，不要隨便亂說。

## 七支坐法

《靜坐修道與長生不老》這本書講到七支坐法，現在國際上有多種語言的翻譯，天下的事情「有意栽花花不發，無心插柳柳成蔭」，這本現在變成重要的書了。七支坐法有七個要點，是佛經上說的，你們學靜坐千萬要注意這七個要點，尤其是你們的背。

坐姿非常重要，G同學妳坐到我前面的墊子上，你們看她背部的坐姿，以這個為標準，她是天然直的。所以我以前就研究G同學，她平常講話、坐立都是直挺的，因為她從兒童時的家庭教育開始，師長就要求她坐直，現在你叫她彎起來，她也不會彎，彎起來難受，她的背是自然的直。這個是標準，你們從後面看，她不是用力的，因為從小坐慣了。你們注意，真氣修好了，身體健康了，脊背自然會是這樣，你想彎也彎不了。不過她是從小經過家庭訓練培養出來，她平常也是這樣坐。你們也要注意她轉過來的側面，就是這樣自然挺拔。正確的坐姿有那麼重要，不只是與健康長壽有關。

# 身心性命的問題

我這一次講的題目沒有對象，包括你們諸位也不是對象，因為許多同學從外地趕來，是為我的面子來捧捧場、湊鬧熱，並不是真發心研究，我希望你們每天都寫報告，有心得的寫兩句，我叫宏達唸給大家聽，沒有心得就不要勉強為報告而寫報告，我可不是在考試你的文學水平，我聽了幾十年的老話，報告都是那些老話，沒有不同。尤其要注意這一次特別的，就是H同學帶來的這兩位博士，研究自然科學，你們誠心過來，更要寫一點報告。下面由宏達唸報告，這是C同學提的問題。

**馬宏達唸**：我想請教老師的問題是：

一、身心性命之間的關係如何？

二、得止與入定的關係如何？是否是一個量變到質變的過程？

三、打坐效果常受一段時間內情緒的影響，如何控制情緒？

四、眾生平等如何理解？是指眾生成佛的機會平等，還是泛指一切平等？如是指後者豈不是說做餓鬼和做天人一樣，目前的說法似乎都指後者。

五、目前這個末法時代，修大乘法似乎容易流於空談，修小乘法是否更實際？自己先解脫再說。

六、有人說，信輪迴、信因果是檢閱是不是信佛的最低標準，此話對嗎？為什麼？

（以上是C同學的報告，老師在上面畫了三個圈圈，並批示：正是此次要講的重大問題。）

**師**：大家聽了C同學的報告，有些人可能認為很普通，自認為是大學者、大教授的人很多，但是報告中提的問題內容很多，他不是一個簡單的人物，這些問題留著慢慢解決。

# 內練一口氣　外練筋骨皮

**馬宏達唸Ｉ同學的報告：**南公懷師慈鑒：在第一天參學中，我更加體會到姿勢的重要，要保持人體的自然曲度，我以前總是彎腰駝背，所以色身沒有變化。在十二對腦神經中，第一對是嗅覺神經……

**師：**十二對神經就像現在機器的雷達，十二對一共是二十四個放出去，跟天地合一，等於中國古代科學注重二十四個節氣，就是二十四條大路線。

**馬宏達唸：**十二對腦神經中第一對是嗅覺神經。昨天老師說的鼻竇，與呼吸有緊密的關係，它的神經中樞在大腦皮層，也是唯一在大腦皮層的腦神經，大腦皮層是人體最高位置，全身從頭到腳，在皮膚都有相應的反射區，因此我想只要做到老師說的鼻竇鼻根一帶的呼吸調整好，嗅覺神經就容易放鬆，近而影響皮膚放鬆，氣機充滿，因為雙腳放射區屬於大腦皮層最高位置，也是人體最高位置。皮層放鬆了，會影響雙腳神經氣脈自然放鬆充滿，也容易得神足通了。面神經在十二對腦神經中屬於第七對，是中間的一對，因此打坐時我就注意自然的面帶微笑，讓面神經放鬆，這樣十二對腦神經也容易放鬆。這是我聽了老師的課後結合一些醫學知識，不知對否，請師明示。昨晚聽課後，還有一個體會，醫生如果不懂安般法門和白骨觀，不懂氣脈是學不好真正的中醫的。

**師**：現在用工夫學禪，必須非常注重自然科學，同時我也罵現代人最大的迷信是迷信科學，開口科學，閉口科學，但自己並不懂究竟什麼是科學。譬如學武功的人有一句老話「內練一口氣，外練筋骨皮」，講歸講，但什麼是筋？什麼是骨？什麼是皮？人身究竟有多少塊骨頭？哪一塊骨頭管什麼？都不知道，還練武功呢！還做氣功呢！結果一看做氣功練武功的人，勾腰駝背到處都是問題，乃至練金鐘罩鐵布衫的，兩腿一走路我就看出問題了，腰以下不行了，他把神經搞壞了，自己都不知道。

## 傅大士的偈子

還有一份J同學的報告，外面來的人有學問的很多，但是你看在這裡長期工作的人很認真，所以我不大歡迎你們來，老實講你們來是應付我，也騙自己，何必呢？來了以後我也要跟你假裝應付，面帶笑容，心裡一百個不是。你們聽聽J同學的報告。

**馬宏達唸**：南公上人懷師慈鑒：幾日來身心較為安定，看來還是一切唯心造，只要有心為之，換句話說也就是信了。劉教授所言特異功能的試驗，只有開始和結果，沒有過程。（馬宏達補充說明：劉教授跟很多北京那邊專門做特異功能試驗的，比如說搬運、找特異功能的人，用意念把小東西移動，有這個結果，確實有這個現象，但是他們在一塊麵包上面裝一個小型電子感應裝置來測試這個過程，中間的過程是測量不到的。可以看到麵包在桌子上被搬運到另外一個地方，雖然裝了感應測量裝置，但是中間的過程是測量不到的，有開始和結果，但沒有中間過程。）

**師**：劉教授到這裡來以前，去少林寺做研究，給打坐的人和不打坐的人，做了一個腦電波的測驗。打坐的人不一定得定，美國也做過這個試驗，找些喇嘛與普通人測驗腦電波。我說這是笑話，哪個喇嘛得了禪定？不過會打坐而已，還不是禪定。

**馬宏達唸**：師言其中有物，有物亦為方便說法。傅大士的偈子：「有物先天地，無形本寂寥，能為萬物主，不逐四時凋。」

**師**：「有物」，你要解釋一下。

**馬宏達補充說明**：有一個能量或者什麼東西在背後，現在科學儀器還沒有辦法測量出來，這個「物」只是一個代號，它的背後有一個能量，他引用傅大士這個偈子講「有物先天地」，這個天地宇宙還沒有生出來以前就有這個東西，「無形本寂寥」，這個「能」本身不是我們所能見到的這些現象，都不是，這個本寂寥，本來是空的，你抓不到它。

**師**：錯了一個字，「能為萬象主」，現象的象。

**馬宏達補充說明**：一切的現象，物理的、心理的一切現象的背後，主人是這個，但不是一個人格化的上帝。「不逐四時凋」，四時就是春夏秋冬，不隨時間改變。

**師**：本體的功能不隨時間、空間改變。

**馬宏達唸**：弟子想是否與起心動念的這一念，是怎樣動的是一回事。念的從無到有也沒有過程，忽然就來了。安定久了，有時頭頸會發緊，這時注意還陽穴，自上而下，立時輕鬆。坐久了，腹部的呼吸也很微細，妄念如遊絲飄來飄去，一知之後便去了。

**師**：這一句重要。你認識是妄念，妄念就沒有了。

**馬宏達唸**：這時有個空檔，既沒有妄念也沒有呼吸，身體會漸漸的發暖，發輕，有時會在這上面多停一停。休息得好了，腳心至會陰一帶有癢癢的舒服感，這是否是青春腺的作用？此次名為中國傳統身心性命內修外用的傳習，師以近百年之經歷，為我們澄清引導了一條自古以來，內修外用的修證路線，弟子愚笨也沒有讀過古書，不懂歷史，不過老師為我們指出外用的幾本書先記下來，《綱鑑易知錄》《春秋元命苞》《路史》〈食貨志〉《古今圖書集成》《管子》，待有機會時找出來讀它。在內修之學中老師提到《成唯識論》，自己翻開來看，基本看不懂，不過老師提到見分，相分，自證分，證自證分與四禪八定的關係，懇請老師為我等詳解。在安那般那的體會中，受風後的呼吸是有阻力的，大都在鼻竇以下，通過用功就會暢通。有時候頭部或呼吸道有痰，痰咳出來後呼吸也就暢通。珍惜已有體會，自己放逸了大半輩，現在回頭想來，時間的確非常緊迫。

## 讀書難

**師**：大家有重要的心得、問題就寫報告，不是寫文章。尤其是這幾位博士，你們學自然科學，又要研究生命科學，我曾經叫馬宏達發傳真給你們，讓你們來以前先讀兩本書，一本是《修行道地經》，你們買了沒有？讀了沒有？我幾十年翻徧了所有道藏，像我的圖書館裡有全部道家的書，可以說蕭天石出版的道書都是我拿給他的，我們是很好的朋友，等於兄弟一樣。

抗戰之前他在重慶寫一部《世界偉人成功之秘訣》，那還是他二三十歲時，當時我寫了一本《大君統治學》，要作中國的大君，統領全世界，我當年預定中國的首都在西藏，南面控制印度，西面控制歐洲，東面控制美國，北面俄國，整合在一起叫《大君統治學》，將老頭子都看到過，現在想起來很好玩。蕭天石後來到台灣，我幫助他成立了自由出版社，出版全部道藏。翻了這麼多書找了半天，我的痛苦路線走完了，現在叫你們注意《修行道地經》同《達摩禪經》。

你們這裡很多學者沒有深入讀書，古文為什麼看不懂？尤其看不懂魏晉時代的文章，要了解中國文化，每一個方塊字都有很多的內涵意義，我常常說中國文化在中國方塊字裡，真正幾千年經常用的只有一、兩千個字，真正的大學問家認識這些中國字也就夠用了。每個字都有很多的涵義、觀念，所以寫古文要字斟句酌，用一個字研究了很久，換了又換。因為文字學在唯識上講屬於心不相應行法，有獨立的生命，有獨立的流傳作用。現在流行唯物思想，原來流行唯心思想，現在再把唯物思想拉回來那是很難。

講到心不相應行法，我給你們講一段故事，唐朝有一位禪師，穿得破破爛爛的，自在地坐著喝茶，對面是一位很莊嚴的大法師，有很多人圍著聽他講佛學，這個禪師一邊喝茶，一邊聽他講，一聽原來是法相唯識學的大師。這個禪師就端著茶杯慢慢過去了，法師你好啊！你講法相唯識學很了不起，那我要請問法師一句話，「唯識學離不開《百法明門論》，那昨天下雨今天晴是哪一法？」這位法師愣住了，「您一定是位大禪師，請問您，這是哪一法？」「這個容易啊！昨天下雨今天晴，屬於二六時中心不相應行法。」你沒有辦法改變晴雨，第六意識改變不了，天地間的行陰不是你這個思想能夠轉變的，唯心轉變不了。

## 未有神仙不讀書

古人講「未有神仙不讀書」，我這幾次演講都強調中國文化重點在文學，你們看看清代文學家舒位的詩：

宰相紗籠一飯餘　秀才文選半饑軀
由來富貴原如夢　未有神仙不讀書
場屋摭言成脈望　洞天真誥入華胥
槐花忙過榴皮澀　賺得英雄證太虛

尤其這邊女同學們要注意，學佛光曉得拜拜，不讀書沒有學問不行，未有神仙不讀書。朗誦是中國傳統的讀書方法，所謂「風聲、雨聲、讀書聲，聲聲入耳；家事、國事、天下事，事事關心。」

## 世界用中文

在幾十年前，美國哈佛大學有一位教授訪問我，他當面用中文背《大學》，我也很佩服他，但是他說治國齊家平天下，缺了一環，沒有社會。我說你完全錯了，《大學》裡的「齊家」就是社會，中國古代是宗法社會，譬如周家、李家，整個家族住在一起，三世同堂乃至五世同堂，就是一個社團、一個社會。他還有第二個問題問我，他說根據世界上的歷史，一個國家民族一旦亡了，永遠不會翻身，中國歷史上經歷多少次亡國，為什麼還能站起來？我說只有一個關鍵，統一。他愣住了，什麼統一啊？我說文化的統一，尤其是文字的統一，中國從秦漢以後文字統一，還不止中國，整個東南亞的日本、韓國都使用漢字。現在我們自己反而搞破壞，但根還沒有完全斷，慢慢會恢復。中國文字統一了幾千年，但言語沒有統一，言語是二十一世紀這一代才來統一，我早在美國講過，未來中文會是世界通用的第二種語言，現在已經開始了，我也老了，快要死了，講到中國文化的文學和語言，詩是要朗誦的，不會朗誦詩，沒有辦法懂音韻，廣東話有九個音，閩南話有八個音。

# 王播的紗籠　呂巖的黃粱

第一句「宰相紗籠一飯餘」，是宰相紗籠這個典故，晚唐時期有位宰相叫王播，當年他貧窮的時候在寺廟讀書，依靠和尚吃飯。中國歷代的叢林培養出來多少英雄豪傑，同時收養了多少孤寡，這是中國傳統的社會福利。所以中國過去幾千年沒有社會福利這個名稱，卻有其實。你們現在講社會福利、慈善機構，笑話，中國人認為這是應該做的事，還吹個什麼呢？

王播年輕的時候貧窮，在廟裡讀書、吃飯好幾年了。老和尚無所謂，但小和尚們要開他玩笑，叢林吃飯的時候打鐘板，小和尚們討厭王播，吃了那麼多年，還在這裡讀書，故意等到大家午飯都吃過了再打板，王播一到齋堂，飯菜都收了，和尚們都回寮房了。他曉得了，大家討厭他，心裡難過啊！就在牆上寫了兩句詩，「上堂已了各西東，慚愧闍黎飯後鐘」，然後捆行李走了。我到齋堂時大家已經吃完了，叢林是東寮西寮分開的，大家都回房間休息了，慚愧在這裡吃了那麼多年飯，和尚飯後打鐘，是要趕我走了。

王播二十年後作了宰相，又回到這個廟子，他沒有仇恨，回來一看和尚也換了，他問以前寫的兩句詩呢？當家和尚說現在用最好的碧紗裝裱在那裡，王播看到了笑笑，又接上寫兩句，「二十年來塵撲面，而今方得碧紗籠」。講人生二十年的辛苦，功名考取做到宰相，又回到廟子，和尚為了拍馬屁，把他過去寫的爛詩裱起來。

第一句「宰相紗籠」是這個典故，「一飯餘」是另有典故，所謂清詩用典，因為自清朝而上，有很多歷史的經驗，濃縮而成文學，這是厲害的學問功底，讀書多了一看就曉得是怎麼一回事。一飯餘是講呂純陽的黃粱一夢，呂純陽進京考功名走到河北的邯鄲一帶，飯店裡碰到一個老頭子在煮黃粱飯，呂純陽疲勞了就靠在桌子上睡覺，夢見自己考中狀元，四十年功名富貴，最後垮台被殺才一下醒了，看那個老先生的黃粱飯還沒有熟呢，所以叫黃粱一夢。「宰相紗籠一飯餘」，兩個歷史故事變成一句詩，說明人生的功名富貴在剎那之間，都是騙人的。「秀才文選半饑驅」，我們這些讀書人寫書，寫文章在報紙上發表，一半是為了吃飯，不是真做學問，當教授、考博士，拿這一張文憑幹什麼？是為了吃飯，為了生活，這不是做學問。「由來富貴原如夢，未有神仙不讀書。」你看《神仙傳》《高僧傳》上歷代的神仙、祖師，每一個文學水平都很高，現在參禪的人，連個簡體字都寫不好，連禪宗的《指月錄》《五燈會元》都解釋不清楚，還參禪呢！

下面兩句你們更看不懂了，什麼叫「場屋」？就是考場。什麼叫「摭言」？就是應付考試的書，古代把往年科舉考取的文章結集成冊，研究怎麼考取秀才進士，稱為「摭言」，這些書讀多了有什麼用？「脈望」是什麼？就是書蟲，也叫蠹魚，吃書的白色小蟲，摭言印出來有什麼用？給書蟲來吃。什麼是「洞天真誥」呢？南朝神仙陶弘景有一本修道的書叫《真誥》，等於學密宗的祈禱文、懺悔文、發菩提心文。華胥是道家的理想國，西方有柏拉圖的《理想國》，中國道家上古文化有華胥之夢，軒轅黃帝夢入華胥國，那個天下絕對太平，等於西方極樂世界，也是後世儒家的大同理想，與《禮記》大同篇、柏拉圖的《理想國》都是空洞的烏托邦，所以「洞天真誥入華胥」。

什麼是「槐花忙過榴皮濕」？過去科舉考功名，槐花開時稱為春闈，石榴成熟時稱為秋闈，一般人都忙於考功名，有什麼用？只有呂純陽賺了，他證到空性修成神仙，了生脫死超凡入聖，這才是大英雄。所以讓你們這幾位學自然科學的博士，要讀這兩本書，而且非要讀懂不可。

# 第二堂

剛才講到中國文學，我還是再三強調，文化的基礎在文學，這一百年來沒有好文學啊！白話文章是學西方的邏輯，也沒有學好，博士論文，什麼東西都是用邏輯，一個新八股，一個套套框框，這樣叫博士論文。寫文章也是這樣，沒有價值內容，看完了就完了。也許我是落伍的，但是你看世界上的文化，英文也好，沒有文學不行的。大家都會寫文章，但能夠流傳的太少了。現在手機上這些段子倒有好東西，將來能選出來好文章。可是這是小品，沒有大文章。

## 叢林的鐘板

剛才講到這一首詩「宰相紗籠一飯餘」，廟子上過堂吃飯打鐘板，有些重要事情也打鐘，全體都能聽見。你們讀過〈滕王閣序〉嗎？「閭閻撲地，鐘鳴鼎食之家」，人口多了，吃飯打鐘，全體就曉得了。「鼎食」不是一盤一盤端出來，是一鍋端出來的，大家在那鼎裡舀來吃，像是自助餐。南昌這個鬧市，住的人太多了，那些大家庭，就是一個小社會。「舸艦迷津，青雀黃龍之舳」，怎麼叫青雀黃龍？古人木頭造的船，中間這一條叫龍骨，船頭上有些畫的青雀，有些畫一條龍，舸艦迷津啊！滕王閣旁邊那個生意之好，商場比上海、紐約還要鬧熱，船都停滿了。「迷津」，已經看不到水了，處在長江的繁華都市，擠滿了船隻。

叢林的鐘板，吃飯打鐘，後世改為打板。你們現在講書院叢林，見都沒有見過，不行的。晨鐘暮鼓的打法各有不同。

# 油然而生小乘心

歷史文化的各方面，都是在身心性命裡轉，分類的講法不同。目前為了我們少數一、二位朋友，他們也是做零售生意的，不是批發的，隨時要走的，他們世間的事務比佛法忙得多了，所以我轉個方向來說。C同學提出來，大乘佛法太難了，因為他研究佛學很多年，是佛學專家了，他並不簡單，也是馬克思理論的專家。他感慨說走小乘的路線還好一點，他這個感想，也是我當年的感想。這個人世間太痛苦了，弘揚文化，救世救人，太痛苦了。我當年常常自己寫筆記：「小乘之心，不覺油然而生」，自己修持，不管天下了，修好了就走了，那是真的。C同學提的這七個問題裡，中間有這個要點。我平生好幾次也有這個觀念，這個世界沒有辦法了，「小乘之心，不覺油然而生」啊！

## 一遇先生蓋便傾

另外，當年我在四川碰到袁先生以後，他印證我徹悟了。我心裡在笑，這樣叫作悟啊！大家也覺得我悟了，老師說我悟了，我也覺得悟了，但是這樣叫作悟啊！那我本來就會，我從生來到現在就是會的，當時就哈哈大笑。隨後領導打七，我是首座。其實袁老師騙我的，我根本不玩這個，我原來不是叫他老師，是他叫我老師的，他跟我學太極拳，所以叫我老師。其實他學太極拳也是假的，勾引我的。他後來打七，叫我作首座，而且管維那，敲木魚打引磬，管上座下座。好吧！來就來吧。我還問傳西法師：「他究竟是誰啊？本來要跟我學太極拳的。」「你都搞不清楚啊？他是中國有名的，尤其是四川第一的禪德啊！」我就是這樣上當的。

不過在這以前，我在杭州讀書的時候，那個和尚朋友給我《金剛經》，同時看到他案頭有幾部書《指月錄》《五燈會元》，這個名稱好聽，文學境界很美。我在靈巖山上的這個階段，也在看《指月錄》，尤其看到達摩祖師的那一段，很有心得。達摩祖師傳二祖神光的法語，不是口頭禪哦！「外息諸緣，內心無喘，心如牆壁，可以入道」，達摩祖師接引神光，不是說砍了膀子就拿心來給你安，那是機鋒轉語，當時偶然的對話，可是一般看《五燈會元》《傳燈錄》《指月錄》，拿那個做主體了。達摩禪師真正傳授工夫，這四句話很重要。外面萬緣放下，內心無喘是真工夫了，氣息都不動，等於修到氣住脈停。怎麼用個喘字啊？我自己在參究了，那時候還不知道氣住脈停，心裡可能是心平氣和，哦！大概是孟子所講的「養吾浩然之氣」，自己當時的理解，其實是對的。「心如牆壁，可以入道」，並不是開悟了哦！工夫做到此心如牆壁，內外隔離嘛！外緣都息了，內心浩然正氣養滿了，如果達到這個境界，才可以說是真學佛。因為中國文字很優美，大家看禪宗語錄，一下就翻過去了，不知道很多內容要細心研究。外息諸緣，內心無喘，拿現在話講氣住脈停。心如牆壁，內外隔開了，不受任何影響，喜怒哀樂貪瞋癡慢都沒有，這樣才可以入道、入門。

所以袁先生叫我參加這次禪七，開始我還不懂，直到兩三天以後，有一天行香，他的香板「啪」一拍，我就哈哈大笑，真笑了，這個袁老頭子玩什麼啊？香板一拍，我哈哈一笑，笑個什麼都沒有。他轉了三圈，回過來站在我前面說：「你對了。」我看看他說：「就是這樣嗎？」他說：「就是這樣，你對了。」我說：「那我本來就有。」他說：「誰本來沒有啊？」我又哈哈一笑。就是這樣，不過你聽著好像很容易。

當時打七主要不是參話頭，也有人參話頭，隨便愛做什麼工夫都有，一二十個都是名人，大都是五六十歲了，還有同盟會的老黨員，跟過孫中山先生的，我是最年輕的，大家叫我南教官。

## 悟後再入經藏海

從此下山以後，這個事對了，身心都對了，《指月錄》《五燈會元》這些一看都懂了，這一切都自然開通。但有一點，那麼多佛經究竟說些什麼還不知道，我這個人是追根究柢，科學也好，宗教也好，不知道，非挖不可。

我想起小時候在井虹寺讀書，看到和尚「放焰口」的那個文句，非常美，很喜歡，回來跟我父親講：和尚們唸的那個很好耶！很漂亮。我父親笑了：你說說看。我說有什麼「紅粉骷髏一筆勾」，什麼七筆勾啊！這個句子太漂亮了。我父親說：你懂個什麼，那是蘇東坡的文筆啊！我說怪不得那麼好。我又問父親：佛經都是這樣嗎？有多少佛經啊？我父親笑一笑：「聽說從前有個狀元公去看佛經，花了二十年時間才看完全部佛經。」我說有那麼多啊！這是當年的話。

這一次袁先生說我明白了，《金剛經》也懂了，《指月錄》也懂了，那其他佛經究竟說些什麼啊？我父親當年講狀元公二十年才能讀完。然後我就問傳西法師：佛經有多少啊？他說：唐朝的時候就有六千七百多卷，再加上後來的著作，現在大概有好幾萬冊。我說：哪裡有啊？當年抗戰的時候，不像你們現在運氣好，整個四川都沒有幾部啊！因為當年《大藏經》是要皇帝批准了發給你的，不是每座寺院都有藏經樓，不是隨便買來的。他想一想告訴我：現在跟日本人打戰，我們四川的峨嵋山有一部藏經。我說：皇帝賜的？他說：不是，峨嵋山那一套是上海哈同的夫人印的，最新的，叫哈同版的《頻伽藏》。還有一套《龍藏》，他一時想不出來。我說：都全嗎？他說：都全的。我心想要去閉關，要看《大藏經》。

那時，我跟袁先生下山了，準備辭官不作了，前途再好都不要，唯一不懂的非搞懂不可。跟著袁先生下山，一起到重慶，我現在反過來叫他老師、先生，我作侍者。抗戰的時候很辛苦啊！從成都到重慶坐長途汽車要兩天，半路車子沒油了，司機說加一點水吧！大家下來推車吧！難到什麼程度啊？把中國的古詩改了，「一去二三里，拋錨四五回，前行六七步，八九十人推。」一真的哦！前行六七步，八九十人推。為他老先生找好位子，我呢？站到。還年輕嘛！我站了兩天兩夜，長途人擠人，小便都沒有時間，大便連個影子都沒有，忘掉了，緊張到這樣子。走了一半，一天一夜到了內江，住在旅館，晚上在茶館裡坐，人山人海啊！我跟先生坐在一起喝茶，他手裡拿個手棍，喜歡這樣搖，很悠哉，我把他一切招呼好了嘛！他看了我半天：「懷瑾啊！我問你，現在你那麼辛苦招呼我，那麼亂的時代，那麼忙，那麼辛苦，你的心境同山上那一香板之下有區別嗎？」我說我覺得一樣耶！都是一樣，從來沒有變過，晝夜都一樣。他把鬍子一抹哈哈大笑：「我相信，我相信。」

這個時候我還在問：生死怎麼了？他把鬍子一抹，很嚴肅地罵我了：「這個上面還有生死嗎？」我愣住了。這個上面沒有生死，那麼問題來了。我就點個頭，是沒有生死，可是還有疑點，沒有給他講。第二天到了重慶，他問我一個問題：「你做工夫，念頭先動還是氣先動？」注意哦！念頭先動還是氣先動？他突然問我，那個時候我還沒有摸過什麼法門，但毫不猶豫地答覆他：念先動氣再動。他聽了我的答話，把他的這個標記手棍一搖說：你說得對。念先動，念動了氣再動，就是這樣。

從重慶回到成都，有一天在袁先生家裡吃飯，他忽然告訴我：懷瑾啊！你一路很辛苦，我看你真了不起。我說：先生，這是應該的。他說：對面住的這位老先生，你見過嗎？我說：見過兩次，一個老先生，穿長袍走路。他這個時候才告訴我，那是他的老師。我說：你還有一個老師在啊？他就住在我對面，我供養他，還有他夫人，他是你的同鄉，浙江紹興人。我說：他貴姓啊？「姓吳，名字叫夢齡，吳夢齡先生，我的老師，我學佛修道，他帶我進門的。」我說：他是浙江人，怎麼住在這裡？「他是滿清時候四川的大師爺，紹興師爺。他學佛學道學禪，民國以來，不肯回去了，我拜他為師，是他把我帶進門的。可是現在我跟他見解完全不一樣，但是我很恭敬他，他就住在我對面。他認為悟後還要修，悟後起修，不是這樣一悟就完全能夠到家。」我說：先生你怎麼認為？袁先生說：「我認為一悟到底，不需要再去修。」我說：「沒有錯，先生，你講得沒有錯，可是三明六通等等，從這個上面怎麼起來的？」一念不生全體現，六神通怎麼起來的？他就鬍子一抹哈哈大笑：「你這個都沒有參通啊？」這是個大問題。後來我就到峨嵋山閉關了，問題還是在四禪八定，剛才我跟你們講既然一切唯心，萬法唯識，你要入哪一種定就入哪一種，三明六通一定起來的。因此我要去看《大藏經》，這個中間的研究很是艱苦，我現在只能濃縮簡單地講。

# 奪舍換祕法

因為之前我在杭州史量才那裡看了很多很祕密的道書，後來密宗貢噶師父我們兩個人談話，談到密宗的修法，什麼法他都傳給我，我問密宗女人怎麼修的？男人我懂，女人怎麼樣修？貢噶師父個子那麼高，我在他旁邊像小嬰兒一樣。他一天到晚打坐，笑咪咪，經過翻譯他說：「你問這個幹什麼？」我說：度一切眾生，將來我有一些女弟子要度她。師父你懂嗎？他說：我懂啊！我說：那你學這個幹什麼？他也笑了。後來講到西藏密宗的各個密法，包括頗瓦法，往生西方的、修神通的法門都討論了。所以人家跟他學，是求法，我不是求法，因為他曉得我走禪宗路線，有一點不同了。然後他說有一個西藏密法失傳了，假使這個人修道，快要成功了，是講色身的變化，神識可以出竅了，我講白話一點是靈魂出竅，有神通自在，是陰神，還沒有得道，再來投胎就很麻煩了，佛告訴大阿羅漢，大菩薩，你們注意哦！有入胎隔陰之迷，一入娘胎迷掉了從前，不知道了。除非到八地菩薩以上，一般菩薩都有入胎隔陰之迷，隔一個五陰，變一個身體，工夫沒有了。注意哦！

他說密宗有一種奪舍法失傳了，我說中國道家神仙，譬如八仙裡頭的鐵拐李就幹了這個事，我看過《神仙傳》。貢噶師父是密宗，他不懂道家，我說鐵拐李當年是白面書生，他已經修到陽神出竅了，不是陰神。他有很多徒弟，有一天，他打坐時陽神出竅，徒弟以為他死了，涅槃了，就把他抬去燒了。他陽神回來找不到身體，這一下嚴重了。道家有奪舍法，就是不願意再入胎，再入娘胎就迷了，前面的工夫都沒有了。奪舍，搶一個房子，強借民房，那很難的，要有大功德，否則就是犯法，叫作罪犯天條，等於民間的法律，別人的房子你搶來住了，這是奪舍。最好是媽媽剛生下孩子，這個孩子才生下來就死了，陽神馬上鑽進去，把這個房子搶來。他的靈魂走了，身體沒有完全冷卻的時候進入。當然有個地方進入，這個不能告訴你們，你們還沒有資格聽，聽了會有罪過。

鐵拐李回來以後，身體被徒弟燒了，他急壞了，到處找，就看到路邊有一個叫化子剛死，斷了一條腿，但根骨還不錯，第八阿賴耶識帶來的根，種子、骨肉，兩樣都不錯，他就鑽到這個叫化子的身上，所以鐵拐李是這樣奪舍。

我就跟貢噶師父談，他說密宗很尊重禪宗，也很尊重漢地的道家，這個法子還有嗎？我說有啊！他說密宗還有頗瓦成就，頭上插草的往生法，拿現有肉體來轉的奪舍法失傳了。師父啊！我說道家的奪舍我知道。我怎麼知道呢？在杭州史量才的閒地庵裡，有這個秘本。

我當年讀書不像你們靠電腦靠筆記，我看了就統統記住了，因為我從小始終有個觀念，筆記靠不住，萬一筆記掉了怎麼辦？所以跟你們讀書不同，四個字「博聞強記」，我是全部記起來。不但要書讀得多，而且要博聞強記，你們問我記憶力怎麼那麼好，書都背得出來？就是博聞強記。貢噶師父說，你知道跟我講講。我說：師父，我剛才問你女人的修法，你沒有告訴我，我們兩個交換吧。他哈哈大笑：「南懷瑾啊！你好像不是學佛的，你好像作官的，或者做生意的，很會交涉。」我說：「師父，那就交換吧！」這是講笑話。所以師徒之間，真的道情是親切得很。

密宗的方法我很多都曉得，怎麼修持，怎麼得定，不管你紅教、花教、白教，我統統學完了，還是有問題。密宗同唯識是在印度同一時間起來的後期佛學，是釋迦牟尼佛過後八百年快到一千年，由龍樹菩薩以後新起來這一套，我認為龍樹菩薩是在漢代佛法進來中國前後的這個階段，比孔子、孟子晚，大概是董仲舒這個階段，因為印度人沒有歷史觀念，很難研究。

## 轉身還參如來禪

那麼我還是回過來找釋迦牟尼佛，確信當今這個劫數只有本師釋迦牟尼佛，他一定有法，所以看《大藏經》，當時看很快，我晝夜坐著，一個青油燈，一天看二十卷到三十卷的藏經，青油燈哦！所以我講你們現在年輕人就戴眼鏡，我讀了多少書啊！不止《大藏經》，還有《道藏》，我眼睛現在九十幾了還可以看報紙，這就是工夫。我沒有道哦！但是你看看，少去吹了，什麼道理你要研究了。當時在山上看《大藏經》，有幾部經抽出來不看，後來我在台灣一部一部來講，《圓覺經》《楞嚴經》《楞伽經》抽出來我不看，為什麼呢？市面上容易找到。實際上《大藏經》裡有很多好東西，外面沒有流行的寶貝佛經多得很，我到台灣以後，影響最大的還是《圓覺經》《楞嚴經》《楞伽經》，真正的修持法門呢？可以說東密、藏密，在《大藏經》裡面都有。

有一個問題，釋迦牟尼佛講禪宗教外別傳，「吾有正法眼藏，涅槃妙心，實相無相，微妙法門，不立文字，教外別傳，付囑摩訶迦葉」，是不是這樣？他說不立文字的已經立文字了，然後迦葉微笑，因此有禪宗。中國的《大藏經》沒有這一段文章，可是王安石說看過這本經，的確有。後來我到台灣再找回來殘本，《高麗藏》有。所以中國有些學者不承認禪宗，說禪宗是偽造的，至少《高麗藏》是唐朝流傳過去的，有這個經，有這一段公案。

因此我回過來找，釋迦牟尼傳了心法以後，第一代祖師迦葉尊者，一直到達摩祖師，你看禪宗每一代的祖師都是大阿羅漢，他走的時候都能現神通，現出十八變。為什麼有十八變？難道是騙人的嗎？生死來去自由，到達摩祖師的師父般若多羅尊者也是如此。達摩祖師到中國來已經一百多歲了，他在這裡停留一二十年，一般講他死了，實際上他是一百五十幾回印度的。還有另外一位寶掌和尚，曾經住在杭州中印庵，也是禪宗，他見到達摩祖師才大徹大悟的，據說活了一千多年，在印度活了五百年，在中國活了五百年，廬山還有個地方他也住過的。我到台灣之前的最後一站住在中印庵，現在還有一個老和尚在，最近這個老和尚要我這裡派人去接手，我還派不出人來，那是很難辦。

再說迦葉尊者，佛涅槃以後吩咐四個弟子留形住世，迦葉尊者是一個，佛的公子羅睺羅，君屠鉢歎，當時印度宰相出家的，還有一個賓頭盧尊者，四位羅漢留形住世（按：也有另外說法），據說現在都還活著，迦葉尊者還在雞足山入定。人要怎麼修生命才可以留形住世？才可以起十八變的功能呢？這是一個系統的修法，都是走小乘禪觀的兩個甘露門，不淨觀白骨觀與安那般那，然後演變出密宗，演變出中國的道家神仙法門。西藏的密宗紅教白教，都是一個系統演變來的，這個裡頭是大科學，生命真正的科學，也包括歷史問題。

# 第三堂

你們諸位注意，每天聽了課寫報告，等於我們辦兒童學校，規定孩子們每天晚上都要寫報告。當然「有話則長，無話則短」，不要去編。

## 佛陀的苦行

釋迦牟尼佛在靈山會上傳了心法，後來在中國演變為禪宗，禪是大乘菩薩六度裡頭的禪波羅蜜，借這個字做代號，概括了顯密一切的佛法。現在世界上英文、中文有好幾部釋迦牟尼佛的本傳都靠不住，一些新的研究都是亂講，現在人很奇怪，一百多年來愛說反話，然後考據第一。我常常說不要完全相信考據，考據只能作個參考。

以傳統的記載，釋迦牟尼十九歲出家，出家以後先學六年外道，然後有三年當中主要練習無想定，把思想關閉了。你們現在出家學佛以為無妄想、無念就是道，以釋迦牟尼佛的修持功力，他用三年才真正修到了無想定。關閉思想要多大的本事啊！無想是一個定境哦！打坐入無想定，就是把頭腦思想完全關閉了，停止了。但是注意，真正無想定還有想沒有？有。什麼想？想把想滅掉，歸到無想，所以還有想停止的意。這個功力很難，真無想定的腦電波測驗是平的，拿儀器來測驗心電圖也是平的，但他是活著的。無想定是可以定很久，我們打坐除了腿痛，還有兩個東西擋住你最厲害，一個時間觀念，一個空間觀念，這些下意識都把你擋在那裡，時空很難忘記，下意識你忘記不了。到了無想定把這兩個也關閉了，我講話負責，這不是空洞的研究。可是釋迦牟尼佛做到了，但是你注意他也用了三年的時間，他做到了才丟掉，佛的本事就在這裡。

大英雄要功名富貴，常常有一些朋友跟我講，「老師啊！我來跟你做事。」我說那你要什麼待遇啊？「跟老師做事我不要錢、不要名。」去你的！名利哪個不要啊！拿到名利了再丟掉，才是真不要。一般讀書人嘴上不要名、不要利，其實官也做不上，財也發不了，事業也沒有，說我不要名不要利，這都是吹牛。真有本事，有了丟掉才叫放下。你們學佛看釋迦牟尼，修到了無想定，中文記載就是四個字「知非即捨」。這不是道，他丟掉了，你看他的智慧，我有心才做到嘛！天下無難事，只要有心人，他心裡堅定做到了無想定，然後知道這不是生命究竟的道理，只是一種工夫。明朝大儒王陽明也學佛修道，拿他的話來講，這是玩弄自己的精神而已。

因此釋迦牟尼佛再去找一個更高的修法，學非想非非想定，你注意中文的翻譯，「非想」，不是思想。「非非想」，既然不是思想，沒有思想，等於無想定一樣，但是同無想定不一樣，這個很細。非想非非想，並不是無想，一切都清楚，超越這個身心內外，也不是完全沒有知覺感覺，如夢如幻，換句話說，不是意識的。不是意識是什麼？我們的思想是第六意識到第七識這個之間。佛求證這個工夫，三年後做到了，他的了不起還是這四個字「知非即捨」，這不是道，還是工夫，用心意識可以做到，就丟掉了。大家打坐想沒有妄想，參一個話頭，念一句佛，念一個咒子，你做得到嗎？本師釋迦牟尼佛這六年，雖然他的工夫都做到了，印度再也沒有老師，雪山內外的修行人都拜訪過了。然後自己跑到西藏的南邊，也就是不丹、錫金的雪山下面，最苦寒的地方，佛本來是尼泊爾這邊溫帶的人，可以講一半是中國人，一半是印度人，佛的身體是黃皮膚又黑得發亮，所以叫金色如來。他本來是溫帶的人，結果跑到那個苦寒的地方修苦行六年。他自己的痛苦經歷，在律典上記載得很清楚，自己已經不是人了，修苦行折磨自己。

他用功修什麼？經典上都有，不過你們沒有好好深入研究。他修持日中一食，一天吃一餐，一餐吃一個果子。沒有詳細記載他的腸胃系統如何？大小便如何？這是一個嚴重問題。想必會有大便秘結，拉過肚子，小便不正常，什麼罪都受過，這是我加上的，因為古書的記載不詳細。日中一食，不是斷絕飲食，只喝一點水。他十九歲出家，苦修六年，二十多歲的身體老得像六十多歲一樣，骨瘦如柴，從肚皮可以摸到自己的背脊骨，而且不剃頭髮，不刮鬍子，簡直不成人樣，倒在那裡就睡，不一定都在打坐。為了求取生命的究竟，他現成的皇帝不作，他知道即使統一了全印度，最多太平二三十年，還會變亂，沒有一個時代會永遠太平。這不是生命的究竟，他放棄了，他要追尋生命的究竟意義與價值。

律典上記載他修勇猛的氣功，靠一口氣支撐到不死，他說頭脹得要裂開，眼睛爆出來要冒火了，牙齒也疼，我看了會掉眼淚，真是佩服他老人家，自己給自己受這麼大的罪，六年苦行的重點是呼吸法門。所以在律典上他告誡弟子不要修這個法門，會修死的，可是後來他自己還走這個路線。這是一個大問題，非常有趣。佛在六年的苦行中見了很多稀奇古怪的修行，印度這個國家民族到現在還一樣，有人站在山上翹一隻手，這麼一站二、三十年，我看過那個照片，那隻手就變成一塊木頭一樣，有的是練一隻腳，也是一種瑜珈，這個國家民族非常奇怪。所以當年東印度公司的英國人很清楚，你們儘管去修行吧！都去修行還免得造反，方便統治，這是英國人懂政治。

# 苦行非道

佛這樣六年苦修，想想不對，知非即捨，嚴肅地告訴後代苦行非道也。現在還有苦行僧，三步一拜到山上求菩薩，臂香供佛、燃指供佛都是苦行非道也，對生命殘忍與道沒有關係，你把身體剮了供養佛也沒有用。佛從雪山上下來，走到尼連禪河邊上。印度的歷史是靠英國人整理的，靠不住，有價值的資料都在《大藏經》裡面，但是西方學者不看中國的《大藏經》，日本人卻拚命研究，再告訴西方人，所以印度的歷史文化很可憐，都不可靠。佛在河邊上，遇到一名牧女，牧女看這個沙門好可憐。沙門就是出家修行人。有一天宏達提醒我滿州人、蒙古人原始不是信密宗，是薩滿教，他說老師啊！薩滿與沙門諧音。我說不錯。這位牧女看到這樣一個勾腰駝背、骨瘦如柴的沙門，路都走不動了，好老好可憐，就拿牛奶供養他，拿醍醐給他吃，佛就在牧場裡休息，體能慢慢養好恢復了。

這一段可不簡單，因為牧女的供養，佛把身體養好，然後才到附近找一棵樹坐下，這一棵樹因為佛在那裡成道才被稱為菩提樹。佛在這時打坐是真參究，因為印度所有的名師他都見過了，偏修一切法，都不是道，都不是生命的究竟。所以佛最後可以說是無師自通的，在菩提樹下打坐七天，相傳是冬季的臘月初八，睹明星而悟道。這七天當中他歷經初禪、二禪、三禪、四禪及四空定，又證得各種神通，他一概不受誘惑，還沒有悟道，到第七天快要天亮了，大概很累了，放鬆抬頭一眼見到天邊的明星，天文二十八宿轉動，天地的行陰在轉，佛無意地放鬆抬頭一看，啊！開悟了，證得菩提大徹大悟。菩提樹下夜睹明星而悟道，很美的文學境界，但大家不要被文學騙了，要有科學家的精神問個為什麼？他放鬆了，回頭一看青天白雲之下，那個一塵不染的清淨環境，一下就證入無我無人。

這時佛就講了幾句話，「奇哉，一切眾生皆具如來智慧德相，祇因妄想執著，不能證得。」奇怪啊！所有的生命，不管是地獄、畜生、餓鬼、人，一切眾生的生命功能本來都具備如來智慧，跟佛一樣，這個功能是平等的，就是沒有經過修煉，自己沒有發現。注意哦！還有德相，外形都有光明，都是相好莊嚴。智慧就是道，德相是外形，眾生都具備的啊！沒有哪一個缺少，沒有一個上帝主宰，也沒有閻王主宰，這是一個大問題，一切眾生皆具如來智慧德相，但為什麼不能成佛？祇因妄想執著，不能證得，被自己的妄想思想壓住了、困住了，自己的觀念、感情、情緒、思想這些都把自己騙了。執著，抓得很牢。把自己的主觀思想的作用，生命裡頭這個能思能想、能感覺、能受的作用抓得很牢，所以找不到自己生命的本來。這是禪宗的開始，像一部電影很鬧熱，但很難拍出來。

釋迦牟尼佛這個時候悟了就想走了，入涅槃算了，大梵天王帶著天人下來跪在前面說：世尊啊！你多生累世發願度一切眾生，你不能走啊！佛答覆大梵天王止，止，我法妙難思。他說你不要講了，我要涅槃了，我所悟到的，不是思想問題，思想解決不了，但人類一定搞思想，所以《楞伽經》講兩句話特別重要，「不思議熏，不思議變」。不思議，不是你思想做得到的，不是你研究討論可以達到的，完全要生命來實證、求證。熏習就是抽香菸一樣，抽久了以後指頭也黃了，衣服也黃了，身上都是香菸味，熏就是習氣。「不思議熏，不思議變」，這個生命與宇宙萬物永遠在變化中，也就是化學物理的作用。所以佛答覆大梵天王及釋提桓因你不要說了，不要要求我留在這個世界上，我要走了，這個「法」是大生命的根本，不是世間的文字言語可以表達的。因為大梵天王及釋提桓因懇切的請求，其他天人也下來請求，你老人家多生累世發願，我們都等你成就來救度，你不能走，所以佛留在這個世界弘法。

現在外國的一些研究說他二十九歲出家，有三個太太，還有根據。我是根據傳統的佛經講的。佛三十一二歲出來弘法，到八十一歲涅槃，說法四十九年，但是佛在《金剛經》等般若經典上不承認說過一個字，這個本體用語言無法表達，雖然說法四十九年，他說等於沒有說過一個字，沒有說過一句話，你們學佛要在這個地方留意，也都是科學。

# 六群比丘

我當年讀《大藏經》，這個道理我知道了，也可以說那個工夫我也證到了，可是還有什麼問題？為什麼佛後來有兩度閉關？譬如佛開始弘法時玩了很多神通度人，他的弟子跟他正式出家修行，他自己建立了剃髮制度，不學裸形外道，裸體修行的耆那教。佛制定三衣，下面是裙子，上面是一個背褂，再另外一件披過來是袈裟，也就是「天衣無縫」，沒有縫攏來，就是一塊大布搭在身上，這叫三衣。佛是印度第一個提倡環境衛生、生理衛生的人，印度人那個頭髮鬍子卷起來，髒得不得了，中國的長鬍子叫鬚，嘴邊的叫髭，兩鬢長的叫髯。那個頭髮髒了打轉，很不衛生所以要剃除鬚髮，然後佛發明刷牙齒，把楊柳的枝切斷泡在水裡，早晨起來當牙刷。還有個人的衛生袋、淨瓶，出家人出門一定帶一個鉢，印度人吃飯用手抓，他改用湯匙，而且規定喝水要用紗布濾過，濾了三次才把水裝在淨瓶裡，佛說水裡也有生命，濾過的生命在紗布上，不准這樣拿走，要放在水裡抖一抖，把這個生命放回去。所謂佛觀一碗水有八萬四千蟲，有無量的生命，我們隨便喝一口就殺生，佛心慈悲，發明淨瓶。這個淨瓶到唐朝也翻譯為軍持，後來軍隊也用，「空階夜裡遞軍持」，用淨瓶來接天上的露水。

跟著佛的一千二百五十個常隨眾，目連尊者本來就是印度的外道大師，神通第一，舍利弗智慧第一，比釋迦牟尼佛大十幾歲，他們每人都有一百個弟子，都帶過來皈依佛。另外一個迦葉三兄弟，不是禪宗的迦葉，也帶一千人過來，以中國小說的說法都是「帶藝投師」。這些大師們各有著作，舍利弗有舍利弗的一套經典，目連尊者有目連尊者的一套經典，每個修持的理論都不簡單。你們現在出家人看幾本書就說懂佛教，我覺得是笑話，這裡面有多少學問、多少科學、多少人生的意義啊！

弟子裡亂七八糟的也有，叫「六群比丘」，雖然也跟著剃頭出家，但不守佛戒，專門搗亂反對，專門破壞規矩，給他找麻煩的太多了，可以說黨裡有團，團裡有派，派裡有系，每一個師父帶了一大堆徒弟，他老人家夠痛苦的，帶領著這一批亂七八糟的僧團，弘揚幾十年的文化，救世救人，也同孔子一樣。所以有一次他煩極了，一個人溜出去到山裡，走到半路碰到一頭象王，象王後面有好多大象在打架，象王被吵得受不了，就獨自走出來，在山路上遇見佛，佛摸摸牠說：這個時候我的心情跟你一樣，想脫離群眾單獨清淨，做不到。所以作領導是苦，有救世救人的苦。這些都是佛學，你們這樣研究去，就懂得佛法了。

# 第四堂

## 提婆達多的三禪天

現在很多年輕人要學中國文化、要學佛，那你懂佛嗎？剛才我講的像電影一樣，你們聽得很鬧熱，我這個劇本花了多少成本啊！讀了多少書再加上自己的實證體驗，才了解這麼一件事。可見佛的一生很可憐，成佛以後出來救度眾生，現生受了很多的罪，比孔子還痛苦。有時候出來化緣還沒有飯吃，餓著肚子回去，不但六群比丘要打擊他，他的堂兄弟提婆達多也組織了一個僧團，帶領人修行，公開攻擊他，說他騙人。因為提婆達多也有這個本事，開始他要跟佛學，佛不准許，知道這個堂兄弟難辦，他就跑去找阿難，他們也是堂兄弟，阿難就教他修安那般那，提婆達多很快獲得神通，就開始玩弄神通，以為佛會的我都會。印度的婆羅門教和其他外道都提倡吃素，他說釋迦牟尼佛沒有吃素，這是最大的一條罪狀，佛和弟子們沒有吃淨素，印度婆羅門教吃淨素的很多，而佛教小乘戒律是通融的，可以吃三淨肉，並不是提倡吃肉，他隨緣化來，有什麼吃什麼。用這一條攻擊佛，你看他的一生夠痛苦的，因此教育也好，政治也好，千萬不要收徒弟，我一輩子不幹這個事，早就看通了，凡是反對你，都是你旁邊最親近的人，這幾乎是個大原則。歷代的帝王、英雄豪傑都不是被敵人打垮的，是被自己打垮的，尤其是被自己旁邊的人打垮的，這是個嚴重問題，現在我告訴你們歷史的祕密。你們要懂哦！作領導人難啊。

但是提婆達多現身受了報應，到中年以後，生身入地獄，地裂開了沉下去，大概像碰到這一次的地震一樣。這個地方現在印度還能找到，不過看不見坑，只有個影子。有一次阿難想到提婆達多夠可憐的，因為反對佛而生身入地獄，就問：「世尊啊！這個提婆達多在地獄裡也夠可憐的，我們到底是兄弟啊！你老人家度他一下。」佛就笑了：「你怎麼那麼笨，他是來度我的啊！」阿難一聽這是什麼意思啊？「你不知道，多生多世他折磨我，就是我的老師。我以前好多生都是跟他修行，他希望我成就，每一生都折磨我。」阿難說有這個事？他說是啊！佛就講了好多生的故事，這些你們可以當神話聽了。佛說有一生他的報應作人身上的虱子，爬在一個羅漢的身上，提婆達多就投生來做跳蚤，虱子爬得慢，跳蚤跳得快。佛說你怎麼吃得又肥又壯，蹦來蹦去，我這個虱子難得吃到一口。他說你不懂，這個羅漢在打坐，最好吃是他脖子這裡，等他要入定了，跳起來吃一口，他要入定就忍住了，我就吃得好好的，你好笨，在他腰褲裡慢慢爬，他一摸褲帶，就把你掐死了。講得很有道理，我就聽他的，跑到羅漢脖子那裡，等他正好要入定了，我趕緊咬一口，他手一伸把我掐死了。沒有哪一次他不害我，但他也是為我好，用反的教育促進我，所以我感謝他。阿難說：那他現在活著陷到地下去了，你老人家有神通度他一下。佛說你錯了，他在地獄裡有三禪天之樂。三禪是什麼境界？心一境性，離喜妙樂，那是色界天的天人境界，你以為他在地獄受罪啊！阿難一聽愣住了，意思是表示不相信。佛說你不信嗎？好！我用神通送你下去看看，去探監啦！阿難就下去了，見到提婆達多。他說你怎麼跑來了？都是堂兄弟嘛，哥哥啊，你造惡多端，對不起世尊，我看你在地獄可憐，我請哥哥度你一把。這一下阿難被提婆達多罵了一頓，我要他度什麼？你以為我在這裡受罪啊？我在這裡舒服得很耶！他在地獄還有三禪天之樂。

## 末後一著

佛到八十一歲要走了，三次問阿難，我可以住壽一劫，長久活在這個世界上，你看怎麼樣？三次問阿難，阿難都沒有答話。佛最後八十一歲宣布要涅槃了，阿難跪下來哭著說你不能死。萬事都要因緣，這個緣包括時間空間，過了就不行了，也叫劫數。佛說我問過你三次，我可以留形住世一劫，你都不答覆我。這是一個問題，佛不會吹的。他死了以後，大弟子迦葉尊者還沒有到場。這個禪宗的祖師大迦葉尊者，現在還在雞足山入定，據說佛命他等到彌勒菩薩降生。迦葉尊者聽到佛過世，他從西印度這邊趕回來，世尊已經放進金棺裡了，迦葉尊者跪在棺材邊上，世尊啊！我只差一步啊！沒有親見你最後一面。

迦葉尊者是什麼人？印度的大富翁，非常有錢的修行人，佛叫他拿一件袈裟等到傳給彌勒佛，這件袈裟通體是用黃金珠寶編的金縷衣。所有佛弟子中，只有迦葉尊者一人是真修頭陀苦行，也叫十二頭陀行，不住廟子，隨處打坐，你看他一輩子的忠心，最富有的人家，但是一輩子修行，過窮人的生活，這些都是大問題，你們注意，所以他是佛拈花微笑的得法弟子。他最後到了抱著金棺痛哭，我遲了一步沒有見到你。佛已經裝到棺材裡，卻把兩個腳伸出來給迦葉看。迦葉尊者就抱著佛的腳哭，師父啊！我知道了。佛才把兩腳又縮回去，你說他死了沒有？要麼這些都是假話，都是神話，我都是當事實來看，佛是真語者、實語者、如語者、不誑語者、不異語者，佛做得到，這是生命的大科學。

你們注意這一段，迦葉尊者奉命留形住世，包括佛的公子羅睺羅，修持工夫到了生命可以存在，可以自己作主，那麼我們研究這是什麼工夫？就是安那般那的禪定。《阿含經》上佛告訴羅睺羅「息長知長，息短知短，息冷知冷，息暖知暖」，沒有多講。這幾段翻來覆去講呼吸法，我再回過來研究佛還有祕密沒有？有祕密、沒有祕密都在這裡。幾十年翻了很多經典，他不是反對修呼吸法嗎？可是他後來兩度閉關，有一次在河邊上入定，他帶著這一班徒弟，太疲勞了，他一下休息了。這個時候有一隊商幫，做生意的車馬路過恒河，亂七八糟，聲音很大，搞得旁邊都是水，他還在打坐，當然有些徒弟保護他。等一下他出定了，一看這裡怎麼搞得那麼亂啊？弟子問他：「世尊你不知道嗎？」「我不知道，什麼事啊？」「剛才商幫的車馬過恒河了。」咦？這次他入的什麼定？好像他不知道，究竟知道還是不知道？我看佛經是挖根挖底的，不像你們迷信，我都要研究出來，自己找出來答案，向哪裡找？自己修持做工夫去求證。

第二個，他兩次閉關，弟子們問他，世尊啊！你閉關兩、三個月做什麼工夫啊？他說我在修安那般那呼吸法。這就稀奇了，你原來自己公開不准大家修這個法，現在自己兩次閉關又修這個法，這是什麼意思啊？這是大問題，我給你們提出來，掛在那裡給你們參，好好去用功。

## 十大名號

那麼回過來再看什麼叫成佛？佛不是宗教偶像，不是主宰一切人的生命，不是你求什麼他會給你什麼，那完全是宗教迷信。他是個大教育家，教化一切眾生，我們可以講他是世界上最了不起的人，他找到了生命的究竟。佛有十個名號，成佛得道有十個代號，你們在座的哪個背得出來？有的聽我講過很多次了，F同學背得出來嗎？背出來二百塊獎金。

**F同學**：如來應供，正偏知，世間解……。

**師**：他背的次序不對，二百塊拿不到了。這很重要，我給你背，如來應供，正徧知，明行足，善逝，世間解，無上士，調御丈夫，天人師，佛，世尊，十個名稱。你們看現在講佛，是第九個名稱，英文翻譯是Buddha，原來在唐朝用廣東話翻譯是佛陀，經典上都稱世尊，也叫薄伽梵。佛本身在印度沒有搞宗教，帶領那麼多人是教育，度化教化人。宗教是後世人們加上去的，等於中國的道家變成道教，儒家變成儒教，後人亂加的，拿這個古董來開古董店做生意。（編按：關於佛陀十號，歷來經論說法不一。）

如來應供，如來代表本體，這個生命是心物一元的，有一個能量，是大家都有的，同體的，這個名稱叫如來，它能來能去，能生能滅，能死能生，能變化，萬變不離其宗，變而不變，不可思議熏，不可思議變，也沒有熏，也不受熏，也沒有熏人，也不變，也不受變，這是如來。最初漢朝翻譯叫如去，如來如去都可以，譬如我們兩個手動來動去，這個空間動了嗎？沒有動過，就是這個意思。如來應供，好像他來過這個世界，是為我們大家的需要，接受供養恭敬，中文翻譯得很好，好像來過，現在不在了；也沒有去，還在這裡，所以如來如去。

接著是正徧知，沒有一樣不知道，不管身心內外，宗教、哲學、科學，世間出世間一切學問，沒有哪一點不清楚，成佛就是這個境界。第三個明行足，明心見性了，透澈了，心物一元的本體完全搞清楚了，證得明行足，一切通了，是真的神通，智慧透澈比神通還厲害。善逝，上面是如來，最後是好好的走了。

現在有些年輕人在經典上亂圈點，把如來與應供點開，錯了，如來應供是一個名稱，與正偏知、明行足、善逝四個是關於出世法的。世間解，他在世間活到這一段，世間一切問題無所不知，政治、經濟、數學、科學他統統知道，他十九歲以前就是全國學問第一、武功最高。調御丈夫，他也是最好的教育家，調御就像養馬、駕車一樣，他是高手，最高明的大師，所以叫調御丈夫。而且佛不但是人間之師，三界天人都來皈依他，向他請教，所以是天人之師。這一段講他活在這個世界是這樣，他何以做到這樣？因為他是正覺，大徹大悟的人，證得阿耨多羅三藐三菩提，無上正等正覺，所以當時弟子們稱他世尊，世界上最為尊貴，比帝王還尊貴。你們學佛，連佛的十個名號都搞不清楚。你說他是什麼人？中國翻譯用這個佛字，翻譯得好，人字旁邊加個弗，上古的中國文言這個佛字，佛者拂也，把這個單人旁（亻）改提手旁（扌），一切都擦得乾乾淨淨，這叫作佛。

# 呼吸法門

回過來講佛修持的方法，為什麼後世的禪宗用這個禪呢？佛的修法從小乘到大乘有兩個非常基礎的法門，一個安那般那，一個白骨觀、不淨觀。他沒有什麼宗，也沒有什麼稀奇古怪，而是非常科學的。一般學密宗的人就講那是佛的顯教，好像對世人宣傳顯教不值錢，不像密教還有祕密。佛還有什麼祕密？所以我常常講我不作人家老師，我早就看通了，道乃天下之公道，不是你的，也不是我的。你真要來學，我真懂了，知無不言，言無不盡，哪有個什麼師啊！佛啊！所以佛是這麼一個人。你看《壇經》上有人問六祖還有祕密沒有？六祖說祕密在你那裡，不在我這裡。你明明是佛，你不懂嘛！這是大祕密。你明明可以證道，你沒有求證，祕密在你那裡，不在我這裡，我沒有祕密。

可是真祕密在二甘露門。安那般那對中國文化的影響非常重大，他的修法有個要點，第一步講鼻子的呼吸。K同學昨天跟我討論，她很正式嚴肅地問我：太老師啊！你講了半天，我今天才對了。我說：怎麼了？她說：不要說他們，連我跟你這麼久，都沒有搞清楚呼吸。我說：你不要跟我開玩笑了。她說：真的，現在我才知道數息重在這個息，我原來注意這個數，以數為主，不是以呼吸為主。我說：那麼嚴重啊！她說：是啊！我到現在才知道是以呼吸為主，數是附帶的。

前幾天宏忍師也對我說：一般人不懂鼻子的呼吸。我說：真有這麼嚴重？她說：真不懂啊！您講了半天呼吸，然後我問大家才發現，尤其是女性根本不懂呼吸，有些人硬讓她躺下來，自己用手按在肚子上，吸氣再吐氣，然後才慢慢懂得鼻子的呼吸。當然年輕人都懂，有的人不曉得臍帶一剪斷，自己就會呼吸，從來都沒有注意過，所以給他講安那般那，他不曉得什麼叫呼吸，也莫名其妙在那裡數息。我愣住了，後來我一想，對，很多人不懂呼吸。

佛說修安那般那先觀鼻頭，這個在中國相學叫準頭，《史記》講漢高祖劉邦隆準而龍顏，準頭這個地方散開，高拱而有威力叫隆準。佛經上叫你先觀準頭，兩個鼻孔進出的氣你要清楚，佛經講鈍根看不到呼吸，不懂呼吸，現在K同學、宏忍師她們兩個人來證明，我才曉得原來鈍根真是不懂，利根的人才看到呼吸，進出要看得很清楚，這要利根智慧很高才看得清楚，一靜下來至少感覺清楚。普通人在冬天，到新疆、蒙古那個寒冷的地方，自己呼出來那個氣，一股白氣來往，就算鈍到極點的人，當然也能看到一股白氣，鼻涕也流下來，那是氣跟水大一起從那兩個管子出來，那才看得到。所以我曉得佛真是慈悲，告訴你先守鼻準，第一步有如此之難。那為什麼叫你數息呢？你們知道每一天呼吸往來，同時一分鐘我們的心臟跳多少下？學醫的I同學答覆。

**I同學**：六十到七十。

**師**：呼吸往來之中有幾次心跳？《靜坐修道與長生不老》都寫了（人的呼吸平均每分鐘十八次，一天二十四小時，平均共二萬五千九百二十次。脈搏平均每分鐘跳動七十二次，等於呼吸的四倍），呼吸自然往來，你先把呼吸進來出去完全弄清楚了，才可以談修定修禪。有弟子問釋迦牟尼佛為什麼守這裡？佛說譬如趕一群羊，我們每天呼吸來往多少也是散亂的，你晚上要趕一群羊回家，你怎麼數？當然是站在門口數，拿個竹竿，一個，二個，或者五個一算，一、二、三……，當然要在門口才數得清楚。一群羊在外面你數得清楚嗎？牠們是亂跑的啊！所以佛很內行，你要站在門口數啊！所以叫你修安那般那，先觀鼻孔這裡，看清楚氣的一進一出才是數。

你們自己要想真修行，沒有弄清楚的不要冒充聰明，照宏忍師的經驗，男的比較容易懂，女的不容易懂，你們把呼吸弄清楚，才好告訴你呼吸法的修煉，那就進步快了，不然怎麼得定啊！當然青年人自然知道呼吸，你們不懂的要來問，有幾位醫師站在這裡等你們，你們認為懂了，他們就不講了，有問題趕快來問。中國人有一個毛病，當面不談，過後又拉著你問，你們三位醫師過後不要答覆了。

# 八月三日

# 第一堂

（大眾念佛）這一堂念佛念得很好，不是頂好，要念到忘我忘身，一念清淨與阿彌陀佛光明相接，很難。

我再強調，你們沒有問題就不要寫報告了，寫報告要有真問題、真內容。不管誰的報告，每天晚上集中到馬宏達那裡再給我，不要單獨交給我，這是做事情的規矩。後來參加的先聽前兩天的錄音，不管他什麼地位，什麼朋友關係，不行就請回去，不要將就。今天唸幾位新同學的報告，大家可以做個參考，這些新同學是跟在我旁邊義務做事情，也在這裡很久了，比老同學的報告切實一點，沒有那麼多理論，你們有些人學了幾十年，都是在玩思想。我講的也是思想，可是很實際有用的。我現在還沒有開始講安那般那法門，只是講了鼻子的呼吸，真正研究安那般那的禪定修法，一定要讀兩本經典，一本《修行道地經》，一本《達摩禪經》，越讀不懂就越要讀，不肯學你就請回吧。這兩本書如果讀不懂，這裡有些前輩同學們研究多年，都在做筆記，整理我的講義，那麼慎重，所以不肯輕易拿出來，你們有空可以向他們請教。

我們現有的生命就是呼吸一口氣，這口氣還是外表，能呼吸的後面是什麼？搞不清楚，那個是安那般那。你以為觀呼吸就是修行了？記住，欲界一切眾生的生命，甚至包括植物、礦物，都是一口氣，這個氣是什麼？佛學講風大，一呼一吸都是生滅法，生滅連續不斷，所以這個生命活著是假象，實際上它是隨時斷的，這一口氣進來不出去就是死亡，出去不進來也是死亡，生命是那麼短暫，不是你這個身體啊！身體是靠這個氣，等於一個機器是靠電，電剎那一停，這個機器就不能起作用了，這個道理懂了才懂得安那般那。這一次要講的題目很大，所以把這些國內我所尊重的朋友請回來，他們年紀也到了，都希望能夠真修實證。我的報告分幾條路，主要一條路橫跨傳統身心性命之學的歷史演變，包括C同學所提的七個問題。

# 靈巖際會

我當年偏學禪道密宗的經歷，寫出來有《蜀山劍俠傳》那麼好看，可以暢銷，可是我沒有時間寫。當年抗戰期間，我跟袁先生在靈巖山，就是四川灌縣二郎廟那邊的靈巖寺，馮友蘭，郭本道，李源澄，錢穆這一批學者都住在靈巖寺，住持和尚是我們的好朋友傳西法師，是很奇怪的一位出家人，請了兩個做飯的，專門養我們這一群閒人。燕京大學的教授郭本道把整部線裝《道藏》都搬到這裡，大家都很驚訝，他說怕日本人打過來，寶貝被毀了。馮友蘭先生在靈巖寺住了三個月，下山就寫《新原人》，這本名著轟動了整個大後方重慶、成都。我們就笑馮友蘭，在這裡看了三個月的《五燈會元》《傳燈錄》，下山就寫了這麼轟動的書。我們在山上都是好朋友，抗戰把這批名人學者都趕到一起，我是最年輕的一個，可是很受大家注意。這是我的緣，人緣、法緣也是自己多生累劫修行來的，所以你們胸襟狹窄器量小的要改。「未曾成佛先結人緣」，你們看不慣世事，看不起人，不能容納笨人，是因為學問不夠、道德不夠，胸襟不能包羅萬象，還想作大英雄大事業？還想成佛？所以我當年二十多歲，我自己吹，那麼多老前輩看到就尊敬，這不是你們能想像的。

## 天象奇幻

那天，我跟袁先生下山了，大概也是這個季節，忽然天變了。我向軍校只勉強請假兩個月，我要趕緊回去給學生們上課，學生都是從前線回來的軍官。天忽然下起大雨，四川的地震很多，隨時這個山倒下來我們就完了，尤其川西就是靠近西康到青海這一帶隨時會發生危險。忽然天色漆黑，雷雨交加，不可想像的雷聲和雨聲。然後天散開了一塊，像一個箱子一樣打開，我站在那裡傻了，身上都是水，真有天人，你們不信這一套，我是愣住了，真有這個事，當時想這表示什麼？最好是象徵我們跟日本人會打勝仗，日本人會打敗，我是這樣想。其實還不止這樣，自然而然你的思想學問都沒有了，心裡覺得自己太渺小了，只是恭敬合掌。當時自己已經經過袁先生的印證，心性是明白了，後來我是為了佛法的修持又去參學，可以說一般人叫悟了，身心親證都到了，可有一個問題啊！生死就是這樣了嗎？那麼古人講一悟千悟，一概透澈了，悟了以後，什麼學問、書不要讀應該都知道了吧？跟普通學佛的人想法一樣，悟道後應該一切英文、俄文都會講，至少佛法的三明六通都會吧？不過我也確實發過眼通，馬上被袁先生罵了一頓，就不再向這個路上走了，求神通你會迷掉。看到天人走路也就是眼通，這是自然發起的。後來到成都，自己想要求證佛法，因為還有疑點，所以決心上峨嵋山去閉關三年，研讀《大藏經》。

## 峨嵋路遠

我向蔣老頭子（中正）親自請假，很可怕的，等於你們怕毛澤東一樣，他那個時候對我很器重，他問我為什麼請假？因為我想要讀書去。他講了一句話，我當時站在旁邊聽了有點高興，也很好笑。「你還要去讀書？」意思是你的學問已經蠻好了，還要去讀書？所以我聽了心裡很舒服，也很好笑。我說：「是。」他說：「多久？」我說：「兩年吧！」這才勉強批准。當然不能告訴他我是到峨嵋山去閉關學佛，那他也許還把我痛罵一頓呢。

到山上閉關可不是容易事，佛門裡頭很麻煩，是非很多，我一個人穿著全套軍裝上山，抗戰打得沒有衣服穿了，就只有這一套軍裝，也沒有錢買衣服，舉國都是民窮財盡。穿著全套軍服上山，當然我提前也安排過，給四川的省長寫信打過招呼。當時在峨嵋山下藏著現在台灣故宮博物院裡的全套文物，有一連的兵在那裡守著，都是江浙老鄉，也可以說是我的護法。但是廟子上的老規矩，從年輕出家執事幾十年，慢慢從知客做到監院，辛苦多少年，到了大和尚的資格，還要有禪定的工夫，才可以閉關，才可以閱藏。那個時候的藏經不像你們現在福氣好，出幾萬塊錢就買一大部，搬到家裡跟廁所連在一起放都可以，那個時候做不到。

我來閉關，一天和尚也沒有作過，上山軍服一換，穿上僧衣剃個光頭，說要閉關就閉關，你憑什麼？後面有什麼背景？和尚們不服氣啊！廟子上幾十個和尚，老的少的都不服氣，不服氣又不敢講，怕軍人，想著這個傢伙又是浙江人，大概官大了，搞不清楚。秀才遇到兵，有理也說不清。然後都答應了，我說有一個條件，我的關房馬上請木工來給我修好，門要改一改，因為進關以後和尚要給你念經，然後封關，三把鎖一鎖，三張封條一封，到一年撕一張封條開一把鎖。門下面有一個洞，進出馬桶，有一個護關的和尚負責清理，上面有一個洞，送飲食進來，就是自己坐牢，這叫閉關專修。

佛家是自己悟道以後再專修，道家是經過百日築基、十月懷胎、三年哺乳這個程度，有這個境界才可以閉關。道家叫「入圜辦道」，也就是閉關。閉關兩個字出在《易經》「先王以至日閉關」。什麼是至日？冬至或者夏至。另一個解釋，你修行的工夫到了某一個程度，至日可以閉關了，不是隨便的，閉關是專修，現在也聽到有人講專修，你有什麼資格專修？初禪都達不到，閉什麼關？

## 神光隨願發

我曉得廟裡的和尚不服氣，他們也不敢講話，大概心裡想這是中央來的軍官，冒充出家閉關，而且要把全部的《大藏經》搬到關房裡，恨死了。那些老和尚七老八十的，出家一輩子也做不到，可是一聽啊，他是腳底下江人，浙江，蔣老頭也是浙江人。後來，我碰到一個機會，也是湊巧，峨嵋山上蠻危險的，傳說山上有個狐仙，他們要我降伏狐仙，這還不是最危險的，天地間最大的魔是什麼？是人事魔，你注意無論作官還是作人，人事的魔障比魔鬼還可怕。那時正好是秋天，要入關了，廟上有天全體放蒙山超度孤魂，我也參與，但不會唱念，跟著大家在那裡南無、南無……心裡念阿彌陀佛，他們法事做完，大概七、八點天黑了。那個大坪寺很像個蓮花苞，周圍都是高山，像一個蓮花的中心，只有兩條路上下，一邊的路通猴子坡，就是猴子上去也要爬著，另一邊的路通洪椿坪，號稱蛇倒退，當時的國家主席林森就住在下面的洪椿坪，所以我當時和林主席也有溝通，這一條路蛇爬上去也會倒退，現在是荒山，當時有一個山王廟，供奉一隻黑老虎，同我有很深的因緣。

我那時吹牛：師父們放蒙山超度孤魂野鬼，行嗎？有些老和尚聽了頭一歪就走了，恨不得甩你這個年輕人兩個耳光。有些人還站著，問怎麼了？我說沒有現相啊！什麼都沒有看到，我來超度給你們看。有個通永師兄也在，他現在九十七歲了，還在峨嵋山，後來我閉關都是吃他挑來的米，我要買東西就遞個單子，都是他買的。你看這樣一條路，他很辛苦地挑米上來，我很感謝他，永遠還不了他的帳，現在通永師父是峨嵋山之寶。那時我說誰有膽子跟我去施食，有好幾個老和尚跟著去，通永法師是年輕的一個，還有一個啞巴師兄，總共有十多個人跟我，我說我要到山王廟那裡施食，大家說那很嚴重。因為從大坪寺到山王廟還有一段路，夜裡很荒涼，大家害怕這個山王黑老虎出來，山上還有一條毒蛇，都是寺廟的護法。最後他們說：好吧！你去就跟你。大家帶上施食的米、酒杯到山王廟坐好，我就開始施食了，簡單明了施完了，把米一撒，當時整個山上天上都是漆黑，我一時衝動，我說我施食要有證明的，不是那麼施了就完了，同你們放蒙山焰口一樣，看不見徵象不行。我就坐在正中央，這些老前輩分兩排坐在旁邊，我把手在地下一拍，那也真的是一股衝動，我說我要到峨嵋來閉關，峨嵋是普賢菩薩的道場，向菩薩請求，我在這裡閉關三年，也向諸佛山神、龍天護法打交道，如果我所證的佛法是真的，你們給一個證明。如果是假的，不給我證明，明天我就下山了，可見佛法不靈。我說我閉關出來有一個願望，不管出家在家，弘揚正法，同時一手扶持儒家，一手扶持道家，弘揚人類文化，我生生世世都是這個願望，如果做不到，就下地獄，能不能給我一個證明。這個手一拍，那就奇怪了，你們看過照明彈沒有？

**F同學**：看過。

**師**：在哪裡看過？

**F同學**：當兵演習時見過。

**師**：夜裡演習啊？閆將軍看過嗎？抗戰的時候，日本人每天十幾架飛機轟炸我們，每個飛機下來先是放照明彈，譬如我們吳江，三架飛機在空中丟了四顆照明彈，整個吳江天亮得白晝一樣，到處都看得清楚，不是你們陸軍的那個照明燈，範圍較小。那時我就這樣一拍，大家聽到空中一個聲音，嘶……老和尚們都嚇住了，大家合掌，好像一個照明彈，同時有聲音，峨嵋山上可沒有日本飛機來，突然「聲如裂帛」，真像一塊大布被撕開一樣，徧山被一片光明罩住，很久很久，二十幾分鐘整個峨嵋山都是亮的。我說你們看吧！佛法是真的。這些老和尚們都跪下來，不是拜那個光，轉過來向我拜，輕聲講頂禮肉身菩薩，我也趕快跪下來向老和尚們頂禮。好，這一下我也合個掌謝了，給我證明有這個事，可以在這裡閉關。然後，我當時就講你們注意哦！在座的十幾位如果明天洩漏一句話，誰說這個事，當場就死。不准洩漏，現在通永老和尚看到我只是恭敬，一方面我帶領他打坐修行，一方面他現在快一百歲了，還不敢說。

為什麼？你們看《五燈會元》《指月錄》，有一個東嶽元圭禪師，東嶽廟的山神來皈依他也現過神通，元圭禪師當場吩咐弟子們不准宣揚。那個東嶽山神要給他展現神通，元圭禪師不要，可是他皈依了師父，想要表示一下鬼神真有神力神通。這個師父給他逼得沒有辦法，就說我這邊山上一棵樹都沒有，對面那個山上有那麼多大樹，你有神通就給我移一點過來。他說好，師父你們夜裡不要怕。一夜風雷，早晨起來看對面山上的樹都移到這邊來了，元圭禪師就吩咐弟子們出去不准說，如果洩漏了，「人將妖我」。他說你們去宣傳了以後，人家會說我是妖怪了，妖怪有神通。我當初看了這個印象很深，所以我說你們不要說，說了會死人。這樣我才可以閉關，但是我三年沒有圓滿，還差幾個月時，山下來人警告我，趕快下山換一個地方，這些和尚靠不住會妒嫉你，我們在下面也不能派兵守在你的關房外面。這個人事很麻煩，所以我下山再到五通橋繼續閉關，準提法就是在五通橋得的。

施食這個話講完幾天以後，峨嵋山大坪寺的副寺也就是副當家下山了，因為大坪寺在外面直到眉山有很多的租田，眉山是蘇東坡的家鄉，副寺每年秋天都下山到眉山收租，回來充當寺廟的費用。他這個人非常老實，也參與我施食這件事，當時看到這個境界，跪下來拜得很誠懇。他下山去收租，一個禮拜以後，山下的佃戶很害怕地上山來，說副寺在他家裡死了。大坪寺全體驚訝，六十多歲的人，平時身體很壯，精神很好，怎麼死的呢？那人說：「他在我們那裡吃了晚飯，跟我們談話，坐在椅子上靠著就死了。」我一聽，知道一定是去講了這個事。我說這是我的錯，可是我當時講過，誰漏了這個消息，非死不可，就這麼一回事。我今天把這事講明了，也就破掉了。佛法說空一切皆空，說有一切皆有，你們好好修持，努力用功。

我講這個故事是迷信也好，佛法也罷，我現在九十幾歲了，怕自己的三個願力不能完成，到現在還沒有半個接手的人，恐落先師之讖啊！袁先生曾說：「懷瑾啊！我可以走了。」我問：「為什麼？」「因為我有你就夠了，我看你將來一輩子找個像你這樣的，半個都找不到，你慘了。」當時是普通的談話，現在我真有點害怕交代不下去，所以這一次要你們來，是這樣一個道理。

# 第二堂

選一些比較接近醫學的報告唸一下，我希望你們修持要配合自然科學，否則白學了。

**馬宏達唸Ⅰ同學的報告**：南公懷師慈鑒：以前打坐時最大的問題是雙腿痛脹，一痛起來就把腿放下。聽過課以後才知道修行非經歷過種種觸受，就是昨天宏忍師寫的三十六觸受，沒有這些觸受還成就不了。

**師**：觸受就是身體的感覺，就是痛苦。

**馬宏達唸**：然後氣之輕清上浮者為天，氣之重濁下凝者為地。

**師**：這兩句話出在《幼學瓊林》，我們七八歲時就要會背。

**馬宏達唸**：人體腰部以下屬於地，濁氣所聚，打坐的時候種種觸受的發生，乃氣機變化自然而然的現象，不必恐懼，更不須歡喜，只是靜靜看著它的變化，蓮花不是生於污泥嗎？我相信在觸受發生的同時，生命之花也在冉冉生起。

**師**：你解釋一下他的這一段。

**馬宏達補充說明**：他說這個蓮花很漂亮，很乾淨，但是它是生於最髒的污泥裡，剛才講氣之輕清上浮者為天，氣之重濁下凝者為地，人體腰以下屬於地大，是濁氣凝聚的地方。打坐的時候氣在裡面變來變去，自然的會產生種種感覺，不要害怕，這等於污泥裡生出了蓮花，修行中這些濁氣慢慢會轉化，轉化的過程裡會有種種觸覺，這些都是蓮花出生的過程，不必擔心。

**師**：換句話就是下行氣上來發動，所以道家講活子時，陰極了陽生，先天一炁從虛無中來，完全空了，那個生命的精氣才發起來。你們所謂練氣功、練內家拳，那個氣算什麼氣！

**馬宏達唸**：大塊載我以形，我將以雙腿為爐鞴。（馬宏達補充說明：這個大塊是大自然，載我以形，就是大自然給我這個身體。我將以雙腿為爐鞴，爐鞴就是煉鋼煉鐵的爐子，雙腿代表修禪定打坐，用來鍛煉，把這個凡夫的身體轉化掉，然後回到先天。）老師在《道家密宗與東方神祕學》《靜坐修道與長生不老》這兩本書教我們看花，我們平時看東西，精神都破壞了，都是放射出去。我們打坐時眼神稍稍內收，眼神不要往外放，收回來。因為視覺神經是腦神經裡面的第一對，是唯一連接間腦的神經，左右視神經在間腦處形成視交叉，然後投射到大腦的視覺中樞，老師曾經說間腦在修行中的重要，間腦處的腦下垂體，是人體中位置最高，也是最重要的內分泌機關，間腦對內臟活動起重要的作用，因此打坐時就像學習看花一樣，眼神收回來，自然覺得有刺激間腦的感覺，從間腦到大腦後面的視覺中樞，自然有暖暖的，軟軟的恢復青春的感覺，呼吸也比過去較為均勻深長了。透過這一點我覺得頸部姿勢很重要，如果頸部僵硬，就是打坐的時候，這個脖子緊張或者歪斜不正的話，那麼大腦必然不正，不管怎樣調節視神經，也會影響腦下垂體的分泌和間腦的調節作用，所以這個脖子要擺正，頭要擺正，眼神要回收，這樣調節好，再放開身體觀想白骨和氣的出入，好像容易上路，以上不知對否，敬請老師指正。（老師批：可以。）

師：報告中有兩個錯字，我改了你要注意，你學過有關解剖學嗎？

Ｉ同學：學過。

## 五百羅漢的經驗

現代人的修行，對於生理解剖學要特別注意。我再三叫你們看《修行道地經》和《達摩禪經》，講真修行，我可以告訴你們一句話，以我幾十年的經驗，我對於世界上流行的密宗、道家、禪宗等很多的修法，可以說都會，最後歸納還是得走這個路。換句話說密宗、道家最高明的修法，與這兩本經典絕對相關。這兩本經典是釋迦牟尼佛與迦葉尊者、羅睺羅這些大阿羅漢們修持經驗的總結。宏達提醒我佛的十個名號中的如來應供，應供就是大阿羅漢，所以真講修持，釋迦牟尼佛也是大阿羅漢，大阿羅漢的解脫修持也同於佛，你不要認為阿羅漢是小乘，這是佛學大小乘觀念不透徹的方便講法。如來代表本體，應供就是大阿羅漢，就是這一生修持成功了才叫應供。《修行道地經》同《達摩禪經》是根據《大毘婆沙論》的精華，五百羅漢各人報告自己的修持經驗，綜合起來寫成《大毘婆沙論》，也集中了佛的大弟子智慧第一舍利弗的著作精華，還有神通第一目連尊者的經典，把他們的修持方法集中為《大毘婆沙論》，整個留給後世。

《修行道地經》開始講生死，人的生命怎麼生？怎麼死？怎麼入胎？天堂與地獄之間是什麼情況？你拿科學的頭腦去看，這是佛經翻譯的第一部專講修持的經典，與中國文化的變更關係很大很大，應該是竺法護在晉武帝司馬炎的這個階段翻譯的。當年看《大藏經》並不重視，認為文字翻譯得不好，我現在向這位尊者懺悔，其實他翻譯了很多大經，這一部經典一出世，影響了魏晉南北朝的道家，道家神仙丹法也許就是從這裡衍生出來。同時天台宗的智者大師，也從這本經典和《達摩禪經》抽出一部分，變成天台宗的六妙門。再說後來西藏的密宗，譬如六種成就，這是密宗的大法，念咒觀想那只算是加行法，後面都是氣脈修持，真實禪定的修證。所以我講出來以後，幾十年來也有人抄我的。修氣、修脈、修明點、修拙火四步講起來很簡單，有誰真修到了？

我當年並不重視這本講修持的經典，所以我懺悔，但後來自己修持越來越重視，譬如他翻譯的五陰，色痛想行識，看了很彆扭，明明是色受想行識，怎麼翻成痛呢？後來用功才曉得他的翻譯是對的，他是照梵文的原文翻成「痛」，後世經過文學修飾改成受，觸受都是痛苦的，尤其你用功打坐腿痛，這個受陰是因為後來中國的佛經翻譯文學化、邏輯化，受陰在教理上包括了五個，苦受、樂受、不苦不樂受、憂受、喜受，你們絕對健康的時候，也沒有覺得生病，其實是在不苦不樂受中，還有感覺，雖然你沒有覺察到。研究教理受陰有五種，這還是簡單地講。詳細地分析，你看我們坐在這裡，這個身體沒有一分一秒是舒服的，所以苦集滅道，時刻都在苦中。禪定解脫得道了才在樂中，我們沒有真樂，阿彌陀佛的西方極樂世界，只有樂受，沒有苦受。

# 生命未生以前

《修行道地經》首先講生命怎麼投胎，這要配合《入胎經》一起看，一個精蟲與卵子結合以後成胎，還不一定變成人，一定要三緣和合，那個阿賴耶識的一念無明所謂的靈魂加入，三緣和合才成胎，身體是這樣來的。那一念加入以後，就有氣了，不是這個呼吸之氣哦！修安那般那要搞清楚這個。

你們學過物理科學知道這個世界，這個地球空間裡都是空氣，我們都在空氣與光中活著，人在空氣中不知道有空氣，在光中不知道有光，就像魚在水裡不知道有水。同時我自己的觀點也告訴大家，也是科學，你看養在魚缸裡的魚，那個嘴啵……啵……，牠在吃水嗎？不是。那個魚嘴巴張開把水吸進來，牠是在吃氣啊！你以為魚在吃水就錯了，你的觀察太不敏銳了。這個魚的嘴巴一張一張，牠活著也是一口氣，有沒有水進來？水進來又從兩個鰓裡噴出去了，牠要的是氣。還有海底的珊瑚，也是有生命的，每天還要吃東西，漂亮又柔軟，廣東、澳門有人養珊瑚，每天還要餵牠吃東西，珊瑚生長也需要氣。

所以《修行道地經》也告訴你，識一進來，一經受胎，氣發動了，這個精蟲卵臟隨著這股氣開始變化，生命的開始是先天一炁，這是道家的名稱，你注意「先天」兩字，還沒有天地以前就有這個氣，所以叫先天。你們讀書讀到先天，一下就讀過去了，西方哲學的觀念就來了，先天是形而上的代號，後天是形而下，這是胡扯。中國講先天，這個天體地球是後天形成的，此前是無形的，先天是來自一炁。換句話說我們看的天空，都在氣的當中，還是後天，並不是先天，現在科學已經向太空探索，讀書要搞清楚，這是生命的科學，要認識清楚。了生死是從這裡來，你要懂得生命，我這一次講《黃帝內經》，女人十四歲左右第一次來月經，以七年為一個計算期，男人是以八來計算。《黃帝內經》第一篇就告訴你「二七天癸至」，女人十四歲第一次來月經後就不叫童子了，所謂童男童女，是女孩在月經還沒有來以前，男孩性欲還沒有開始的時候，這叫童子，是完整的生命。女人月經一來，這完全是後天生命了。男人也有月經，到了十幾歲，忽然感覺到那幾天乳房這裡發脹，胸口很難受，等於是第一次月經。

為什麼女用七？男用八？這個問題絕對考倒你們。因為這個胎兒是三緣和合，成胎以後七天一個變化，與釋迦牟尼佛同時代的有些數理學家，講數學理論也是一派宗教（按：不是數論派），每個數字可以講出很多學問來，是數理科學，也是哲學，演變成宗教。我們現在的身體也是七天一個變化，甚至七分鐘、八分鐘都是一個變化範圍。生命完全是一個變化，所以《易經》講變化，佛學叫無常，沒有永恒不變的東西。誰在變呢？變化背後的這個，宗教家稱為上帝，變成了一個形象，佛法推翻了這個形象，認為這個超宗教、超心物，是心物一元，這是佛法、佛陀的了不起，所以佛陀到晚年才講唯識，把一切宗教都掃盡了。這個背後還有一個，無所以名，不能稱為上帝，也不能稱為佛，《楞伽經》上說可以稱為大自在，或是個主宰、神嗎？佛陀回答「皆非也」，都不對。那生命的本來是什麼？佛陀又創了一個名稱叫阿賴耶識，換句話我也可以不叫它阿賴耶識，這只是個代號，佛推翻了一切。

入胎出胎都是七天一變，所以我們教兒童讀經，有個孩子六歲身體不太好，我說不要慌，這個孩子還沒有成長，不要急，七歲一個階段，一個七歲、兩個七歲，慢慢可以保養調整過來。因為胎兒在娘胎裡頭七天一個變化，每個七天的氣不同，在娘胎裡一共三十八個七天，每七天一種氣的變化，這是個牽涉到物理化學的大科學，屬於佛學風大的道理，與得道得定都有關。《黃帝內經》講的最原始的寫法，上面是個旡，下面四點代表火，無火之謂炁，我們現在用的氣，是後天吃了五穀以後變成的氣，都屬於風大，這個地球虛空中也是風大，風是什麼？實際上風就是現代物理學所謂的能量，我們感覺到有呼吸往來是量的變化，所以叫你們從修鼻子呼吸開始，只不過是量變的最初，就是這樣一點。

智者大師從學南嶽慧思法師，用六妙門配合龍樹菩薩的大乘經典《中論》，開創出天台宗，所以被奉為東方小釋迦。六妙門數息、隨息、止、觀、還、淨出自《達摩禪經》，《修行道地經》也提到一點。他通過這個法門的修持轉入大乘，做真工夫，四禪八定修成功，彈指之間就進入大乘。換句話你要發財、要功名富貴先要找一點本錢嘛！本錢夠了要做大生意還不容易嗎？所以叫你們好好研究《修行道地經》。

學唯識的H同學，還有我們了不起的青年人L同學，唯識學有沒有講風大？你們研究唯識注意了沒有？

**F同學**：有。

**師**：在哪裡？

**F同學**：根本依。

**師**：你在我這裡聽了不算，不要漏給他們也知道了。我再問你們，唯識講一切因緣所生，譬如眼識幾個緣？L同學會嗎？

**L同學**：因緣，增上緣……

**師**：不是，眼識看東西有幾個緣啊？M同學呢？

**M同學**：忘記了。

**師**：你認為我不搞這一套，那完全錯了，你一輩子誤在這裡，所以用功不上路。H同學呢？

**H同學**：眼識九個緣。空，明……

**師**：你們注意，為了自己修持，為了弘法都要記得。空，明，根，境，作意，分別依，染淨依，根本依，種子依。為什麼叫依呢？心意識起作用必定依賴物理來完成，依仗而起用，所以是依，這樣你就懂禪了，是心物兩面結合在一起。我為什麼嚴肅提出這個道理？因為與修安那般那有關。眼識九緣，耳識八緣，唯識所講根本依是氣，傳統唯識不講氣，講習氣，常說「這是無始以來習氣來的」，結果習氣變成空洞的理念，但是講生命來源，投胎以前的氣是根本依，帶種子來，你們注意十二因緣無明緣行，無明代表阿賴耶識，起行的時候這個動力，就是根本依這股氣入胎，所以生命是一氣。修安那般那呼吸法門是那麼重要，可不是練氣功。

**H同學**：根本依，老師說是習氣的氣，還是無火的炁？

**師**：習氣的氣就是這個氣，譬如你愛罵人，同我一樣愛亂發脾氣，學理上的習氣兩個字就聽過去了。譬如一個人愛思想，喜歡菸酒賭嫖，或者愛玩政治，喜歡賺錢等等這些習氣，還真是這個氣來的。第七識是四個緣，這個氣是少不了的，所以是根本依。你懂了這個，牽涉到唯識，再看《成唯識論》最後一卷，非證得四禪八定不可。

**H同學**：我的體會，我以為根本依是第七識和第八識。

**師**：第七識，第八識都有根本依啊！你沒有注意，你沒有好好研究唯識，所以三十年前我叫你研究《瑜伽師地論》，你還不能給我交卷啊！無明緣行，根本依入胎的時候，第一念阿賴耶識進來了，就是根本依這股氣動了，帶種子進來，根本依是跟種子兩個連在一起的，所以佛在《解深密經》上說「阿陀那識甚深細，一切種子如瀑流。」你想一想這個種子是誰在推動？是行陰這股氣，要認清這個。我這樣講唯識跟他家統統不一樣，所以我笑哪有真懂唯識的？根本依這個氣一來，就有生命了，還包括無始以來的習氣，習是習、氣是氣，這個習慣性是一股氣形成的，結攏來的，也叫作染污。小乘經典上叫結使，打著結的，它與你的生命配合在一起，這是心物一元。這一股氣是唯物嗎？也不對，唯心嗎？這門科學太深了。

《達摩禪經》也告訴你三緣和合變成胎兒，那個入胎的氣帶著自己先天的習性，所以《楞伽經》講每個人的種性不同，這個習氣是很難轉的，修行轉了就差不多了。這個習氣的力量非常大，入胎是根本氣，不是現在這個呼吸，胎兒在娘胎裡可沒有呼吸，可是那個氣七天一變，稱為報身氣，所以你修持打坐到了不呼不吸，就是身體內在的報身氣發動了，才可以得定。這個呼吸稱為長養氣，保護這個身體活到，這是《達摩禪經》講的三種氣。注意眾生種性都屬於風大，這次鄭重告訴你們，先練習把鼻子的呼吸認清楚，通過打坐調理身體的呼吸系統，長養氣打通以後，證入報身氣，鼻子沒有呼吸了，可是全身毛孔裡每一個細胞都在呼吸。譬如我們現在活著，你以為只有鼻子呼吸？肝也在呼吸，胃也在呼吸，體內器官分門別類都在呼吸，也就是膨脹收縮。胃能夠消化是因為本身的呼吸運動，這個氣是那麼重要。所以昨天I同學的報告說不懂氣脈的學問，就沒有辦法懂中醫。我說你對了，現代人沒有辦法真正懂得，每個細胞在呼吸，五臟六腑單獨也在呼吸，鼻子這一點的呼吸是長養氣。

# 第三堂

## 鼻頭深深長養息

梵文的名稱安那，印度的瑜珈認為安那是入息，代表這個呼吸之氣，風大的道理很高深，用最淺近的方法叫你利用呼吸認識生命。中文翻譯成息，太妙了、很高明，息就是休息，自心為息。中國文化最早的《易經》是群經之母，是中國文化第一部由圖案變成文字，包含了宗教、哲學的大科學。《易經》提到消息兩個字，放射性、消耗的都是消，我們生命時時都在放射消耗。什麼叫息？收藏、充實增長叫息。消息是這個意思，一消一息。所以《易經》太極生兩儀，兩儀生四象，四象生八卦，生生不已，充實生命的來源是息，所以呼吸的一來一往是長養息，生長養育身體，一呼一吸稱為一息。

但是我們生命在娘胎裡沒有呼吸，靠臍帶吸收媽媽血液的營養，父親的精變成我們的骨頭，母親的血養我們五臟六腑，變成經脈，這個身體是兩瓣的組合，同我們的心臟一樣有兩瓣，受精卵也是花一樣兩瓣分開，兩瓣以後變四瓣，四瓣以後變八瓣，我們身體現在還是上下、左右、前後兩瓣這樣包攏的。你仔細研究自己的眼睛，這一邊行，另一邊不行。有些人這一邊牙齒行，另一邊不行。有些人這一隻手行，另一隻手不行。有些人拉大便是肛門這一邊擠出來的，有些是另一邊擠出來。你們要這樣體會才懂得生命，這個生命是那麼細密。

所以胎兒七天一個氣的變化，這個氣就是唯識學所講的根本依的作用，依種子而來，依是依託，一環扣一環，扣起來就是個圓。譬如我們五個指頭握成拳，一個一個指頭扣緊了，一個拳才有力量。九個緣一個扣一個，生命從根本依是這樣來的。一出娘胎臍帶一剪斷，就靠那個呼吸之氣了。然後要高明的護士把你嘴巴裡的一坨黑血挖乾淨。胎兒有沒有大便？有一點點，在娘胎裡五、六個月以後有一點，他的營養從臍帶過來，氣在長大，護士要把嘴裡的污血挖乾淨。如果沒有挖乾淨，留一點在嘴裡，等到臍帶一剪斷，嬰兒一開口就嚥下去了，這叫胎毒。中醫認為很多病是胎毒帶來的，等到年紀大了，身體一衰弱，這個胎毒配上去，或者變成瘤，變成癌症，很可憐，這個生命很寶貴，也很麻煩。

當嬰兒生下來，護士一邊要挖他的嘴，一邊把那個臍帶剪斷，然後一紮，此前嬰兒還沒有呼吸哦！這裡一紮了以後，嬰兒哇一聲開口哭了，氣從鼻子進來呼吸開始了。你注意哦！胎兒這個身體靠臍帶連接母親，本來是先天一氣成長變化，出胎時臍帶剪斷了，就變成後天的另一個生命，臍帶一剪一紮，哇一聲裡面有一股氣出去了，外面的氣從鼻子進來，然後開始呼吸了，這樣才有呼吸。

有人爭論說安那是入氣，先有進氣後有出氣，也有其他經典認為安那是出氣，這是梵文翻譯的爭論。其實臍帶剪斷了先呼氣沒有錯，嬰兒開口哭是呼氣，包括我們難過時嘆氣也是呼氣。呼氣與任脈相關，也就是西醫講的自律神經系統。五臟六腑內的氣呼出來，氧氣從鼻子進去，出來進去是兩個系統。六妙門用「阿」發音呼氣，要用嘴巴通過五臟六腑的呼氣，這是任脈系統的作用，我們當年練武功叫「吐故納新」，用嘴巴呼氣完了，自然鼻子吸進來新的空氣。打坐真要入定了，有時嘴巴會微微張開，因為五臟六腑內的濁氣要出去了，新氣會進來，這是很細的工夫。所以嬰兒一剪斷臍帶，呼吸來了，一進一出是生滅法，不會停留的。那麼我們為什麼要呼吸呢？這個生命吸進氧氣，在體內就變成有毒的碳氣了，也不能久留要呼出去，新氣才能再進來。眾生一天到晚都在呼吸不停，自然如此。

那麼我現在講話用的氣呢？鼻子這裡還在呼吸！毛孔也還在呼吸來往！講話用的是五臟六腑的後天氣，這是兩個系統，佛家、道家的典籍上從未如此清楚地表述過。呼吸是生滅法，所以我笑有些人打坐數息，修了一輩子都在數息觀上，你學會計嗎？計這個數字幹什麼？古人像陸放翁、蘇東坡這些名士都學佛打坐，陸放翁的詞句「一坐數千息」，他打坐修數息觀，一坐數了幾千息。等於K同學以前搞不清楚光在計數字，不是以氣為主，是以數字為主，這是主客不分明了。數息是叫你注意一呼一吸，心意識的另外一個作用記住數字，你要認識清楚這個呼吸往來。

我年輕時帶過兵，你知道世界上什麼最難看？死人也不是最難看，而幾十個人、上百個人在一起睡眠那個相是最難看的。你們不知道，我以前夜裡去查鋪，一群齜牙裂嘴的夜叉，有些人用嘴巴張開呼吸，又是打呼，又是說夢話，嚇死人了。人最不好看，你們帶過兵、帶過學生的去看看，看多了就知道了，生命就是這一股氣，真的睡著了，這個人動都不動，鼻子沒有呼吸了，那個叫息，人真的睡著了，大概只有十五分鐘這樣就使生命力量充沛了，夠用二十幾個鐘頭。平常人們睡覺有呼吸，腦子沒有停，都在做夢，醒來自己不曉得做了夢。沒有一個人不做夢，隨時都在夢中，夢是獨影意識的作用。睡至一呼一吸之間真氣充滿的時候，好像停頓了不呼不吸，那個叫息。數息要懂這個息，也是要看清楚呼吸的道理。

## 全身呼吸

佛告訴你先認清鼻子呼吸，其實九竅都在呼吸，臉上七個，下面二個都在呼吸，乃至全身十萬八千個毛孔都在呼吸。當年打仗很殘忍，敵人把活人挖一個坑埋了，埋到腹部露一半身體還死不了，只要埋到心臟這裡，上面不用蓋，人已經死掉了。因為身體整個都在呼吸，所以身體哪一部分不好，就是哪一部分呼吸出了問題，生命在呼吸間，所以叫長養息。

C同學說四禪八定有一半以上是唯物的範疇，就是身體的、生理的狀態，呼吸真的停止得定的境界叫作三昧、三摩地。C同學問我定與止觀有不同嗎？有大不同，也相同，又相同又不同。定境有很多種，翻譯成定是借用中國《大學》「知止而后有定，定而后能靜，靜而后能安，安而后能慮，慮而后能得」。所以禪我們廣東話、浙江話叫zen是對的，日本人現在還是用唐音zen。梵文的禪配合中文加一個定叫禪定，所以也叫作思惟修。三摩地如果勉強的翻譯就是現在的「定」，不管大乘小乘、禪宗密宗，乃至於道家，修行離不開三個字「境，行，果」。注意！念佛有念佛的境界，有念佛的三摩地，這也是定境，是氣息的定，沒有講心念定哦！心念定更難了，所有的定，都要把活動的心念止住，等於一個陀螺在轉的時候，你把它定住，我講的對不對啊？那個陀螺雖然轉得很快，可是它的中心止在那裡，那個是止，止不是死的東西，定到一個中心上，永恒止在那裡不動了，那個叫定。

所以《大學》的知止定靜安慮得是工夫程序，其間有邏輯分別，「靜而后能安」以佛學講是得輕安，真得定以後你身體的粗重、內在的痛苦都消失了，得輕靈了，非常平安喜樂，所以禪定得喜樂。「安而后能慮」是智慧發生，輕安開始了，智慧才起來。「慮而后能得」得個什麼？得道了，得道以後是大止觀，大乘經典只用止觀一字。《解深密經》不論四禪八定，佛只說「止觀」兩個字，可以說一切佛法離不開止觀。什麼是止觀？等於我們研究一個東西，專注研究才觀察得清楚，即止即觀，即觀即止。止與觀又有不同，止在梵文中為奢摩他，觀為毘鉢舍那，勉強翻譯為止觀。止有止的境行果，觀有觀的境行果，是這麼一個嚴肅的科學，初步先答覆C同學，定、靜、安、止、觀，每個字都有不同的境界。

## 如何數息

回過來你們看呼吸法門，釋迦牟尼佛提了一下，他的弟子依此修持證道，後人專提這六個字數、隨、止、觀、還、淨，但人們平常只講數息隨息，勉強講到止息，沒有講還、淨呢！小乘很少談大止觀，還個什麼？淨個什麼？都搞不清楚。初步依這六個字修禪定，釋迦牟尼當時傳與大阿羅漢們，後世天台宗智者大師名為六妙門，把六個系統的方法組織在一起，給你們做工夫用，名為六妙門。原來不用這個名字，印度的大阿羅漢用十六特勝，也有一種翻譯叫十六特行，特別的修行法門，都是叫你利用呼吸，先要認得氣啊！由長養氣開始，利用長養氣做繩子把心拴住，因為我們的思想像猴子一樣到處亂跑，特別是受脾氣情緒的影響，心不能寧靜專一，因此佛叫你數息，注意呼吸，拿呼吸做繩子把心念拴住。

佛做了一個比方，譬如心念像是一個人，呼吸像是一群牛，晚上趕一群牛回家，怎麼點呢？這個人站在牛欄的門口，來一個，一，二，三……，拿鞭子在手上才點得清楚，這是數息法門。實際上你那個能計數字的是心，呼吸往來是個作用，道家叫神氣二種，那個心的作用（看住的這個）叫神，呼吸叫氣，神氣結合，首先看清楚呼吸，所以一呼一吸計個一，第二次二，第三次三，這叫數息。你計數字是一個哦！呼吸是一個哦！兩個哦！還有一個哦！我知道現在沒有亂計，如果心裡數著一……二……，忽然又想：「F同學到哪裡去了？」完了，你的心散亂了。計數字的心很專一，外面其他一切動相影響不了，數息這個心專一，氣也就專一，所謂數息是這樣，藉這個呼吸在煉心，把心念拴攏不亂跑。假使十次呼吸一來一往，十次此心都不亂，沒有第二個亂想岔開，就差不多了，不是說成功了，這樣的人已經了不起了。

但是計十個數字還不行，計熟了你就會馬虎，有個方法叫你倒過來數，一呼一吸，一……，心裡記住不管身體了，第二次的呼吸自然來，也不管它氣到哪裡，二……，如果計到了十個數字，心都沒有散亂，到這一步你打坐完全不同了，先不講不同，又把你騙了，你不要被自己騙了。好！計到十然後倒過來，九、八、七、六、五、四、三、二、一倒過來數，此心都沒有別的雜念岔過來，你差不多了，打坐有點道理，心念配合在一起了。你不要認為這個容易，一百個人修，有一、兩個人做到已是難得了。但是有些人練拳做氣功，說要氣沉丹田，把肚子搞得鼓鼓的，氣還會沉丹田？人家問我怎麼沉氣丹田？我說你看輪胎、氣球，氣打進來，氣球、輪胎是空的，你叫氣停留在一點上，行嗎？當然不行，氣、丹田都是代號，心境沉下來，就寧靜了，你真把氣集中在肚臍這裡，一股氣堵在這裡，你試試看，時間一長這裡變瘤子結塊了，變成癌症了，那個氣結起來不得了的啊！氣會打結的啊！你懂嗎？像文學上說跟人家討論事情，對這個人提的意見實在很生氣，不想答覆，會用一個辭「為之氣結」，那個氣真會打結，你會感到胸口不舒服，以致於渾身不舒服，氣結在裡頭了，所以修安那般那，修數息法，把氣疏散了，身體也會健康長壽。

# 第四堂

## 即身成就法

在早期翻譯的經典《阿含經》中，弟子們記錄佛在世的時候常常提到，叫大家修持安那般那與白骨觀、不淨觀，這些是最重要的修法，是證阿羅漢果很巧便的法門。因為我們生下來這個肉體的生命，就是白骨同血肉構成的，現在學佛反而不修了。一般有一個觀念認為這些是小乘法門，非常笑話，其實先要把大乘小乘這個觀念弄清楚。後世學佛為什麼標榜了生脫死、即生成就？專修阿羅漢道就是這一生一定要成功，乃至密宗講「即身成就」一定要修白骨觀，非常注重白骨觀，但也不要迷信密宗，密宗是後期的佛法，念咒觀想等等是修加行法。世界上修道成道力量是一個，阿賴耶識、如來藏具備無比的力量，但是他的作用有自己的力量，也有他力。譬如我們下午念佛，南無阿彌陀佛六個字就是大密宗，因為你清楚字意好像覺得沒有祕密，「南無」兩個字音譯，就是皈依，阿彌陀也只是音譯，就是無量壽、無量光，阿是無量無邊、無比無雙，沒有相對，不生也不死，生命永遠存在，無量的光壽，彌陀就是光明，一切有生死，唯光明沒有生死。你注意哦！光明怎麼沒有生死？太陽月亮那是光的相，能夠亮、能夠黑的那個光源，學物理的應該懂那個能，那個光沒有生死。所以阿彌陀三個字就是祕密，你修成無量壽光就證入如來藏，你不要看似簡單，這也是祕密的一個咒語，現在有的人反而輕視了，覺得念佛是顯教，是騙老太婆的。其實不是這樣，念佛是一門大科學。

## 咒語與灌頂

很多咒語也是大科學，修密宗的人念咒、灌頂，乃至修一切觀想等法都是加行，加持使你的福德成就、智慧成就，才能夠即身成就。密宗的內容包括修氣、修脈、修明點（光明）、修拙火等等。你再研究看看，氣是風大，是物理；脈是地大的修法，脈裡也有水大；明點光明有一半物理，一半心理；拙火火大可是唯物的啊！能修到這四大轉過來就是空，徹底的空，這又是唯心的了。所以《楞嚴經》上佛說「若能轉物，則同如來」，你轉不了物理世界，如果心能轉物就差不多了，你本身就是佛，一切修行多半在唯物這一面轉，轉了四大地水火風，最後是空。

你們也沒有真正學過密宗，以為喇嘛前面弄個灌頂，摸一摸就得法了，念咒觀想好像開玩笑一樣，什麼是灌頂你們真是不懂。你去看《達摩禪經》，修持到「流光參然下」的境界，自然給你灌頂，你們看不懂《達摩禪經》，這是法界佛菩薩的光明，一下就灌到你身上來，你定力工夫到了就自然接上了。流光，流動的光明，參然，自然來的，身心內外都在光明中了，那都是真的，不是理想的話，不是形容辭，這是真灌頂。

你看密宗畫的那些雙身佛、單身佛，把文殊菩薩變得跟牛頭馬面一樣很可怕，大威德金剛有三個牛頭，那個牙齒多凶惡啊，三十六隻手，十八隻腳，這是表法，三十六隻手加身體一共三十七，代表三十七菩薩道品，十八隻腳代表般若十八空。密宗把佛法形象化了，十八隻腳下面踩的什麼？死人骷髏，也就是不淨觀、白骨觀。為什麼畫得那麼凶惡？這是密法的形象代表勇猛心，沒有那個狠勁，對自己不下那個狠的決心，沒有金剛勇猛之力，你不要談修持了。人對付外面容易，對付自己難下金剛勇猛之決心，我們通常講「當斷不斷，反受其亂」，關鍵是那個斷，能斷金剛般若波羅蜜的表法，表現這個修法以白骨觀不淨觀為基礎，以金剛勇猛之心，配合安那般那的修持。

為什麼我們不能成佛？唯識的整個系統可以用幾個佛學名稱講完，「五法，三自性，八識，二無我」，真要證到人無我與法無我，我們一切人隨時都有個我，煩惱痛苦是怎麼來的？有身見，這個身體最難忘，老子也感嘆最大的拖累，「為吾有身」啊！你把身體轉化了，真修到了無身見，才了人無我，然後再了法無我，精神方面也空了，成佛就那麼簡單。唯識的原則包括

「五法，三自性，八識，二無我」，現在一般講唯識就是在八識裡轉，跳不出思想境界，不知道這是一個修法，佛法修行的方便是從小乘開始，修出入息和白骨觀，容易成功。

## 小乘為基礎

那為什麼叫小乘呢？等於是一條快捷的小道，連接高速公路。大乘是古道，慢慢走吧！小乘是出家比丘走的路線，目標是即生成就證果。你如果以大小之見看不起小乘，那完全錯了。所以小乘叫作別解脫路線，特別的這一條路，專修很快得解脫，解脫了物理欲界，跳出三界外，不在五行中，解開脫開了，就那麼簡單。中文翻譯很漂亮，小乘戒、定、慧、解脫、解脫知見這五個步驟，就是打坐用功發慧，大乘也跳不出這個範圍，小乘修法是真基礎，修成解脫以後解脫知見，你才敢走這個菩薩道。大乘菩薩可以下地獄，可以變畜生，難行能行，難忍能忍，談何容易啊！要以小乘為基礎，所以小乘的戒律叫作別解脫，特別的解脫戒，第一條戒男女關係，菩薩戒第一條不是這個哦！小乘第一條戒男女關係，就是為了專修快速成就。

不能說修小乘法就是心量小，修白骨觀、不淨觀與安那般那，要想這個法門修成功，首先要發四無量心「慈悲喜捨」，沒有這個，你小乘也修不成的。「慈悲喜捨」就是大乘心，談何容易啊！這個道理要搞清楚，所以跟在佛身邊的弟子們都是修小乘法。行大乘菩薩道太難了，菩薩也是普通人，普及教育教你作人做事，成就慈悲喜捨，這是從行為入手來修。

這是講到安那般那引出來的話，小乘經典上佛只吩咐幾句話「知息入，知息出，知息冷，知息暖，知息長，知息短」，常常看到就這樣幾句話，怎麼修？不知道。所以佛的大弟子們根據佛說的這個大原則，總結修持安那般那呼吸法的經驗留給後世。到後來我們中國流傳的修法，大部分都是根據天台宗的《摩訶止觀》六妙門，我這個話有個範圍哦！天台宗的《摩訶止觀》不一定是佛說的大止觀，兩者在邏輯範圍上不同。佛講的大止觀在《解深密經》上，以及《瑜伽師地論》上專門有止觀這兩方面的討論，梵文稱作奢摩他與毘鉢舍那。天台宗智者大師在寫《摩訶止觀》的時候，後世很多的佛經還沒有到齊，唯識學還沒有翻譯過來，《楞伽經》應該到了，《楞嚴經》還沒有到，智者大師講止觀走般若路線，在學理上是依據中觀。唐代以後西藏的密宗，安那般那與白骨觀的修法演變成密法了，密法也有從一呼一吸開始，有意的，有相的修光明法，尤其在西藏，在印度大吉嶺這一帶修很容易成功，因為那邊的氣象不一樣，一吸就觀想太陽彩色的光明進到身體裡來，光跟著氣進來，跟著氣呼出去，所以有很多即生成就的人，那邊的環境不同，環境對修持有很大的幫助。這些修法我都學過的，也都有經驗，所以都坦然跟你們講了，意思是奉勸你們修行要這一生有所成就，老老實實走安那般那、白骨觀的路線，容易成就。

## 六妙門

這個道理初步懂了以後，我還沒有講呼吸法的高深原理，那是非常的科學。天台宗的六妙門的修法，數、隨、止、觀、還、淨六個法門，你注意哦！第一步用數息法把散亂心綁起來，你修數息法就不要再講學理了，修法的時候不要談教理，你有思想講教理，就不要修了，你是玩思想去了，思想在生死當中，沒有用的。我常常勸人，你真要專修嗎？學愚夫愚婦，什麼知識、科學、佛學、佛經都丟掉，老老實實，佛教我看呼吸就是看呼吸，自己看住呼吸先把呼吸認清楚。數息計數有三個作用，我們數息知道呼吸進來出去，此其一。同時你在數，不是兩個作用嗎？而且你知道這個數字跟呼吸配起來，不是三個作用在玩嗎？這三個作用以道家解釋就是精氣神，以天台宗講的即空即有、非空非有，我可以吹出來一大堆，到學校來上課騙鐘點費，學問好得很，統統是騙人的。高明聰明的人數個十下二十下，知道自己沒有其他的妄念，沒有散亂，就不數了嘛！數它幹嘛？這個數息是假設的一個法門，呼吸本來是無常的！不永恒，生滅法。佛說的偈子「諸行無常，是生滅法，生滅滅已，寂滅為樂」，寂滅就是證得涅槃證道了，你沒有散亂，沒有來去，自然清淨寂滅。所以禪宗開悟的人有些言下頓悟，身心皆忘，皆空了，一下就悟了，證得「諸行無常，是生滅法，生滅滅已，寂滅為樂」，我們現在修法是利用生滅法，利用有為達到無為。可是你不要輕視它。

數息到曉得心念清淨，心念清淨了就換個方法叫隨息，知道呼吸在身體內部有來有往，這是生命的根本，就是根本依帶來的（按：根本依另有其他學術解釋），我們活著真正生命就是這一口氣嘛！就是這個往來，所以你心念不散亂了，就看住這個呼吸，有個看住的，呼吸往來知道了，這叫隨息。可是給你講清楚哦！你真的到了隨息一念清淨，能看清楚自己呼吸，可是曉得這一口氣進出只到鼻子這裡，或者有些到胸腹這裡，很難得到下丹田，更難得知道自己這個呼吸往來直到腳底心。如果你觀察呼吸的往來，感到身體裡有的部位緊張，那是這裡有病，氣通不過，你們現在一邊聽，一邊可以體會。我很反對現代人一邊聽，一邊拿個筆記，你們儘管記啊！可是我替你們可惜，我當年讀書聽課從沒有作過筆記，帶著腦袋聽了當時記得，回去家裡再寫，不像你們一邊聽一邊寫，其實只聽進去百分之一二，應該專心聽進去，回去回憶再寫，那還有一半。

隨息很重要，你們要體會，知道呼吸進來出去，到了哪裡好難受，感覺不舒服，甚至於痛、痠、癢、麻、脹，記住中醫兩句話「通則不痛，痛則不通」，身體哪裡氣脈不通，阻礙氣機往來，那你要注意了，要懂得中醫。譬如說氣進來覺得胃這裡很難過，可能是吃多了胃發脹，若是常常如此，那你要注意可能是肝臟膽經都有問題。所以I同學講得不錯，懂得修氣一定懂得中醫，十二經脈都搞得很清楚。你們老修行注意哦！到這個程度沒有？你說我通了，感覺到氣機一進一出，每一次都到達腳底心，那就恭喜你了，一般這個時候是你的腸胃空了，所以飲食問題很重要。

如果身體不好還不能在禪堂專修，最後要單獨自修，除非同參道友們都是內行，尤其現在禪堂的通風不好，這個氣機往來會打通五臟六腑，不通的地方必然有反應。現在我們這裡修好禪堂，如果你身體不好，先把你趕出禪堂，以免擾亂大眾修行，如果有人專修到這個程度，你不要住禪堂，先找個茅蓬自修，你在那裡叫死了也沒有人聽見，有時叫起來大得聲震屋瓦，嘔……那個氣通了，這還不容易碰到呢！有人問我為什麼會這樣呢？我說你在小池塘邊丟一塊石頭下去，跟著會冒個水泡出來，那個氣下到底了以後就會反應上來。所以密宗講體內的氣脈有五種，橫膈膜以上，肺部到胃這裡的氣叫上行氣，在上面走的；橫膈膜以下到大小便這裡是下行氣；中間是中行氣，走腸子的部位，把上下中間的氣連結起來；還有左邊，左鼻孔到右腦下來轉一圈一直通到海底肛門，是左行氣；右邊從右鼻孔到左腦轉一圈下來是右行氣。左行氣、右行氣、中行氣、下行氣、上行氣，這都是真的生命科學，是密宗獨有，顯教沒有，天台宗也沒有，也許知道，也許不知道。

你不要認為修這個氣脈不怎麼樣，修到一定程度體內的氣機會發生的哦！你如果修到隨息，會覺得體內氣機暢通，但是為什麼一般人修持做不到呢？第一個原因是飲食擋住了，坐在那裡都在幫助腸胃消化，身體上沒有工夫，所以我常常說一條戒，比男女關係還難，就是飲食之戒最嚴重。我也常常提醒大家，你看古代的得道高僧，還有那些神仙，都是避開了人間煙火，不吃東西光吃氣，這是食氣者壽。我以前到西藏，在山洞裡看到真修行人，一個喇嘛在打坐修行，（喉部）嘔……，是內行馬上到前面跪下來一拜，這個人有工夫。就怕你們安那般那修了半天還沒有反應，等到氣脈全身走通了，這是隨息。你們有些青年同學，儘管是博士碩士，這些方面的書沒有看過，這一門生命科學你不會清楚的。

修到隨息以後才是止息，這時五臟六腑都乾淨了，當然要離欲哦！如果有男女關係漏丹，決定不可能達到止息階段，要絕對無漏，包括身體的無漏與性觀念的無漏，飲食男女兩方面都清淨了，可以達到不呼不吸的境界，甚至拿一張很薄的紙放在他的鼻孔上，紙也不會動，全身都是暖和的，比平時更暖更柔，身體軟綿綿的入定了，煖壽識一定存在，這是止息境界，差不多可以進到初禪了。此時還有呼吸沒有？有，好像很久不呼不吸，突然氣輕微地進來一下，呼吸很短，一下就不需要了。隨息到止息差不多都是連著的，等於眼識九緣不是一層接一層的，是九個緣都同時一層一層像這樣包起來。修氣修止觀到這個時候心念清淨了，雜念思想可以隨時清掉，這時的觀不是修氣，是唯心第六意識的心念清淨了，甚至慢慢帶到一念，功力稍好的自己看到身體內部一片另外的光明，不是世間這種光，很明白地看見自己的五臟六腑，看見經脈，氣到哪裡都很清楚。當然到這個階段已經獲得禪定的法喜，心裡發出來喜，身體沒有障礙了，「通則不痛，痛則不通」，就沒有病了，沒有難受的感覺，只有很舒服的樂感，那個樂比性交出精那一剎那的樂高明多了。初禪心一境性離生喜樂，有跳出離開世間之感，自然得喜樂，身體輕靈了。無論你喉嚨不對，還是氣管不對，所有的病痛都好了，身體一定變的。所以道家告訴你上藥三品神與氣精，最好的藥是自己生命的精氣神，身體裡的精氣神自然會變化。

這是六妙門的止觀，到了內視清楚得很，身心統統輕靈了，不管你一百歲、二百歲，必定身心輕靈，骨節柔軟，身體經過三十幾種感覺的變化，所以修禪觀做工夫第一個要注意，一定有觸受，有感覺。沒有觸受，一點反應都沒有，你修個什麼？你飯吃下去　定曉得飽嘛！這是觸受嘛！水喝下去冷的知道冷，熱的知道熱。你做工夫做到哪一步，自己都沒有感受，你修個什麼呢？你不要修了，這是《達摩禪經》的道理。你說一切皆空，凡所有相皆是虛妄，好啊！那你相都沒有，還何談虛妄呢？

數、隨、止、觀大概給你們講一下，還有一個「還」，「還」到哪裡啊？請問諸位，「還」到哪裡去？還有一個「淨」，那是什麼啊？這個問題難了，你們在書上很難找到，《摩訶止觀》有解釋，工夫都轉到般若境界，唯心智慧這一面。我們現在只講工夫，還沒有講到心的這一面。「還」是還到整個身體恢復到嬰兒狀態，就是老子說的「專氣至柔能嬰兒乎」。你們打太極拳的人常常引用這句話，工夫修到同嬰兒骨節一樣柔軟，身體內部的一切機能返還到同嬰兒一樣的程度，這叫返老還童。

「還」以後是「淨」，整個身體淨化了。假使這六個工夫真修到，其他不需要學了，算不定你陽神出竅，色身轉化了，產生另外一個身體，至少修到這一步，你肉體燒化的時候，一定現出彩色光明。這是六妙門，現在都給你們講了，你們走這個路線修持的人，現在看看日本也好，美國也好，懂這樣修，像我這樣清楚地告訴你，你去找找看！我笑他們都還在那裡天天數息呢！為什麼？你看他的外形就知道了！有沒有工夫，有沒有修持，外形一看就知道了，哪裡還用等你開口講話！

# 第五堂

## 色身隨息轉

修安那般那配上白骨觀，以我親身的體驗，可以返老還童，至少祛病延年。在修持中間你碰到困難時，準備死了，那一定過關，死就死了，我給你這樣講不是說我保證你會沒有病的，只要真有決心，一念專注，在這個時候定住在那個痛苦上，把念頭呼吸定住在那個痛苦的地方，這個風大的力量把你一切的病苦都吹散了。可能那個時候你感覺到非常痛苦，難以一念專一，尤其現在雖然醫學發達，但你畢竟不懂中醫，學理也不通，慌忙就去看病，那你不要談修行了。風息能夠治病，只要止息定住，那個病灶的氣脈就打通了。可是話是那麼說，真修是很苦的，那個痠痛脹麻癢，儘管念頭氣息定在那裡，如果你開口一叫氣已經散了，打不通了。也不是閉氣，就是一念忍住在那裡，就過關了，這是六妙門的修法。我看了幾十年，不管出家在家，佛門道門沒有一個成功的，都在數息那一步，隨息都做不到，何況止息。假使一個人修持到達了隨息，飲食自然減少了，至於中年人的這個大肚子一定會收回來的，不要你去收它，一定自然收了。胖的人一定變瘦了，瘦子不一定變胖，也許越來越瘦，跟我一樣。我的全身等於一具白骨，我說你們不要做白骨觀，看我就是一具白骨，我還能動能跳，還不錯耶！你們活到我這個歲數，還可以一天六、七個鐘頭講話，又能夠少吃不吃，那已經不錯了，先不要說成佛成道。那我何以能夠做到這樣？我本身就給你一個證明。你真想證果，先要修到隨息階段，把起心動念看得很清楚。

我給你們講不要研究佛經了，你們沒有時間，也沒有這個慧力，記住禪宗六祖大師的師兄神秀禪師這個偈子就可以了，「身是菩提樹，心如明鏡台，時時勤拂拭，莫使惹塵埃。」這個時候如果有一念來干擾這個呼吸，你把念頭掃開，不過你修到隨息的工夫，你就曉得有時候會莫名其妙心裡煩起來，或者脾氣大起來，你要曉得這是肝氣有問題了，再不然胃有問題影響肝氣。按照陰陽五行的醫學道理，肝屬木，木尅土，胃一定不好，連帶著肝氣問題，肝膽胃是一組連到，所以最好要懂一點醫學常識和五行生尅的常識。

## 天台六字訣

後世天台宗走心地法門，轉到大乘般若與中觀了，什麼三止三觀，一念三千、三千一念，就在那個教理上轉去了，因此天台宗比禪宗還短命，可是現在日本還有流傳，天台宗不但天台山有，日本有個天台宗山外派。練氣功的三十六步工夫，怎麼叫三十六步？就是剛才我講數隨止觀還淨六個，每一個裡頭又加五個，六六三十六，叫三十六步工夫，這個在日本還有流傳，屬於隋代以後天台宗山外的居士們修煉的工夫，漸漸變成氣功了，稱為天台山外之功，等於少林寺的山外有很多開武館的一樣。

六妙門裡還有一個六字訣呵、噓、呼、嘻、吹、呬。呵管心臟，這個你們要抄下來，要記得。「心配屬呵腎屬吹」，心臟有問題，唸一個呵字，其實不是呵，是唸哈，古文呵呵大笑，實際上是哈哈大笑，古音這個字就是哈。用呵也可以，與心脈相關。吹，吹火一樣，嘴吹那個蠟燭，這屬於腎的。脾臟有問題就呼，這樣呼出去。肺臟有問題，肺部是呬，這個把嘴形做成嘶，「心配屬呵腎屬吹，脾呼肺呬聖皆知」，聖人皆知道這個道理。「肝臟熱來噓字至」，肝臟最重要，用閩南話噓字發音更好。「三焦壅處但言嘻」，嘻字就是嘿嘿，就像我們人開心就嘿嘿，這裡打開了。

這六個字念時不要發聲，在密宗屬於音聲瑜珈，中國的大叢林裡塑的哼哈二將，我們禪堂也掛有兩個，一個哼，一個哈，這是密宗了。對於身體有些病的人，平常多用哈字，尤其喉嚨肺部的部位，要轉變喉嚨這一帶很難，這裡在密宗叫受用輪，道家叫生死關，喉節這裡同聲帶都有關係，男人兩邊這樣扣到，這是關口，到死的時候（頸部）喔……喔……，這個時候就完了。所以有沒有工夫你看他頸部這裡，真有修持這裡一定飽滿，人老了雞皮鶴髮，這裡就像雞皮一樣，可是有工夫的人這裡還是圓滿飽滿，所以非要打通不可。這些都用哈字，譬如你有時感嘆人為什麼會煩惱痛苦？嘆口氣，哎！其實你把氣放到身體裡是最笨蛋的，越吸進來越容易病，越快死，你要把它放掉，放開了就沒有事了。這六個字管前面任脈，與五臟六腑相關，要開口呼氣，也就是吐故納新，舊的碳氣都呼出來了。所以古代的神仙都喜歡簫笛，那是練氣用的。晉朝以前的神仙孫登善嘯，還有唐代的李翺在藥山禪師處見道以後，恭維老師「有時獨上孤峰頂，月下披雲嘯一聲。」《五燈會元》記載藥山禪師在江西的那個山頂上，長嘯一聲直聞九十里。他那個氣多厲害！

這些都屬於物理的工夫，轉變四大的色身，你們修持要用這個鼻子，九竅每天都要洗乾淨。像我幾十年洗臉，幾乎每天早晚一定清理鼻子。不相信你清清看，鼻子裡有多髒！通過呼吸進來多少細菌聚藏在鼻子裡啊？尤其是傷風感冒，細菌都從鼻腔先進來，細菌在鼻腔裡可以活很多天，細菌進來不一定會發病，一旦發病就很嚴重了。練瑜珈的人每天幾乎要清洗鼻子，還要洗胃，每天早上喝一杯鹽開水清理腸子，這些都是很重要的。什麼是修行？

先管好自己嘛！連自己都不曉得招呼，那不要談修行了。

今天大概給你們介紹了六妙門，你們還有問題沒有？有人修過沒有？除了N同學，O同學也修過六妙門，報告一下。

**O同學**：止，觀，還，淨，我是很偶然的，感受會到止的地步，如果沒有吃飯，偶爾身上會有一些暖的感受。老師說一個是飲食，一個是男女，這兩條非常難做到，我是很偶然撞到，希望能夠早一天找回來。謝謝。

**師**：你報告一下嘛！你是說非常難做到的。

**O同學**：老師剛才講的飲食要非常清淡，同時老師說如果男女房事不斷，要達到止是不可能的。我有一點體會，就是這一關過不去，所以我感覺難以做到，隨息好像有一點點，是偶然的感受。

**師**：男女關係還不止實際的性行為，漏丹遺精都算在內，斷不了還不行。男女關係有些人斷了，飲食比男女關係還厲害。還有N同學做個報告吧！講講你過去在山上住茅蓬專修的經驗。

**N同學**：我大概總結一下，剛才老師也談過飲食男女的方面，以我的體驗，當時一天兩頓稀飯，大概十二小時吃一頓，一天到晚主要就是打坐。書帶得很少，當時帶有《童蒙止觀》，還有老師的《靜坐修道與長生不老》。每天飯後散步，偶爾打太極拳。在打坐中有輕安的覺受，一坐幾個小時，夢中會有遺精的現象出現，在漏丹以後會感覺疲倦。長時間一個人在山裡修行，有一件很奇怪的事情，就是漏丹以後昏沉會加重，睡眠會增多，這樣會連續幾天漏丹，不漏則已，這是很奇怪的現象，自己也無法控制。然後飲食也是，每次吃完了還想再吃，吃完了很快就會餓，這些方面的習氣很難控制。

**師**：N同學講本身的修行經驗，飲食男女的這個心念非常難了，其實念佛也好，修密也好，都有同一個路線，都是從風大入手引起四大的變化。釋迦牟尼佛為什麼修這個法門？他自己在律典上痛罵這個修法，你們不要修啊！他說會修得頭痛欲裂，那是練氣功，後來佛自己為什麼又提倡這個修法？那是經過他整理的修法。

## 禪天的災難

佛說毀掉這個物理世界有四大劫數，佛把世界分成欲界、色界、無色界，講天人在這個地球以外，一層一層擴大的宇宙觀，但都是物理世界，三千大千是一個有生滅的物理世界，毀掉這個三千大千世界的是什麼？宏達講吧！

**馬宏達：**根據佛經，這個物理世界的毀滅分小三災和大三災，小三災是指刀兵，飢饉，瘟疫，大三災包括火災、水災和風災。小的災難像我們這次汶川地震，還不算大，真的大災難，那不得了。真正大的火劫來的時候，整個初禪天都會燒掉，像我們現在看到的太陽月亮都還屬於欲界天中的一部分，還沒有到初禪天。初禪天是色界天，已經沒有男女了，那比這個太陽月亮要高得多。所以古代講后羿射日，把九個太陽射掉了，剩下一個。其實十個太陽並出的時候，類似的故事在佛經上說那是火劫來了，等於十個太陽的能量爆發了，整個初禪天以下，包括欲界天，包括人類世界，包括地獄，全部都被火燒掉了，那個是大的火劫，所以叫火燒初禪。

水淹二禪是大水劫來了，拿做工夫來講，在欲界很難修到色界初禪以上，真得初禪以後，二禪，三禪，四禪相對容易。初禪為什麼難得呢？因為欲本身就有火在裡面，所以你即使證到了初禪定，在那個定裡面稍微起了欲界的念頭，不光是男女的欲望，還有其它的貪瞋癡，色界也有貪癡，但是比欲界要淡得多，而且目標對象也不同。真的在初禪定裡面，在這個定境裡面起了這些微細的欲念，那個火就起來，也可以說這是欲火燒初禪定。剛才說的火燒初禪天，那是指物理世界及眾生世界的火劫。如果以禪定而言，這個念頭就破了禪定，又回到欲界。

那麼到水淹二禪這個階段，物理世界發生水劫，二禪天也是色界天。按佛經來講，這個娑婆世界中的人類，最開始是從二禪天的光音天來的，光音天以光和聲音為特色，是沒有肉體的，沒有骨頭、血液、五臟六腑，也沒有男女，完全是光的狀態。其實光音天人也是不安分動了念頭，從二禪天跑下來玩，本來飛行自在，身上有光明，跑到這個地球上來，去嚐了所謂的地味（老師說是鹽巴），然後光明一天天減弱，身體變沉重了，等到身上的光明沒有了，就飛不起來了。這一段很有趣，就是說我們最開始的祖先是從二禪天來，在色界天上沒有男女，色界天上都是光的狀態，飛行自在，變化自在，非常舒服的，可是他不安分，從光音天下來，然後一步一步墮落。以物理世界來講，大水劫來的時候，整個毀滅，像我們今年夏天發大水，珠江、長江、淮河、黃河都是水，大水來的時候什麼都擋不住，所有的房屋和生命都毀掉了。水劫在物理世界上毀滅的範圍比初禪天還要高，一直到二禪，到光音天的整個物理世界都被毀掉。

最後風劫來的時候，力量比水火還厲害，能夠摧毀三禪天。修到三禪定的功德，果報會生到三禪天，那裡的天人相對於我們地球上的人類來講，壽命是很長很長。初禪、二禪、三禪都是色界天，欲界還有很多層天，我們經常聽到的玉皇大帝，還有現在彌勒菩薩所在的兜率天宮，這些都是欲界天，包括佛在大徹大悟之前來干擾的這個魔王波旬，也是在欲界天。欲界天人的壽命很長，他的一天相當於地球上很多年，或是幾個月。所以說釋迦牟尼佛走了兩千多年，其實對於欲界天人，還不要講色界，那不過是一天兩天的事，對地球上的人來講已經是一個漫長的歷史了。對於另外一些小動物，比如壽命很短的蜉蝣，牠們活一輩子，在我們眼中也不過是一天兩天，牠們很痛苦的時候，我們也沒有馬上要救牠們，也沒有那麼急。

三禪天的物理世界是水火毀不了的，風劫來的時候整個三禪天一直到欲界，包括我們所在的世界，全被摧毀，然後重新再來。所以只有到四禪捨念清淨，才能遠離三災。《達摩禪經》上講四禪定的工夫，口鼻呼吸停止了，毛孔呼吸也停止了，整個皮膚的毛孔變得很緊密，這個時候基本上可以說證得心風自在，智慧夠的話要進入涅槃就可以進入涅槃，不一定非得證到四空定。這個時候你掌握了心風自在，才能夠住在四禪定裡面，不會隨便出定。如果定不住，那是心風還不夠自在，心與風，一個是生理，一個是心理，心物兩個方面，一個手心一個手背。所以四禪定的時候捨念清淨，才能一切放下，念頭徹底清淨，從風的呼吸狀態來講，口鼻包括細胞、毛孔呼吸都停止了，這個時候念頭才能清淨，完全定住，才是真正徹底的禪定。這時物理上、生理上的風大，就是呼吸完全停了。大風災對於四禪天的天人是沒有影響的，是無法影響的，因為這種天人已經不受風的控制了，他反過來能夠控制風大，所以能夠自在。

這是物理世界的三災，無論哪一災來的時候，地球就沒有了。一尊佛所教化的範圍是三千大千世界，一個太陽系算一個世界，一千個太陽系是一個小千世界，一千個小千世界是一個中千世界，一千個中千世界是一個大千世界，試想釋迦牟尼佛，他所教化的是這麼大的世界。證到初禪色界天的境界，幾乎沒有瞋心了，只有在欲界中瞋心是比較明顯的，在初禪以上的定境瞋心是沒有了，也可以說如果你還有瞋心，還會被瞋心迷惑，還不能放下瞋心，那是沒有希望證入初禪。

**師**：為什麼我要他講，一方面我藉機休息，一方面也要他發表一點心得。這是講風大的重要，我們人活著是靠這個呼吸，但這不是根本，是長養氣，風大表面的來往，真正風大就是大自然裡的一股能量，是無形無相，而且是沒有聲音的哦！我們聽到風聲，那是風氣碰到東西摩擦才發聲，不是風本身發聲哦！風本身是沒有聲音的，風也無色，你看到什麼黑風黃風，那是夾帶的物質光色，不是風的本色哦！風無相，無形，無聲，無色，可是有感受，有力量，而且力量很大，等於我們現在物理世界的電，電能處處都在，風能也是無處不在，我們為什麼有風息，因為念頭引動它，風大是四大裡最高的，但是這四大上面還有個最大的，是什麼？空。四大都在空大中變化，佛法是證空大，你們注意哦！無色界的定有四種，空無邊處定這個空是有形的空，跟虛空一樣，不是般若所講的空，那是理念的空，法界的空。

# 八月四日

# 第一堂

這一次的題目大家不要忘記了，你們諸位姑且算是對象，大題目是中國傳統身心性命內聖外王之學的探討，我準備很濃縮地講，所以沒有通知確定講幾天。內聖之學就是修養，你們沒有儒釋道三家的修養基礎，雖然有修行幾十年的佛學大師，在我看來連一年級的學生還不夠，像M同學在外面徒弟一大堆，傳我的準提法，威風大得很，像P同學、C同學、H同學多了不起等等，都好像天下第一。

## 難得暇滿身

現在我們小範圍講修行打坐，怎麼樣通過呼吸法門修禪定，先要搞清楚並不是注重呼吸哦！但是非從呼吸入手不可，求證生命的根源，這是我再三講的要點，你們聽了幾天還把握不了，就不要談了。像我的老朋友P同學，他的孫子昨天晚上生病了，我說你趕快回去吧！我曉得他不能來了，家屬不會放他走的。我的袁老師當年有句話「英雄氣短兒女情長」，這是古話，我和老師有一首詩，「誰曰英雄不灑淚，人情兒女最關懷」。英雄氣短兒女情長一點都沒有錯，真修行談何容易啊？夫妻兒女誰能放下？尤其你們又想功名富貴，又想發財，又想作官，又想做事業，然後吹牛修行會成功，我說你們參參我這個話頭，你們所謂升官發財的機會，我在二十八歲時唾手而得，兩手抓的都是，一下放下了，幾十年來修行閉關，你們幾個人做得到？自己有點小名氣、小地位，已經把自己看得不得了了，你們沒有作過王吧！我作過王，你們不知道，真放下這些很難啊！一邊想著修行，一邊想著家裡子孫滿堂的那一點事，這是應該的，不是不對，我只是感嘆佛說的一句話，修行人「暇滿之身難得」，修行要具備空閒的時間，沒有家屬兒女一切的牽掛，像我當時都有啊！我的法緣好，因為戰爭把一切隔斷了，家裡的人存在不存在，活著還是死了都不知道，家裡也不知道我是生是死，這是很艱難的，而且也沒有愛情的牽累，即使有一下就丟開了，況且我年輕那時候性格非常嚴肅，所以有剩餘的時間修行，這是真自由。你們很多老頭子本來很自由，可是自己搞成不自由，我暗中在笑有些人忙得很，還說些很多講不清的理由。修行還要有圓滿的身體，既不殘廢，又不生病，所以人生修行「暇滿之身難得」，其實我看很多朋友，本來就有很多清閒的時間，卻故作忙狀，自認為是很忙的重要人物，這些話也是對你們這些做事業的朋友講的，你們那些事業，在我當年看來算什麼啊！

我叫你們寫報告，是看你們聽課認真不認真，有些人愛寫文章，報告很長，在這裡要寫重點，我一輩子夜裡要看好幾個鐘頭，還要寫上批語，不然把你們的報告輕視了。過去我在台北十方書院帶一二百人，每天的報告，我當天夜裡一定看完批完，絕不馬虎，這個精神你們都沒有，這兩天你們聽聽課打打坐，身體已經吃不消了，剛才劉老師還開玩笑說薑還是老的辣，因為看到老師一點事都沒有。我告訴你，一分精神一分事業，修行更是如此，身體精神的本錢都沒有，談何修行？人都在生老病死中，珍惜哦！你們這群小孩，還不到七十我都認為是小孩，六七十歲的中年人跟我還比不上，不信的話，上來試試看好不好？一掌就把你打翻了。這是鼓勵你們一分精神一分事業，要好好保養。

## 唯識與滅盡定

現在我們看報告，我只講要點，普通的就不答覆。這位Q同學是學科學的嗎？你是清華的嗎？

**Q同學**：台灣清華大學博士，學雷機。

**師**：你的報告寫得很好，現代人想通過腦電波研究生命科學，分析打坐的作用，你認為以自然科學來分析追究生命科學會很困難，因為自然科學是形而下的，屬於普通的物理方面，而精神世界是唯心的，科學與技術根本不可能做到，對不對？

**Q同學**：對。

**師**：你講得非常好，這個觀點你講得完全對，現在有些人測驗心腦電波，都是在玩，還自認為很了不起。這方面的科學家，有些我也見過面的，但是一看他的身體是一塌糊塗，頭腦也差很多，還不要說那個測驗機器，但是他們要做研究，讓他們做也好。另外你後面有一個問題，關於滅盡定，你說我說滅盡定是九次第定的最高境界，我沒有說這個話，滅盡定與八定無所謂高低，大羅漢才證得滅盡，你不是學唯識嗎？滅盡定是工夫，證到滅盡定進入涅槃，涅槃就是同道家一樣的無為之道，大阿羅漢還沒有徹底了，叫有餘依無為，大菩薩所證叫無餘依無為。我並沒有說滅盡定是最高的境界，是你說的。你下面有兩個字「愚見」，很謙虛，你還記得吧！

**Q同學**：記得。

**師**：你很謙虛。現在有許多年輕人、後輩寫信給我，很謙虛地寫「愚見」兩個字，還有些後輩學生寫信給我自稱「愚生」，表示謙虛，完全錯了。在中國傳統文化，「愚」是老師寫給學生的，「愚兄」是哥哥寫給弟弟的，後輩不敢用「愚」字，這是傳統文學，不是你的錯，你還說「淺見」，你乾脆說我的見解還好一點，不要用古文。因為現在沒有古文理法方面的教育，所以不是怪你，只是告訴你知道，將來你寫給學生的信，可以謙虛不稱老師，用一個愚就好了，不然老師寫給學生，還要寫愚兄，那個是老師特別謙虛，再不然兄也不用，只一個愚字。譬如我寫給你，愚，南某人，這是長輩的大謙虛。你懂了吧？

**Q同學：**懂了。

**師：**好。現在你說九次第定滅盡定是最高境界，你的「愚見」認為「滅盡定屬於心不相應行法」，完全錯了，滅盡定怎麼屬心不相應行法？也對，第六意識不相應，那是唯心的八識心體，萬法唯心，一切唯識。你下面講「以它作為禪定的極限，應非佛法之本意」。你好好研究佛學，問問老師。「故九次第定以外，《華嚴經》提出無量百千三昧」，到滅盡定，無量百千三昧也都滅盡了，「這應該才是禪定的究竟吧？」你被名相困住了，名相沒有搞通，也不是你的錯，教理完全沒有貫通。你很用心，很了不起，我批了很多，這個報告要留著。

學物理的R同學你也同他一樣，「到了大阿羅漢的滅盡定才講心物統一」，這是你的觀點，你的佛學還沒有弄清楚，你說「佛法是講心物一元的，心物統一，那麼在四禪八定的任何一個層次，都應該是心物統一的」，這一句話倒是對的，可是上面認為滅盡定才是心物一元，「如何在滅盡定才是心物一元的」，統一就是一元，一元就是統一，不要玩名辭了。

## 臨濟祖師的偈子

S同學你寫的報告粗糙，你是應該寫，你跟我幾十年，什麼都粗，什麼都懂，可惜搞不清楚自己，對不對？

**S同學**：是。

**師**：行為做到了嗎？脾氣做到了嗎？

**S同學**：做不到。

師：做不到要修，即使悟了道的人也要修。我懶得給你批，在上面用紅筆畫了，很高興你寫報告，談這個問題「諸佛菩薩成佛的人，成道了還入世間度眾生」，阿彌陀佛、釋迦牟尼佛還修不修啊？

S同學：修。

師：對了，這一句話答得好。你是我的老朋友、老學生，打你三十板子，然後給你唸個偈子，你就清楚了。禪宗的臨濟祖師臨走的時候，告訴大家我要走了，弟子們當然滿堂都跪下來哭啊！不要走啊！師父啊！不要走，不要走。臨濟祖師還有什麼吩咐？臨走寫了一首偈子，誰背來？

F同學：「沿流不止問如何，真照無邊說似他，離相離名人不稟，吹毛用了急須磨。」

師：對了，「沿流不止問如何」啊？臨濟禪師寫完了這個偈子，筆一丟，走了。你看這個妄念思想，起用的時候是沿流不止，那麼一位開創了中國文化臨濟宗的大祖師，內聖外王的修養成就，他說念頭像流水一樣停不了，業識茫茫，一切妄念都在動、都在用，但是在外用當中，萬緣都動，有一個不動的，千變萬化中有一個不變的，就是如來藏性的真照，就像太陽光照萬物而不變。《心經》講觀自在菩薩「照見五蘊皆空」，有觀是初步，觀還用力，到最後不是觀，是照了，所以觀自在菩薩照見五蘊皆空，能照能觀的那個自性是無量無邊。你如果真抓住一個照，有個觀，有個真如，那已經錯了，這是禪宗，我跟你講禪了。禪宗我很少講，為什麼不講？沒有對象。文學不夠，學識不夠，談什麼禪宗啊！真照無邊是相，用而不用，萬機萬變中有個寂然不變，這是個原則，真照無邊如來自性，人要死了，回到哪裡去啊？就回到現在，沒有哪裡去，沒有死，就在現在，不過這個肉體的相沒有了。

「離相離名人不稟」，這個自性本體離相離名，不是你能抓得住的，你就在這個無名無相的自性作用中。「吹毛用了急須磨」，最鋒利的寶劍叫吹毛之劍，頭髮在劍鋒上一吹就斷了。他說你不要認為得道了就怎麼樣，世界上任何一件事碰上，用了一下趕快收，吹毛用了急須磨啊！好好修行，不但未悟要修，修悟同時，大家用的時候，隨時在修正自己，所以內聖而外王，懂了沒有？

**S同學**：知道。

**師**：磕頭。

（S同學磕頭謝師，頂禮三拜）

**師**：你要磕頭，別人不要磕了。吹毛用了急須磨，知道嗎？所以你在做事要發脾氣的時候趕快一笑，吹毛用了急須磨，煩起來的時候哈哈一笑，也是吹毛用了急須磨啊！

## 人世五怖畏

C同學說他很高興我昨天講了六妙門，有些問題他在心中積了幾十年，他是精明得不得了，挖根挖底，他說：「你昨天講到四個，數息，隨息，止息，觀，理論上都明白了。後面兩個『還』跟『淨』，『還』是還到嬰兒狀態，淨還沒有清楚。」這是C同學的報告，隨後再講。我說修行難啊！

大乘經典講大菩薩在世間有五怖畏，所以《金剛經》說不起恐怖，是人已於一佛、二佛、三四五佛種了善根，人生每一天都在害怕中，最大的有五種怖畏，比如說我們兒女事業都放不下，都在怖畏中啊！害怕失去。人生第一不活怖畏，不肯布施，不會做好事，為了自己的自私，害怕布施給人家，幫助了別人，我自己怎麼生活？這也是不活的怖畏，怕布施光了自己的生活怎麼辦？而不能盡所有的布施。第二惡名畏，害怕人家的批評，自己求名求利要有好名聲，怕人家罵你，怕人家看不起你，所以不能做到和光同塵。

你們讀歷史，宋朝的名相王旦，跟他多年的部下為了一個位置求他，副部長有缺，你就給我好了。「出去！」結果來傳話的人都被罵了，但是那些人後來真當了部長，都是王旦提拔的，都是他報上去的，但你當面給他講會被痛罵，大家後來都明白了，都感謝他道德真好。有人就問他：「相公啊！滿朝文武都是你提拔的，你推薦了人家，當面又給人家難堪，人家不知道，也不感激你。」他講：「我為國家選人才啊！名位權力是公家給的，我提拔人才是公事，感恩是私事，你要他感謝我，送禮磕頭，那我還是個人嗎？」

所以他不怕惡名。

我以前也講過五代的馮道，歐陽修批評他沒有人品，朝代帝王換了四、五回，每回他都是首相，說他沒有盡忠。我說歐陽修完全搞不清楚，那個五代都是些什麼皇帝啊！混蛋嘛！馮道只為保持中國文化，你作你的皇帝，他維持他的文化，不是為了權力，儒家流傳的十三經都是他提倡的，他有一句名詩「但教方寸無諸惡，狼虎叢中也立身」，他說只要此心端正，坐得正、行得正，在豺狼虎豹群中也不怕被吃掉。你說馮道是個什麼精神啊？在那個七、八十年的風雲變化之中，他始終站住，最後到宋朝還被封為安樂公。

所以人生怕惡名，怕自己名氣不好，這是惡名畏。第三是死畏，生死搞不清楚嘛！這是我們要修行解決的問題，普通人都怕死。第四種是惡趣畏，怕下地獄，第五種是大眾的威德畏。譬如說你們做老闆的，都想靠威嚴領導一個團體，使下面害怕你，這是錯誤的，真有道德的人，大家自然害怕。

我看你們年紀大了，要找來讀張三丰的〈無根樹〉，他是道家南宗太極拳的祖師，文學太漂亮了，「無根樹，花正微，樹老重新接嫩枝」，老年人注意哦！工夫做好可以返老還童，至少可以延生長壽。「樹老重新接嫩枝」，人家誤會了說他找年輕女人來雙修，是不是這樣我不知道，不要誤會。「梅寄柳，桑接梨，傳與修真做樣兒」，這是借用農業的稼接，你要修道變成神仙不死，需要研究物理作用。「自古神仙栽接法，人老原來有藥醫，訪明師，問方兒，下手速修猶太遲」，要拜訪有修行的過來人，問個方法。

為什麼給你們講這個？這個六妙門、安那般那修法其實就是栽接法，人老了快要走了，精氣神沒有了，就修安那般那這個栽接法門。

# 第二堂

## 二甘露門的心得

現在佔用大家一點時間，聽聽昨天我們這裡年輕人的報告，第一個是I同學的報告，不要認為他是年輕人，或者別人程度比我差，這種觀念趕快拿掉，自己才會進步。

**馬宏達唸**：昨天老師教白骨觀，又引起我的前塵往事，十五年前，我身體很不好，退學了，病到有時候走在馬路上別人都會欺負我。後來我認真看了幾遍《論語別裁》，竟然不藥而癒了。然後又跟溫州的薛老師學南師的準提法，在南師的準提法中知道了白骨觀的重要，從此就開始觀左腳的大拇趾，觀了十三年的左腳大拇趾，期間唯一的症狀就是左腳的大拇趾指甲掉了幾次。

**師**：有好幾個證明，T同學也是修白骨觀，觀想腳爛了，腳指頭真的爛了，白骨出來了。

**馬宏達唸**：觀大拇趾這個白骨，從左腳的大拇趾開始，跟頭部之間的神經都有關聯，觀了十三年，左腳爛了幾次，大拇趾的指甲也掉了幾次。左腳的大拇趾到會陰經常有氣跳動，除此之外身心沒有其他太大的變化。直到去年在大學堂工作，蒙師開示，我才知道可以繼續往上觀。

**師**：觀全身，這裡有一個白骨模型。

**馬宏達唸**：因為我學醫經常看骨架，自然而然整具白骨就現前了，所以我覺得白骨是不用觀的。

**師**：因為他學醫，學解剖經常看到死人的骨頭。

**馬宏達唸**：印象很深，所以回憶就比較清楚，覺得白骨不用觀了，每個人都是白骨，就像呼吸也是每個人從來就有的，不要聽了安般法門以後，心中的觀念要去練呼吸了，其實那樣會越練越緊張。

**師**：對。

**馬宏達唸**：我上座時，乃至平時，把這個身心統統放下，白骨自然現。

**師**：這是白骨觀，我們身體本來是這樣。

**馬宏達唸**：然後自然止在那裡，定在那個境界上，這個時候唯一的感覺就是鼻腔處呼吸的出入，因為觀念上沒有血肉，所以呼吸之氣好像減少了鼻子氣管的阻礙，更加輕靈細長了。在此境界中觀察呼吸出入，特別的靈敏，所以我覺得白骨安般是渾然天成，好像一個圓圈。最近我腦海裡經常出現「師親指歸路，月掛一輪燈」的畫面。

**師**：這是寒山大師的詩。

**馬宏達唸**：腦子裡經常出現這一幅畫，從今以後我一定不負師恩，抱著這法門聊度餘生。（老師在報告上面批了很大的一個「好」字。）

**師**：好，I同學報告完了。我這一次對老朋友特別關注，譬如H同學，M同學，P同學，C同學等等，你們年紀都大了，希望你們即生成就，證得羅漢果，並不是說你們不行，但是我希望你們這一生證果，不枉來一次，不要空向人間走一回啊！是這個意思，你們實在用功，其實都有成就，不是沒有哦！但是每次來我都痛罵你們，我是恨鐵不成鋼啊！你們當下就證阿羅漢果，我多高興啊！我就來皈依你們了。所以I同學的報告，以白骨觀、不淨觀配合安那般那，修佛法的二甘露門，這是釋迦牟尼佛親自傳授的。

**馬宏達唸J同學的報告**：南公上人懷師慈鑒：當師說到根本依就是習氣時，弟子忽然明白為什麼修行非要求證四禪八定不可。生死輪迴是從無明開始，無明緣行，行陰的動能就是風大，風大的根本是依習氣而來，習氣是由固有的觀念產生慣性，進而形成力量及動能，業由心造，分為善業、淨業、惡業、無記業。四禪八定為淨業，隨心念的清淨產生慣性，形成心的動能，念動氣動，隨著動力的增大，原有的習氣漸漸銷融，此消彼長這就是對治之道。縱然證到滅盡定，長揖世間，若於此執著，卻又形成了清淨的習氣，這才有了《楞嚴經》中的一句話，「現前縱得九次第定，猶為法塵分別影事」，又有生死涅槃等空花。不過正如師所說「功名富貴拿到手再放下，才是真放下」，所以此言只有真正證道的人才有資格說。我們非修四禪八定不可，此解請師垂示。（老師批了三個字「說得對」。）師每次講實修之課，必說飲食男女問題，可見其重要，奈何習氣牢固，非大丈夫之人不能破。

## 揮戈躍馬豈為名

**師**：好。下面一個年輕人的報告，我突然看到很奇怪，十八歲的小孩子，現在在外國留學，我見過幾次，前天晚上來，我說你是誰啊？對不起，我只注意事，不管你如何官大錢多，在我的眼裡都是一樣，除非很熟了，突然看到這個報告，有關教育很有意思，你們聽聽。

**馬宏達唸**：敬愛的南老師：自從上次在夏令營時聽了太老師的講課之後，真的感到受益良多，心中除了感觸很深以外也產生了一些疑惑，還請太老師您指導。不過由於學生從小中文的基礎就沒有打穩，加上自己不夠用功，閱讀書籍不夠廣泛，所以我的文筆可以說是差到了極點。

**師**：你聽聽十八歲的小孩，寫得那麼清楚。

**馬宏達唸：**以下要是有使用一些不合適或不恰當的辭句，還請太老師多多見諒。從三歲到八歲就因父親工作的關係，舉家搬到了北京，讀了五年的國際學校之後，我們全家又搬回了台灣，在台灣讀中小學也讀了有八年之久，在高中的時候又轉學到美國波士頓的高中去進修。所以從小到大我很慶幸自己有機會接觸到東西兩方不同的世界，不同的文化。在接受過東西教育的同時，自己也看到兩個不同教育體系的優缺點，這也不禁讓我產生想辦教育的念頭。尤其在我參加了大學堂所辦的夏令營，在聽完太老師您講課之後，我的這個信念就更加堅定。就如太老師在上課所講的，現在人的文學都很糟糕，尤其是到我們這一輩的年輕人，有些因為崇洋媚外而忘掉東方文化之美。不過其實學生認為，除了太崇尚西方科學以外，我們的教育方式是不是也出了一些問題。在台灣到了國中以後，因為有升學壓力，老師們也不得不使用填鴨式教育。不過像太老師您就一直提醒我們，在讀詩、讀經的時候，絕對不能單單只是用唸的，一定要用朗誦或是用唱的方式去熟記。而且令我印象最深刻的是太老師您每次在講課時都會引經據典，不過在台灣的老師為了要趕課程進度，也不得不將流傳千古的文學草草帶過。除此之外我到美國唸書的時候，我更學到西方人對教育的那種渴望，上課時不是老師問學生問題，反而是學生一直提問題，即使是很簡單的事，他們也能在課堂上討論半天。而且不像在台灣，當老師在問學生問題的時候，學生大部分都會畏畏縮縮的，希望不要被叫到比較好。但美國的學生個個都是趕快舉手，並且恨不得老師趕快點到他的名字，這也許是填鴨式和啟發式差別最大的地方。上課的時數方面，像我在美國是七十五到九十分鐘一節，在台灣四五十分鐘左右，才剛上課不久就要準備下課了，根本沒有辦法好好在一堂課中，討論完完整的教學內容，更別說像太老師每次在課堂上引用很多動聽的故事給學生聽，因為時間根本就不夠。

很多家長都認同中國文化有很多很美的地方，譬如說這一次在夏令營，學生們所學的武術、靜定或是讀經都很好。但是很多家長還是要把子女送到國外，我的爸媽也不例外。我一直在想，難道外國人也會一窩蜂想到東方讀書嗎？在台灣辦一間集中西文化優點於一身的學校，一直是我的一個夢想，不過要是台灣的升學制度不改變，那還會有家長送學生來上課嗎？其實我想辦教育的真正原因，是因為我在台灣看到有許多人在那個有問題的教育制度之下，受了很多苦，我有許多朋友因為生活在那種壓力的環境太久，而失去了許多求學時應得的樂趣，進而對學習產生了排斥，我不希望更多的人因那個死板的教育環境而減低了他們求知的樂趣，我希望他們在這學習的黃金時段能夠自由學習，快樂學習。不過話說回來，憑我這個連高中都還沒有畢業的小毛頭能為大家做什麼呢？想請問太老師在這一方面有什麼指點。

最後我想再請教太老師一個問題，除了教育之外，其實我還想嘗試更多的好事，但是自己不知道應該怎麼做，因為每次在電視廣播或是網路中都會看到很多需要幫助的人，都會覺得自己太幸福了，所以應該花更多時間在別人身上，尤其是每當看到台灣的政治人物在那邊爭來爭去的時候，自己都會不禁動了想從政的念頭，甚至想要當總統，因為這樣能幫助的人就更多了。不過大家常說政治是黑暗的，對自己帶來許多無謂的紛紛擾擾，不要參與比較好。所以我要先考大學，之後再去接我父親的事業，等事業有成之後再去幫助那些需要幫助的人。無論是想從政或是從商，都需要花很長一段時間，才能救濟那些貧苦人家，但是如果利用這一段在爭名爭利的時間，去做善事，那我豈不是能幫很多的人嗎？每一次不管是為了家人、朋友，只要是為他人，我都能很投入，很用心地把事情做完，再累也沒有關係，不過換成是為自己，比如說我今年要開始中請大學，我就會缺乏那個專注，常常會半途而廢，所以我乾脆不要繼續求學了。但我現在是好好唸書等變成有為的商人之後，再去幫助別人，還是努力去從政，搞不好真能選上總統，那豈不是有更大能力去解決大家的痛苦嗎？還是說我現在乾脆就拿父親的錢去救世濟貧呢？因為我總覺得行善行孝都是不能等的。

太老師您也許會覺得我這個小毛頭怎麼那麼好高騖遠，講的又只是一大堆理論，不切實際，一切都只是空談，更何況連基本的打坐和呼吸都不會，而且老師再三強調，一定要讀《修行道地經》和《達摩禪經》兩本重要的典籍，我也還沒閱讀過，怎麼還有資格談什麼救世濟貧，也許以上的報告有些雜亂無章且冗長，找不到一個重點，不過學生心裡從以前就有這些困惑，但還請太老師您見諒學生的才疏學淺，要麻煩您費心指點。學生U敬上。

**師**：你的報告我一個字一個字都很留意看了，很驚訝，不是說你的文章特別好，現在大人寫東西也不過如此，你很了不起了，十八歲也算成人了。你講得都對，世界上苦難很多，你想從政，有權力好替大家做事，對不對？權力很迷人的哦！世界上最麻醉人的有兩樣東西，權力跟錢，過去講是名跟利，這兩個是人人都想要，古人有兩句詩「名利本為浮世重，古今能有幾人拋」，名利權錢，古今中外都困在這幾個字上，古人認為這個世界是空的假的，是騙人的，所以叫浮世，浮在水面上，沒有根的，也就是張三丰講的無根樹，可是世間能有幾人拋呢？哪個人離得了名利？你現在講了半天，又想求名求利！對不對？為什麼？你的想法是拿到名利好做事，這些大人們也是那麼想哦！你的爸爸也是那麼想哦！不是說你不對，我常常說，像我這裡認識的朋友很多，有官有錢的都很多，也很有學問，常常有人跟我講老師啊！我來幫你。我說要多少薪水啊？哦不，跟老師做事還要錢？一毛都不要。我就罵人了，你這個小子，我拚命想名想利，還弄不到，你不要名不要利，少吹牛了，哪個人不要？名利在手邊真丟掉，那是大丈夫，幾個人做得到？我看了幾十年，沒有人做到。

我二十四歲時什麼都有，你今年十八歲，我比你再大六歲時就不要了，上山修道去，這談何容易？作總統就做得了事？現在民選的總統還有權？我當年十幾歲出來就想要作皇帝呢！比你還年輕，十三歲就發願了，要作世上第一人，頭上不准人家走路，我的頭上沒有一個人可以在上面指揮，二十幾歲就做到獨霸一方，四川、西康、雲南、貴州的一些邊境都是我的地盤，有六個台灣那麼大，我的邊區部隊有一萬多人，騎馬出來，兩邊老百姓跪在地下，頭都不敢抬，那真是登高一呼，下面喊著萬歲呼聲雷動，我才二十幾歲！自己想一想，真的有那麼偉大嗎？心裡感到不對，要名就有名，要利就有利，這是騙人的。我也同你們一樣的想法，救世救人。當年我盤桓的地區，包括共產黨二萬里長征曾經經過的大渡河地區，也是太平天國石達開先前兵敗之地。

你看我當年二十幾歲作的幾首詩，那是當時真實的心境。

揮戈躍馬豈為名　塵土事功誤此生
何似青山供笑傲　漫將冷眼看縱橫
亂山重疊靜無氛　前是茶花後是雲
的的馬蹄溪上過　一鞭紅雨落繽紛

「揮戈躍馬豈為名」，騎在馬上長刀一揮，「前是茶花後是雲」，那麼威風，要想治好國家天下，非學軍事不可，所以我那個兒子十二歲就送到美國讀軍校了，我叫他讀，他也搞不清楚，中國從現在起，一百年以內還是離不開軍事。我那個時代要帶兵打仗爭天下，可以單槍匹馬縱橫割據，抗戰中所有的軍事、黨政都像是《三國演義》的形勢，但是今天時代變了，你以為民選總統能夠做事？時代不同了，政治也不一樣。

你看釋迦牟尼現成的皇帝不當，十九歲就出家去了，他看清楚了，天下的一切事情之所以不能安定太平，是人性的問題，不是錢權的問題，太平不是金錢買得來，也不是權力能夠達到，人性沒有辦法平等，世間是沒有辦法安定的。你看古今中外的歷史，天下最安定的時代難得超過三十年就變了，釋迦牟尼佛真放掉，這才是大英雄，因此廟裡的大殿稱為大雄寶殿。假使釋迦牟尼佛作皇帝，充其量成為印度一代名王，像最了不起的阿育王一樣，振興孔雀王朝。

阿育王比釋迦牟尼佛遲很多年，釋迦牟尼佛在世的時候，有一天出去化緣，遇到兩個小孩在玩沙子，看到佛在化緣，他們就跑到佛的面前恭敬跪倒，有一個小孩摸了半天有一塊銅錢，放在佛的碗裡布施供養，另一個小孩什麼都沒有，看到自己在玩的沙子，就抓了一把往佛的碗裡一放，佛就笑了，好好，你兩個小朋友真好，摸摸他們的頭頂。那個供養一塊錢的孩子百年後成為佛教禪宗得道的祖師優婆麴多，那個供養沙子的孩子就是阿育王，兩個人都是同年很好的朋友，阿育王起來統治了整個印度，可是一輩子有個痛苦，每天身上發癢，一摳都是一片一片的皮掉下來，皮膚病永遠治不好，他作皇帝什麼醫生都有，但治不好，因為他供養了沙子。曾國藩一輩子也是這個毛病，傳說曾國藩是大蟒蛇轉生，還有蔣介石的夫人宋美齡一生也是這個毛病，中西醫都治不好。

阿育王後來皈依佛法，我們寧波的阿育王寺就是他派人從印度過來修的，在中國供奉佛的舍利、遺骨，阿育王寺有，四川彭縣有，山西有佛牙，這些都是阿育王分過來的，佛教是從阿育王手裡向中國乃至世界推開。阿育王要求這些出家師父們，得道的阿羅漢向四方八面散開，弘揚佛教。阿育王為了供奉佛的舍利，建造八萬四千個塔，並且布施給世上的窮人，到了晚年，為布施把財政的錢都用光了。等於武則天一樣，晚年修了很多寺廟，包括龍門石窟，把財政用光了。阿育王也是這樣，自己生病了，還告訴管財政的大臣要布施，這個大臣就告訴阿育王的太子，你不能再讓他布施了，國庫裡已經沒有錢了，老皇上一斷氣，你當皇帝一毛錢都沒有，怎麼辦？這個國家不能讓他再布施了。可是太子也沒有辦法，阿育王還要布施，這個財政大臣不講話，太子點個頭，好嘛！你講布施，我會去辦的。太子削個梨給父親，他吃了一半，看看太子，看看財政大臣，我問你們兩個，今天世界上哪個人權力最大？太子趕快跪下了，大臣也跪下，皇上，就是你權力最大，他笑了，你們不要騙人了，權力是假的，我叫你們布施，你們真會去布施嗎？我知道你們是騙我的，我現在的權力只達到這半個梨子，好，這半個我不吃了，你們把這半個梨子送到廟上，供養優婆麴多尊者。太子跟宰相趕快派車把半個梨子拿碗裝起來往廟裡送，當時優婆麴多尊者正在打坐，忽然命令打鐘，把所有的和尚都叫起來，統統穿好袈裟，到山門外迎接阿育王最後一次布施。和尚們奇怪了，都沒有任何消息，到門口看到皇宮送來半個梨子，有幾千個和尚，半個梨子怎麼分呢？這位祖師把梨子接進來，放在鍋裡一煮，一人一碗大家都沾光結緣了。

權力名位我都玩過，你還想作總統？那辦得了什麼事啊？有錢也辦不了事，你要辦教育，先好好讀書。你還有父母。我當年要不作官就不作了，把權力一丟就了，都是我自己手裡的事，大家看我穿個袍子那麼威風，然後一下丟了上山閉關去。現在你突然來聽這個課，《修行道地經》《達摩禪經》都沒有看過，你不要急，這不是你的事，你先求學問。發心做事很好，做大事業也要有智慧，要有真本事。你目前如果讀這些書，聽聽安那般那會有用處。我把打坐修行先講完了，然後再講外用之學，就是怎麼樣齊家、治國、平天下的事了。

# 第三堂

## 魏晉佛道史

《修行道地經》是西晉時代自西域傳入中國，這個時候中國文化有一個非常大的轉變，歷史上通稱魏晉南北朝，一共是三百多年的變亂，連年戰爭加上文化的變亂，佛教文化不是靠侵略傳過來，不是像西方文化到中國那樣，不是像天主教、基督教後面帶著槍炮來傳道的，佛法是自然地從西域這個路線過來，隨著中印文化的交流，建立起新的中國文化。這個時候佛教還沒有建立，只是有佛經進來，中國開始有了第一位出家人朱士行，是曹魏時代的人，在北方出家的，這都是有歷史考據的，開始建立了戒壇，翻譯的經典也不多，東漢時有《八大人覺經》，還有什麼？

**宏忍師：**《四十二章經》。

**師：**對。中國那個時候只有道家神仙派，修道追求生命的超脫，偏重於外丹的煉製，可以說帶領全世界物理化學的發展，是從中國道家的丹道開始，所煉五金八石都是毒藥，黃金、白銀、硫磺、水銀、砒霜都是毒藥，吃下去都會死人，我都吃過。外丹的理想是通過服食丹藥，殺死體內的三尸蟲，後世稱為丹道。這個理論同佛說的一樣，人的身體內部都是寄生蟲，因為我們每天吃兩三碗飯，其實我們自己需要的半碗也不到，其他的幾碗都是供養裡面的很多眾生了，牠們都要吃的。道家講人身有三尸蟲，分布於上中下三個部位，男女的精蟲卵子，也是蟲，也是生命，這是身體裡面的另外一個世界，十萬個毛孔，每個毛孔裡都有很多細菌，都是生命，這個全身的生命是一個世界。這個時候道家的第一部丹經《參同契》，我幾十年前在台灣隨便給他們講過，現在劉老師正在整理，硬要把文稿整理成書，她看了拍案說好得很，不流傳可惜了。

這個階段還沒有禪宗，魏晉的歷史非常鬧熱，當時全國的人們熱衷佛法等於現在迷信科學，很多人取的名字都是佛學名字，譬如姓活的叫活羅漢，姓王的叫王菩薩，這是中印思想文化的一次大交流，後來才有鳩摩羅什法師在長安譯經。《修行道地經》是早期竺法護翻譯的一部專講修持工夫的佛經，竺法護是西域月氏國人，世居敦煌，是位有修持的羅漢，他翻譯了很多經典。之後一百多年，《達摩禪經》才出現。

研究這個階段的中國哲學文化史與政治經濟發展史，其中的學問在這兩三百年太鬧熱了，也太亂了。此時興起的「三玄之學」，也叫玄談，就是中國的知識份子在研究《易經》《老子》《莊子》，實際上也是一種對印度文化的抗拒，所以史稱兩晉清談，兩晉的名士，都在討論這些哲學問題，同現在講唯物主義與唯心主義的邏輯分析一樣，這個國家文化怎麼建立成這個樣子？有些書你們看都沒有看到過，很精彩的清談，究竟有神還是無神，唯物還是唯心，這個階段的古人都討論過。你以為現代人這些學問算什麼？古人都玩過的，究竟宇宙萬有有一個主宰沒有？死後有沒有靈魂？連梁武帝都參與了，他主張有神論。這個神不是上帝，也不是主宰，是生命的根源。所以當年胡適之寫《中國哲學史》，寫到這裡寫不下去了，因為他不懂佛學，不懂禪、不懂道，怎麼寫魏晉南北朝的哲學史？湯一介的父親湯用彤先生寫得還比較好。

我們專講關於生命科學的修行打坐，竺法護翻譯的這本《修行道地經》是一部研究如何了生死的佛經，涉及生命從哪裡來？一個人怎麼樣修道證阿羅漢果？後來的《達摩禪經》還遲一百多年，作者不是達摩祖師，是達摩祖師的同門，一個系統傳下來的禪宗修持工夫。這兩部經典都包含有六妙門的內容，後來到了隋朝，智者大師發揚了這部經典，他是在禪門開悟後，採用《法華經》與龍樹菩薩《中論》的般若法門，建立了天台宗的佛學系統，天台分科判教，把佛經重新歸類為五時八教，學術的建立在這五、六百年當中非常鬧熱，其實都是關於生命科學的研究。所以這兩本經典一來，中國出家的高僧、道家的神仙，修證成功證得果位的人特別多，倒是《大藏經》一推行，禪宗一推行以後證果的人慢慢少了，說理的人多了。達摩祖師也講中國後世的佛法，說理者多，證果者少，講道理牛皮吹得很大，工夫都不上路。

# 不生不滅的物理

C同學昨天晚上說我講了還、淨，他還不太清楚，你現在走實修的路線，慢慢就懂了還、淨。修風大呼吸法門，在整個佛法的修證工夫上是走唯物路線，物理的地水火風空，我們經常講四大皆空，物理世界的聲光電化都在地水火風空裡，《心經》「照見五蘊皆空」，色、受、想、行、識這些都不離物理作用。印度的佛法與中國文化都認為心物是一元的，《易經》講陰陽兩儀合攏來是一個，佛經上不多講物理部份，唯識學雖然提到，也沒有多講，完全從心理、精神這一面進去。這一方面的研究，就要注意十二因緣了，「無明緣行，行緣識，識緣名色，名色緣六入，六入緣觸，觸緣受，受緣愛，愛緣取，取緣有，有緣生，生緣老死」，一個輪迴在轉，等於每天晝夜十二個時辰在轉一樣。你看我還背得滾瓜爛熟，你們學佛連十二因緣都背不來，這是個大科學，而且同物理科學有絕對的關係。無明緣行，行緣識，唯識學是把這個識抽出來作為重點研究，所謂阿賴耶識就是無明，第七識等於行，入胎是一念無明，佛的定義很好，涉及從形而下到形而上。換句話什麼叫無明啊？我們用南方話就是「莫名其妙」，也可以代表黑暗、無知、愚癡，譬如我們念頭一動，自己的思想是從哪裡來？搞不清楚，這就是一念無明。自己的脾氣是從哪裡來？也搞不清楚，都是無明。我們身上的血液怎麼會流行？心臟怎麼會跳動？從出生一直跳到現在，為什麼？一概不知道，無明的定義太好了。

行就是一個動力，生命的動力，無明緣行，一個抓一個，攀上去的，緣不是連串的，你做連串的看不對，是一個套一個的，就是那麼內外套、連環套。行緣識，意識精神思想來了，識是什麼？識包括見聞覺知四個現象，能夠看見東西，能夠聽到聲音，能夠有感覺，能夠知道。

《楞嚴經》講心物一元，有個預言說《楞嚴經》最後來到中國，將來中國的佛教衰滅了，《楞嚴經》是最早消失的經典，大家不信，其實已經有苗頭了。歐陽竟無我們原來見過，我跟他是朋友之間的關係，歐陽竟無的大弟子呂秋逸當年講佛學，我很佩服呂秋逸，但是我不喜歡和他做朋友，從梁啟超開始懷疑《楞嚴經》，然後呂秋逸寫了一篇很重要的書，在中央黨校講一百條《楞嚴經》是偽經，我看了很生氣，結果中國真有人哦！有一位出家人（釋愍生）公然反駁他一百條，我有這一本書，很佩服這位僧人，一條一條地批駁呂秋逸。（編者：《出三藏記集》載，漢代至唐譯《楞嚴經》以前，已有不同譯者數譯此經。）

《楞嚴經》提到包括物理與精神的七大地、水、火、風、空、覺、識，就是心物一元。我只講大綱給你們，你們自己去研究，地水火風是物理範疇，為什麼說心物一元？《楞嚴經》提到「四大性離」，這個性不是明心見性，不是代表本體，火有火性，水有水性，地有地性，風有風性，四大物理的性質是各自獨立的，類似於中國講的五行生尅，火大的力量太強，水就沒有了，水沒有不是斷滅了，它的能量是沒有變的。水多了把火熄了，火不是沒有了，它們作用的性質是分離的，四大性離，這要曉得中國所講的五行生尅，有生有尅。這個生命是來自於風大，生命活著是風大的作用，我今天告訴你這個祕密，你們知道了統統少走好多年的冤枉路，佛告訴你這個心性的本體，那是不生不滅的，生滅只是現象，只是作用，那個功能永遠是不生不滅的，物理的性能也是不生不滅的，這是祕密了，四大物理的性能也是不生不滅的，與我們的自性是同體的，這個大祕密，給你們揭穿了。

《楞嚴經》前面講的七處徵心、八還辨見，一般人只重視這七處談心性，八次科學的討論，論辨眼睛看見，能夠知道的，這個意識是什麼作用，明心見性的見是什麼見。唯心的部分講了，講到物理的部分連到心物一元，分析四大，佛說「性風真空，性空真風」，這個性是本性了，不是性質，是本體起的物理作用，念動風動。「性風真空，性空真風」，真空生妙有，緣起性空。「清淨本然，周徧法界」，這個風大的自性本體，與如來清淨自性同體，本來如此，無所在無所不在，等於物理學講的電能。宇宙的能量在哪裡？就是這兩句話「清淨本然，周徧法界」，無所在無所不在。「隨眾生心，應所知量」，跟到念動風動，念動火動，隨你心念引發物理作用，所以是心物一元。心物的感應是如此，「循業發現」，跟著第六意識、第七識業力一動，就起物理作用，物理世界就是這樣造成的。「寧有方所」，哪有個固定的什麼？沒有個什麼，風也沒有個什麼，本體空的，緣起性空，性空緣起。這個七大，佛分析得清清楚楚。

「性水真空，性空真水，清淨本然，周徧法界，隨眾生心，應所知量。」這幾句都一樣，徹底告訴你物理世界同精神世界兩個是心物一元，本體是空。換句話說物質也是不生不滅，所以《楞嚴經》是大佛頂如來密因，是大祕密，是大密宗，此其一。第二，《楞嚴經》講打坐工夫的五十種魔障，每一步發生什麼境界，佛都把大原則告訴你，提醒你不要受騙，甚至到最後佛把大阿羅漢、小乘羅漢都罵了，都是外道，還沒有大徹大悟，但是提到有十種仙，他沒有說這是外道。因此梁啟超就說這本佛經是假的，他說印度沒有神仙，他完全不懂印度最初就是修仙道，佛是後來的，現在印度還有各種仙道。這十種仙有修氣的，有研究哲學的，有男女雙修的，有唸咒的，現在密宗也是通過唸咒觀想修加行。佛說這十種仙通過修煉，壽命可以有千萬歲，他們因為不得正覺，沒有大徹大悟，所以變成仙道。講到這裡為止，這是佛的祕密，歇後語講一半，其餘你去猜。換句話說，雖然他煉氣修至長生，如果大徹大悟，那也是佛了。梁啟超說印度哪裡有仙道？他說神仙之學只有中國有，完全錯了。

你要懂了這個風大的作用再修安那般那，到今天C同學問的問題我還沒有回答，今天特別提出來張三丰的這一首詞，你們中年人四十幾歲就老了，人老原來有藥醫，生命是棵無根樹，花正微啊！

**F同學**：老師剛才講四大性離，是不是七大也性離？

**師**：四大性離，七大你參參看，《楞嚴經》後面有。當然七大性離，這個性不是本性的性哦！同樣一個中國字，這個字兩處的用法不同。你也是學科學的，「性風真空，性空真風，清淨本然，周徧法界」，你看虛空中根本沒有電，一摩擦就發生了反應，這是電的性能。「清淨本然，周徧法界，隨眾生心，應所知量」，我們用火力發電、風力發電，把電用出來了，「循業發現」，科學發明到哪裡，應用就到哪裡，人類因為電的發明造了多少業？利用汽油又造了多少惡業啊？「寧有方所」，打破了空間時間的限礙，物理世界也是空的，所以我常常鼓勵學物理的人，空的功能最大，現在全世界沒有一個科學家研究真空力學，有也只是空講理論，拿不出東西來，真空的力量更大。

# 第四堂

## 瑜珈與安般

下午有個B同學的報告，宏達唸一下，她學瑜珈，用英文寫的報告，G同學替她翻譯的。

**馬宏達唸：**每次聽完老師慈悲的開示，在我內心深處，我深信老師所講的每一個字都是正確的，都是無價之寶。我把老師所教的，運用在我每天的行住坐臥，瑜珈練習和打坐中。老師告訴我應該練瑜珈，我就練習至今，時至今日，已經七年，一直運用自己的意念，發起生命的氣（能量）的重要性。幾年前老師說我太過於專注瑜珈，告訴我不要忘記打坐，從那以後我每天打坐，通過動靜的平衡，讓身心重新恢復到自然的年輕狀態。老師說練習安那般那，尤其做很難的瑜珈動作，或者打坐不舒服的時候，把注意力放在出息上。

**師**：注意這個。

**馬宏達唸**：把注意力放在出息上，我遵循老師的教導，在日常的生活中隨時觀呼吸，每次都通過運動出息來達到身心的輕鬆和寧靜。老師說要用你的心，而不是身體去練瑜珈，我勤修苦練才懂得怎麼用心練，如何通過收攝六根，專注在呼吸的往來，最終達到心氣合一。所以老師的教導，讓我理解呼吸，並發現了呼吸不可思議的力量，開始意識到為什麼我們要修安那般那。我試著用我有限的知識，把自己通過瑜珈和打坐所認識的呼吸的殊勝，用文字描述如下：

一、呼吸是氣（生命的能量），所以有生命的東西，都有氣，也就是說都有這個能量。

二、呼吸聯繫所有的生命，所有的植物，動物，人類，山脈，地球，所有這一切。呼吸往來好像一個管弦樂隊，吸氣，吐氣，收縮及膨脹，我們的確是一體的。呼吸讓我們知道生命一切無常，就好像呼吸來去從不停留。

三、呼吸教會我們捨，我們呼出氣後才能吸入氣。

四、呼吸是這個物質身體的良藥，它可以清潔並營養每個內臟器官、肌肉、動脈、細胞，使他們充滿生命力，連腳趾頭都會變得有活力。

五、呼吸可以幫助去除我們心中的煩惱。

六、呼吸是幫助我們解脫受蘊最可靠的工具，腫脹痛疼，生老病死等等，不管我們喜歡與否都要我們去面對。

七、呼吸是唯一能讓我們的六根，從外界的干擾中脫離，回到本來清淨的工具。

八、最重要的是呼吸能夠展示心，展示念。能知的知性本來就在那裡，它還是操縱著氣的動向，始作俑者，如果我們最終能夠認識到呼吸，我們慢慢就能發現，這個永動的生命的本能。

九、有時候我想所有這些知性生起，是因為我們有這個身體，可是當我們最後一口氣來臨的時候，會發生什麼呢？我是否再一次墮入生命輪迴的漩渦之中呢？怎麼能轉變這個生命的來源呢？這是我心裡最大的疑問。非常感激老師這一次講課，將要開始如何做到這個轉變。非常感激老師還有所有的工作人員，提供給我們如此的修行環境，從廚房到禪堂，我可以感受到工作人員把自己的修行暫時擱置下來，而辛勤為我們大家付出。報告完畢。

## 千古奇書

師：佛到最後，在《楞嚴經》上講出來七大的祕密，另外，佛在《解深密經》指出宇宙萬有生命是一個本源，叫作如來藏識，也可以叫阿陀那識，是個代號。這是釋迦牟尼佛提出的觀點，而印度幾萬年以來的傳統都是宗教，都認為生命有個外力的主宰，印度宗教有唯物唯心很多派系，中國的諸子百家是中國文化特別的現象，講身心性命一體，政治生活一體。印度文化不同，偏向於物理和精神世界包括生命根本的宗教追尋，各宗各派太多了。釋迦牟尼佛所處的時代，有六大宗派，包括研究唯物科學、數理學派、裸形外道等等，一直流傳到現在還有，釋迦牟尼佛統統推翻，指出生命本體是心物一元。

佛於晚年講出《楞伽經》，指出心意識的作用，成為後世法相唯識學的重要經典，但是到《楞嚴經》才提出心物一元的究竟，涵蓋了顯教密宗。《楞嚴經》的七處徵心、八還辨見很精彩，文章又好，為什麼有人懷疑《楞嚴經》是假造的？第一就是因為文字翻譯得太美了，是唐代文學的代表，科學性的大問題能用這樣美的文學講出來，不像是印度文化了，但是也不敢說是中國人假造的，好像是印度的羅漢們假造的。你看這一代的學者很有意思，跟著外國人鬧，凡是文字很美的佛經，都是假造的，文字最美的《楞嚴經》《圓覺經》《大乘起信論》都說是假造的，可是有一部文字很美的佛經他們不敢說是假造的，因為是鳩摩羅什翻譯的《維摩經》，可以說中國之所以有魏晉以後的道家，有禪宗，有兩、三百年三玄之學的學術爭論，受《維摩經》的影響很大。《維摩經》的不二法門，與老莊的思想自然結合在一起。

《楞嚴經》的文字太美了，我常說你們要寫出很好的文學作品，要學兩部書，一部是《楞嚴經》的文學，一部是莫名其妙，又邏輯又稀奇古怪的白話《五燈會元》，包括這一類的禪宗語錄，文學都非常漂亮。我當年二十一歲開始接觸到《指月錄》，翻了以後，桌上一拍，此乃天下奇書也！太好看了，滿是文學故事，無數的悟道因緣，尤其同歷史文化大有關係，禪宗的《五燈會元》《指月錄》《傳燈錄》都是天下奇書。

## 不汝還兮更是誰

昨天講到見有九緣，《楞嚴經》不這樣講，看有能見所見，能見是什麼？佛當場與阿難八次論辯，是很嚴肅的討論。那位U同學說美國的教育是老師與學生當場論辯，你看佛經上就是這樣。阿難認為是眼睛看見，如果你戴了眼鏡，看到物象會忘記了這個眼鏡，佛說前面戴個眼鏡看到外面，同時也看到眼鏡，所以眼睛能夠看是因為能見之性。佛又問阿難瞎子能不能看見啊？阿難說看不見。佛說你又錯了，瞎子也看得見。阿難說瞎子怎麼看得見呢？我們看見外面是明亮的，他看見是內外不分都一團黑的，也能看到黑，怎麼是看不見呢？那個見性是一樣的。佛最後總結「見見之時，見非是見，見猶離見，見不能及」，你說他說些什麼？真是天下奇書，生命科學的邏輯論辯，用文學來表達。「見見之時，見非是見」，你說明心見性是眼睛看見嗎？眼睛看東西是第一個見，第二個見是能見，看到自己能看的那個東西，那不是眼睛，也不是眼神經、知覺作用等等，那個能見的本能，不是你這個眼神經看見現象所能知道的。「見猶離見」，能見的根本不是所見的現象，離開現象，那個就是能見，但你抓一個能見的觀念還不是，要離開了這個，能見的觀念也是緣起性空，本來是空的，因為空所以能見一切，這是很精彩的辯論，同時文學水平很高。

義烏雙林寺附近有一處釣魚磯風景很好，唐朝有個和尚住在這裡，他開悟得道是因為讀《楞嚴經》，這是禪宗很有趣的故事。《楞嚴經》上佛跟阿難作科學的論辯，佛說我們眼睛看到東西，要靠光明，把光明還給太陽，如果牆壁擋住就看不見了，那把牆壁還給物理世界，一切都還完了，能見到明心見性的那個，就是唯識學說的自證分、證自證分這個道理。佛說那個沒得還的，虛空還給虛空，光明還給光明，黑暗還給黑暗，一切都還完了，剩下的那個不是自性是什麼？他是這樣給阿難指出來，最後一個結論很有趣：「知見立知，即無明本，知見無見，斯即涅槃，無漏真淨。」知道、感覺、知覺有一點罣礙都不是，一切還了，就得道了，所以他告訴阿難「知見無見，斯即涅槃，無漏真淨」。這個和尚讀到這裡把逗點改了，「知見立，知即無明本，知見無，見斯即涅槃」，一下開悟了，所以他的外號叫「破楞嚴」，把《楞嚴經》破開來讀，因讀經而大徹大悟。

這是禪宗了，我幾十年不肯講禪宗，因為沒有對象。八還辨見以後，佛告訴阿難虛空還給虛空，光明還給太陽月亮，現在我們的光明還給電廠，你那個自性不是明明白白擺在這裡，「不汝還者，非汝而誰？」能知之性你還不了的，我們骨頭還給父親，肉還給媽媽，一切都還完了以後，有一個自性是還不了的，中文四個字「不汝還者」，不是你還得了的，沒有地方可以歸還，在你自己本身就是了，「非汝而誰？」那個不是你的本性是什麼？一個和尚唸到這裡也開悟了，作了一首詩：

不汝還兮更是誰　殘紅落滿釣魚磯
日斜風動無人掃　燕子銜將水際飛

我前幾年有一次去雙林寺那裡，哎唷！這就是釣魚磯啊！原來古人就是在這裡開悟的！那裡風景很好，現成的現量境界，沒有地方可以歸還，古人開悟後寫的偈子，寫些什麼？你們參參看。

# 空中忽復生山河

佛在《楞嚴經》上講過七處徵心、八還辨見後，富樓那提出來一個很重要的問題，既然一切眾生都是佛，一切皆空，那世界怎麼來的啊？哪一天開始有這個世界？這也是西方哲學研究的問題。一切皆空，云何復生山河大地，誰在作主？創造出來一個物理的世界啊？這個物理不止是地球哦！包括整個的虛空在內哦！三千大千世界是怎麼開始的啊？這一段很精彩。佛講物理世界的地水火風是心物一元，分析物理本身也是不生不滅，所謂「性風真空，性空真風」，就是這個道理，「清淨本然，周徧法界」，世界上沒有風也沒有氣，心物一元的能量也沒有，我們以人類智慧稱為能量，任何東西一動就有量變，所以唯識講的現量、比量、非量，是人為邏輯講的，在本體上是沒有量的，無量無邊。

今天我叫C同學注意這一段，C同學看了我最近寫的一篇文章，很欣賞說老師啊！你這一篇不得了啊！有很多往事你不肯寫，這一篇會有很大震動

八月四日第四堂

的，因為有人要我寫《虛雲和尚年譜》的序，中間提到一個問題，這個問題毛澤東問過，蔣介石也問。當年抗戰期間，虛雲老和尚在重慶主持護國息災法會，蔣介石親自去拈香磕頭，因為蔣介石研究陽明學。我常說當代理學只有兩個人，一個馬一浮，一個蔣介石，你去看看蔣介石的這一副對子，「窮理於事物始生之處，研幾於心意初動之時」，什麼念頭都沒有動過，這個宇宙萬有沒有動過以前，這是蔣介石參究的問題。這些當年都是高掛在黃埔軍校，黃埔學生都要會背，可是誰懂啊？還有一聯「生活的目的在增進人類全體之生活，生命的意義在創造宇宙繼起之生命」。理學到蔣先生手裡為止了，再也沒有人了，他每天打坐好幾個鐘頭啊！雖然說他被毛澤東打垮了，談學問他是真的哦！

抗戰期間，虛雲老和尚在重慶主持護國息災法會，蔣介石代表國家到廟裡，因為那時我們打日本人已經六年，得到情報說日本在高野山修密宗的降伏法，要降伏我們，所以我們才做這個法會對付他。蔣介石親自來拈香禮拜，起來跟虛雲老和尚就問這個宇宙問題了。由於時間來不及，講了幾句就走了，他說師父這一點再請你開示，很客氣的，請你寫個開示，因此有虛雲老和尚的答信。當時我和袁先生也在，戴季陶、林森主席他們說你看虛雲老和尚寫給蔣介石的那一封信，是抄了《楞嚴經》的這一段給他。

我當時跟袁先生講，這完了，蔣先生對《楞嚴經》是很內行的，但他也看不懂，抄這個給他幹嘛呢？虛雲老和尚年譜中的〈答某巨公書〉，不敢講是給蔣介石的信。虛雲老和尚沒有錯，蔣老頭子也沒有錯啊！他從小給媽媽抄過《楞嚴經》的，他難道不知道？

這一段是什麼呢？剛才講到物質是不變的，也是不生不滅的。富樓那提到這個問題，佛啊！你說一切本來空的，一切萬有本來清淨圓明，等於西方說世界是上帝創造的，本來一切好好的沒有事，這個上帝創造了世界幹什麼？創造了世界又創造了我們，搞得天下大亂，亂了幾千萬年，豈不是多餘的事？這個宇宙萬有是怎麼來的？所以佛就由物理世界講起，講到最後引出來二十五位菩薩，觀世音大士等等參與發言，每位菩薩講述自己怎麼開始學佛，怎麼用功大徹大悟得道的經歷，有二十五種不同的門路，這叫二十五位圓通。

最後的結論誰來作呢？文殊菩薩，文殊菩薩代表大智慧，是七佛之師，釋迦牟尼佛原來也是他的弟子，七個佛都是他的學生，他早就成佛了，因為釋迦牟尼在這裡成佛，他化身在這裡作教務長，老師捧學生的。最後文殊菩薩用一首偈子來作結論，虛雲老和尚就是抄這首偈子給蔣介石，我背給你們聽，「覺海性澄圓，圓澄覺元妙，元明照生所，所立照性亡。迷妄有虛空，依空立世界，想澄成國土，知覺乃眾生。空生大覺中，如海一漚發。」馬一浮有時候用這兩個字落款，寫成馬一漚。「有漏微塵國，皆依空所生，漚滅空本無，況復諸三有。歸元性無二，方便有多門，聖性無不通，順逆皆方便。」虛雲老和尚把這一段抄了去答覆蔣先生。

## 宇宙緣起

這一段就講心物一元的宇宙緣起，是《楞嚴經》最重要的地方，文殊菩薩用偈子濃縮的結論，「覺海性澄圓」，宇宙萬有的本性，我們講明心見性，這個性是代號，不是男女之性，也不是物理的性質，是心物一元的本性，代號就是如來，也叫覺海。成佛叫大覺，佛陀就是覺悟了，見道、明心見性就是見這個，所以叫大覺自性，有如大海一樣無量無邊，形容本性本來是清淨光明的，「清淨本然，周徧法界」，無所在無所不在，本來是清淨乾淨的，心跟物都在一起，圓明、清淨、光明。

「圓澄覺元妙」，翻過來講這個覺性，這要工夫去求證，道理才能懂進去，這個圓滿澄清的覺性，就是《楞伽經》兩句話「不思議熏，不思議變」，你沒有辦法用思想用理論來推測它，萬物的本源妙不可言。「圓澄覺元妙」，本來清淨光明，但這一念無明哪裡來？本來清淨光明，行陰一動出問題了，我們的照性照久了以後，念頭一動，同物理世界一樣，你的焦點集中了就要起火，就發動了物理作用。

「元明照生所，所立照性亡」，念頭一動，地水火風的物理跟著起來了，本能一動所起的作用就來了，本來清淨就亡掉了，這一動就亂了。

「迷妄有虛空」，這個世界就形成虛空，虛空很大哦！我們虛空有多大？物理的虛空是無量無邊的，現在叫宇宙，宇宙是無量無邊的，三千大千世界都在內。「依空立世界」，因為有個無量無邊的虛空，虛空裡形成了這些星球，每一個星球就是一個世界，這個世界不是我們所講的中國、日本國，這個地球也不過是一個小世界之一小部分，依空立世界，都在虛空中，這個物理世界的地水火風都是堅固妄想來的。

「想澄成國土」，譬如埃及的金字塔，紐約那個被炸掉的大樓，我們北京的天壇，都是因為人們的思想妄念共業所造的，以本體的道理來講，須彌山也是眾生共同業力，堅固妄想凝結所成。所以「想澄成國土，知覺乃眾生」，有國土，有世界，這個世界的眾生帶兩樣東西，能知能覺，能知覺能感覺的叫眾生，所以「知覺乃眾生」。

「空生大覺中」，反過來講，整個虛空對於本性本體而言，整個十方世界的虛空，在本體裡不過就如大海中的一個水泡而已。「空生大覺中，如海一漚發」，整個的虛空如海中的一個水泡而已，所以明心見性有這麼偉大，叫你們用呼吸法門入手來修。

這個水泡一滅，念頭一滅，這個思想的中心一抽掉，「漚滅空本無」，空也沒有，沒有一個什麼叫虛空，這個物理的虛空也是假的，所以空本無。「況復諸三有」，哪裡還有三界啊？三有就是欲有、色有、無色有，也稱三界，都是這樣空的。雖然文殊菩薩的這個偈子很短，卻把物理世界的形成、身心關係用很美的中文五言表達出來。

然後講到修行之路「歸元性無二，方便有多門」，你唸佛也好，打坐也好，做瑜珈也好，都是方便的方法，道家也是一樣。「聖性無不通」，抓一個法門好好去用功，都會到家的。「順逆皆方便」，善的惡的，好的壞的，都是方法而已，本體是沒有什麼善惡，也沒有是非。

虛雲老和尚回信給蔣先生，我就很感嘆，這是《楞嚴經》很關鍵的核心，也是一切科學家、哲學家、宗教家都在摸索的問題，但這幾句話摸不通啊！參禪的關鍵也就在這裡，參通個個都成就了。

# 第五堂

## 十六特勝

我們昨天討論了六妙門，你們有一個錯誤觀念要趕快改，不要自己把自己騙了，以為呼吸法門就是修道，那根本就錯了，這只是個方便，可是離開了呼吸，你也不能證入，巧妙就在這裡，不要認為呼吸法門練好了，我就得定了，那是瞎扯。我給你們講風大修法，是因為現在世界各地都流行修六妙門，我無形中在批駁六妙門，同時也提醒你們注意，其實也是推崇六妙門。

《達摩禪經》是釋迦牟尼佛以下的這些大阿羅漢們傳承的修法，修這個十六特勝，注意不是十六個次序哦！一、知息入，二、知息出，三、知息長短，四、知息徧身，五、除諸身行。這五個一組，後人註解這五個等於三十七菩提道品的身念處，也可以這麼說。不過我們先看不加註解的原始資料。知息入，知息出，知息長短，知息偏身，注意，然後是除諸身行，重點在這裡。然後受喜、受樂、受諸心行，這是第二組，後人註解為四念處裡的受念處。第三組，心作喜、心作攝、心作解脫，後人註解為心念處，研究教理的人喜歡搞這一套，當然也可以那麼註解。最後是觀無常，觀出散，觀離欲，觀滅盡，觀棄捨，這樣十六個非常特別殊勝的，很容易成功的修法路線。

六妙門的數息隨息，同這一段知息長短、知息偏身也一樣，從東漢安世高翻譯《安般守意經》，到晉代《修行道地經》和《達摩禪經》來到中國，出現很多高僧神尼，證得神通成就，多是修十六特勝成功的。倒是禪宗來了以後，講知見的人多了，不好好做禪定的工夫，以致於後世越來越差，所以我特別提倡佛法的修證。可是你們打坐要注意，譬如我打坐時不管呼吸，就講「知」，因為呼吸已經清淨了，進來知道進來，出去知道出去，不用數了。這個知性不在腦，自然知道，大家覺得是不是這樣？我們坐在這裡知道自己呼吸吧！就是這個知，知道自己呼吸進來，知道呼吸出去，「四阿含經」上面佛告訴羅睺羅、迦葉都是這句話，息長知長，息短知短，知息入，知息出，隨時要知，這個很重要。譬如我們都在呼吸，你的知性離開了呼吸就不對了，後世道家修持這個法門，跟天台宗結合起來，稱作「心息相依」，佛原來的話是知息入知息出，這些修法的演變就是這樣來的。

知息長短，這要用過功的人才知道，譬如說你心亂的時候，呼吸是粗的短的，有時這個呼吸又很細很長，你隨時都要知道，知性第一，知是知哦！呼吸是呼吸哦！工夫到達知息偏身，你的鼻頭沒有呼吸了，但身體內部連細胞都在呼吸。最後到了除諸身行，也就是老子說的吾之所以有大患，為吾有身嘛！修好了以後除諸身行，身體空了，不要說無我，無身做到了。

C同學，到了除諸身行就是「還」，真的「還」了。要除掉這個身見是很難的，《俱舍論》說人為什麼不能證道，有五個見把你擋住了，第一邪見，第二身見，我們之所以不能得道，不能明心見性，那是身體擋住了，身見是很厲害的，人們為了功名富貴忙碌一生，統統是為身體在忙耶！這樣永遠不會見道的。很多人學了幾十年密宗也好，禪宗也好，念佛也好，都是為身體忙啊！首先身見去不了。第三是邊見，等於我們政治上的左傾右傾，每個人都有自己的邊見，很難去掉，抓住這個邊見，都認為自己對，格老子天大地大，我最大，就是我的對。第四是見取見，更難去掉，原來的主觀成見，有些是因為讀過某些書先入為主，那個主觀的觀念永遠去不了。第五是戒禁取見，有的宗教信仰認為不吃素不能成功，會下地獄，變成宗教戒條一樣，要這樣，不要那樣。台灣當年有個鴨蛋教，雞蛋不能吃，專吃鴨蛋。清代到民國初年在中國河北出了個理教，不准抽菸喝酒，認為抽菸一定下地獄，菸是魔鬼的口水做的等等，這種是戒禁取見。等於有唯物思想的人，聽到唯心，聽到宗教就說是迷信。信佛的人，看到耶穌教，哎唷！那是魔鬼。信耶穌的人看到信佛的，也說那是魔鬼，這些都是戒禁取見。這五見很難除，所以我在《禪海蠡測》中批評西洋教育思想，統統用這個觀點，譬如笛卡兒講的「我思故我在」，就是見取見，哲學家不知道「我思故我在」是落在主觀成見裡。

你們打坐修行真的把自己的安那般那搞清楚了，這個生命一開始是先吸進來還是先呼出去？《達摩禪經》裡都有爭論，知息入，知息出，知息長短，你們諸位有沒有經驗啊！

**F同學**：有。

**師**：你有，你講講看，我想他們都沒有。

**F同學**：在打坐的時候有時呼吸會很長，譬如說吸氣的時候，也不是故意吸氣進來，這個氣從鼻孔進來，似乎就從督脈下去直到腳心。然後在出氣的時候也會很長，但不是故意的。有時打坐的時候似乎沒有呼吸，偶爾來一下，那也不是故意的，就是這樣。

**師**：有一點影子了，還不錯，所以他敢舉手報告他的經驗，不是假話，他把一切事情放下，在這裡專修很用功，他的事業也做到公司股票上市，有好幾千員工哦！他自己創業，是跟我幾十年的老學生，他能夠把事業、好幾千員工、十幾個經理放下，在這裡專修，這還不難，還有一個老婆也是學科學的碩士耶！還有三個孩子，都要放下，在這裡一聲不響的專修，難在這裡啊！所以他現在的報告也不是亂吹的，最近很用功，我說他有一點影子了，曉得他到了。

假使你打坐到了某一種定的境界，好像沒有呼吸了，有時候偶爾很短的來一下，就不需要了，呼吸就自然會停了。他剛才講過，有時候息進來很長，他的經驗是從督脈背上一直到腳底心，有些是走任脈，有些是走徧全身，不是要你去引導哦！你故意去做，那是練氣功，不是修行，有意做氣功就不對了。因為從娘胎生下來天然就有呼吸，自己先要認得自然的呼吸，重點在這個「知」啊！十六特勝的重點在開頭的幾個「知」啊！一念不知，一定心氣不合一，就不是修行之路了。現在討論知息長短，你們注意剛才F同學所講的經驗，他也是史丹佛大學學科學的博士哦！也是跟你們幾個年輕博士一樣，學電機出身的老博士了，所以他看你們年輕人笑笑，都吃過苦頭的。他剛才報告這一段，是很難得的自身求證經驗。

有時息長，有時息短，當你發脾氣的時候，你的呼吸是長還是短？（眾答：短。）當然的嘛！譬如跑步很急的時候那個呼吸長還是短啊？短的，對不對？所以靜下來以後呼吸會長，然後一步一步，隨著靜定的程度深淺，呼吸長到完全不動，就是剛才我們台灣來的這位學科學的同學講，拿機器來可以測驗了。

其實知息入、知息出、知息長短完全是講隨息，就不用數息了，不必再多加作意，清淨自然而來，這個時候氣息慢慢通暢了。所謂密宗講唸咒、觀想這些都是初步的加行法，以密宗紅教、花教、白教的經驗，最後都是修氣、修脈、修明點、修拙火，就是改變自己現有的業報色身，即身成就的修法，這是密宗之密，不是另有其他的祕密，也是我偏學一切法的結論。我很討厭所謂的祕密，那是在邊疆地區唬騙老百姓可以，在大乘文化盛行的地區行不通，所有的祕密統統都要揭開，《楞嚴經》才是大密宗。

修到知息長短這個階段，你不要以為打坐入定就是什麼都不知道，那又何必打坐？吃安眠藥就好了，昏沉起來就要睡著了。打坐時你應該什麼都知道，可是沒有動妄念，清清楚楚明明白白，又忘記了時間空間，這個氣息沒有一分一秒不知道。如果有一下不知道，那是昏沉，或者妄念太多，氣息不能專一，那是散亂，昏沉散亂都不對。既不散亂又不昏沉，這個就是修行境界了。

到達知息偏身這一步，整個身體的呼吸很短，甚至於好像沒有，身體內部的呼吸起來了，甚至每一個毛孔，每一個指甲裡的觸受都清楚，當然這個時候飲食要清淡了，最好腸胃都是乾淨的。有時候打坐一定很久，不過忘記了時間空間。清楚不清楚要注意，這時並沒有離開知哦！這個氣息偏身以後你的脈就慢慢轉變了。脈不是氣，包括頭腦神經，就是道家講的煉精化氣、煉氣化神了，到達神化的境界，才可以談除諸身行，會沒有身體的感覺和障礙。我們坐在這裡兩腿難過，因為開始是兩腿氣機充滿，以後修到知息長短，知息偏身，兩腿的問題已經不存在了，兩腿是發樂的，舒服得很。屁股後面從尾骨開始上來一直很舒服，就不想下座了，所以一定很久，臉上一定是慈悲喜捨的，不是你們這樣打坐一副討債的面孔，好像我欠你多還你少。這個時候內心是喜悅的，外面的姿態是慈悲喜捨，很輕鬆舒服的菩薩像。這就是止觀工夫，這個知就是觀了。

## 禪經之喻

關於知息長短，《達摩禪經》有一段非常精彩，佛說了幾個比喻，第一個如火熾然，光焰長遠，薪盡火滅，他說呼吸同你身體精神有關係，你身體精神好，呼吸來往自然是長的，等於一堆火燒起來，剛剛燒起來火焰是長的，燃料快要點完時，火焰就漸漸短滅了，這時你身體的氣是短的。這樣你可以測驗自己的身體健康，與呼吸長短有關。第二個佛說比如深井汲水，打個很深的水井，繩子也放得很長才能把水抽上來，如果井淺，繩子當然可以放短，所以呼吸的長短要你自己在修行中體會。第三個比方，佛說等於拉弓射箭，依靠射擊的力量，弓拉的越圓，箭就射得越高越遠，譬如我們跟人打仗的時候，那個氣就是很猛的一支箭，可是如果你沒有氣了，這支箭也就無力了。第四個比喻，佛說如牽旋輪，拿個繩子點個火把，你把它轉動，力量大就轉得快，也可以轉得很長，你力量輕的就很短，這同你的身體健康都有關係。第五個比喻是像山頂的泉水一樣。佛說「第二捨諸依，勢羸故息短」。打坐得了初禪到二禪的境界還有沒有呼吸？我問你們兩個博士，背過玄奘法師的〈八識規矩頌〉沒有？

**Q同學**：有。

**師**：怎麼講，想得起來嗎？

**Q同學**：眼耳身三二地居。

**師**：好，是真博士。玄奘法師說入初禪定的時候，眼睛、耳朵、身體的感覺都很清楚，但呼吸近乎停了，鼻舌二識關閉不動了，只有眼識、耳識、身識。《達摩禪經》講修持到了像山頂泉一樣不動了，無尋無伺，妄念一點都不動了，可是你的知性還在哦！妄念是妄念，知性是知性，兩個有差別要認清。有許多人拚命用功，以為打坐入定是什麼都不知道，我說你何必學這個呢？你吃安眠藥睡覺不是就沒有妄念了嗎？要知性清淨，一念不生全體現，要搞清楚哦！這裡一點點差別就差得遠了。佛講山頂泉，清明自在，無尋無伺，念頭不動呼吸就微細了，你到青海，天山，新疆的高原，看那個黃河發源地，很細很清的一點點流水，涓涓而流，慢慢後面集中起來變成黃河長江，滾滾下來。佛說像山頂的泉水一樣，此處的長短之間你要看清楚。第六個比喻，佛說像一個運動家，挑著很重的東西走路，快步走時呼吸是很急促的，輕鬆慢慢挑，那個呼吸就長了，如果挑重的人懂得方法，轉換肩膀輪流休息，呼吸由短也可以變長。

《達摩禪經》很難看懂，因為是南北朝的文學，那個時候流行用五言句子，讀書人都知道，不讀書不知道，所以你不懂魏晉的文學，就不要談了。他們那個時候把佛經翻譯得很清楚，用很多比喻就容易懂了，可這並不是給你談理論哦！你們聽了要慢慢去體會做工夫，每一步工夫同身體變化、心理變化都有關係。假定你是真用功，就會發現怎麼自己亂七八糟的妄念那麼多啊！才發現自己很多的心思是那麼壞啊！貪瞋癡慢一樣一樣都看得很清楚，看清楚它自然就難以興風作浪，自然都清理了，慢慢走上道的清淨境界，這是做工夫的狀態。我看到你們有些人事業很好，學問很大，作人做事「才大氣粗」，不是財產的財哦！學問好、見解高了，就開始看不起別人，再加有了錢就更傲慢起來。這樣的人還夠不上資格談學佛，作人修養先從這一步做起，不要以為打坐工夫簡單，呼吸法簡單，聽懂了沒有？我不是在罵人哦！不過我心裡急啊！你們要搞清楚，修任何法門離不開這個禪定工夫，無論唸佛、密宗一點都不能馬虎，沒有工夫，後世參禪的很多，悟道的少了。

## 薛道光的故事

有一篇關於道家修法的文章，講道家南宗的第三代祖師薛道光的故事，他是反對禪宗的，元朝丘長春這一派的是北宗，南宗講雙修，也講單修，我當年在閈地庵史量才的藏書裡都看到過，修禪宗以後想起這位薛道光祖師，再去找來研究。

紫賢真人，名式，字道源，一字道光，陝西雞足山人也。嘗為僧，雲遊長安，參開佛寺長老修巖，巖示以道眼因緣：金雞未鳴時，如何沒這音響？又參僧如環，問：如何是超佛越祖之談？環曰：胡餅圓陀陀地。參訊有年，一夕，聞桔槔有省，作頌曰：軋軋相從響發時，不從他得豁然知。桔槔說盡無生曲，井底泥蛇舞柘枝。二老然之。自是頓悟無上祕密圓明法要，機鋒迅速，宗說皆通，積有年矣。一日，復悟如上皆這邊事，辯論縱如懸河，不過是談禪說道，尚未了手。遂有志金丹修命之道，竭力參訪。崇寧丙戌冬，寓郿縣佛寺，適遇杏林（陵）道人石泰得之，時年八十五矣；綠鬢朱顏，夜事縫紉，紫賢密察焉，心竊異之。偶舉張平叔（紫陽）詩句為問，石矍然曰：識斯人乎？吾師也。

因語其故，平叔先生舊名伯端，始於成都宿天回寺，遇異人改名用成，授以丹訣，後因妄傳獲天譴，觸鳳州太守怒，按以事，坐黥，竄經由邠境，會天大雪，與護送者俱飲酒村肆，吾適肆中，遂邀同席會飲，酒酣問其故，具以告吾。念之曰，邠守故人也，樂善忘勢，不遠百里。平叔曰，能迂玉趾，有因緣可免此行。懇諸護送者亦許之，遂相與之邠，吾為之先，一見獲免，平叔德之曰，此恩不報，豈人也哉，且吾師所記，有解韁脫鎖者，方堪受道之讖，子真其人矣。今將丹法用傳於子，子可依之修煉以成道。吾遂再拜，仰受付囑。紫賢聞其語，即發信心，稽首皈依，請卒業大丹。得之悉以口訣授之，且戒之曰：此非有巨公外護，易生謗毀，可疾往通都大邑，依有德有力者圖之。紫賢遂棄僧伽黎，幅巾縫掖來京師，混俗和光，方了此事。薛成道後，以丹法授陳楠（翠虛），陳授白玉蟾（紫清），總是南方人，並紫陽、杏林，共五代，所謂南宗五祖也。（〈石薛二真人紀略〉）

「紫賢真人」，道家稱真人，就是神仙。「名式，字道源，一字道光」，他在家姓薛。「陝西雞足山人也」，陝西寶雞雞足山那裡的人。「嘗為僧」，他以前是出家作和尚的。「雲遊到長安」，學禪宗參話頭。「參開佛寺長老修嚴」，這個禪師叫他參一個什麼話頭？不是參唸佛是誰，那是明朝以後的了，叫他參「道眼因緣」，就是明心見性的道眼，同看光法門也有關係。「金雞未鳴時如何沒這音響？」為什麼人睡著時，無夢無想到哪裡去了？我現在註解一下，古人當時不講什麼無夢無想這些話，就是說為什麼白天清醒，夜裡不知道了？薛道光參這個話頭，開悟了沒有不知道。「又參僧如環，問，如何是超佛越祖之談」，禪宗說超佛越祖，把一切佛、佛法都丟掉了，如環禪師告訴他，這個饅頭是圓圓的。這就是禪宗的答話，胡餅饅頭就是圓陀陀的，這就是話頭，到底說些什麼？他到處參尋明師，「參尋有年」，好多年用功。「一日，聞桔槔有省」，聽到打桔槔的聲音，打井的那個轆轤牽動，軋軋……一下開悟了。「作頌曰」，寫開悟的偈子。「軋軋相從響發時，不從他得豁然知」，自心本來清淨，他明白了。「桔槔說盡無生曲」，明白了無生的道理，「井底泥蛇舞柘枝」，水井下面泥巴做的那個蛇會跳舞。不曉得講什麼，這是禪宗，他都懂了，然後回轉來到這兩位禪宗大師處，二位大師都說好啊！你開悟了。「二老然之，自爾頓悟無上祕密圓明法要」，對於禪宗的明心見性，法身空性都見地明了。「機鋒迅速，宗說皆通」，智慧打開了，口若懸河，機鋒圓轉，誰都困不住他，道理都通了。「宗說皆通」，宗是禪宗，說是教理，兩樣都通達無礙。「積有年矣」，已經有很多年了。

「一日，復悟如是皆這邊事，辯論縱如懸河，不過是談禪道，尚未了手」，有一天忽然一想，這不對啊！我明白這個道理，也見到空性，這不過是見到法身的事情，本體道理明白了，這個報身的一切都沒有轉啊！神通妙用也沒有。他說這只是禪宗悟了這一邊的事嘛！說道理學問滔滔不絕有什麼用啊？不過是談禪論道而已，還不徹底。「遂有志金丹修命之道」，針對身體要修命功。「竭力參訪」，到處找明師。「崇寧」，是宋朝的年代。「丙戌冬」，丙戌那一年的冬天。「寓郿縣佛寺」，這個郿縣在陝西吧？

**N同學**：就在寶雞。

**師**：寶雞，你去過啊？佛教的廟子。「適遇杏林（陵）道人石泰得之」，石泰號得之，是道家的修行人，並不一定是道士哦！修神仙並不一定是道士，叫杏林道人，石泰石得之。「時年八十五矣」，這個老道八十五了。「綠髮朱顏，夜事縫紉」，八十五歲，頭髮還是黑的，黑的發青，小孩子一樣粉紅的面孔。「夜事縫紉」，那個時候點個青油燈，老頭子自己縫衣服。另一種記載，他們不是當面碰見，薛道光住在隔壁房間，從門縫裡看一個老頭子在幹什麼，哎唷！還在縫衣服，一看這個人不同凡俗。「紫賢密察焉」，於是注意他了。「心竊異之」，奇怪，那麼大的年紀，眼睛不壞，身體那麼好。「偶舉張平叔詩句為問」，就是寫《悟真篇》的張紫陽，這位通達道家禪宗的大祖師。「石矍然曰，識斯人乎？吾師也」，他是我的師父啊！「因語其故」，他問怎麼是你的師父？他就告訴他「平叔先生舊名伯端，遇異人授以丹訣」，教他煉長生不老的修法。「後因妄傳獲天譴」，後來收徒弟收錯了，傳給愛吹牛的徒弟，到處吹牛說自己得法了，專做壞事。小心啊！亂收徒弟，罪過背在師父身上，上天責罰他，碰上官司了。

「觸鳳州太守怒」，徒弟出事犯法，牽扯到老師。「按以事，坐黥」，上面判下來刑法，把他臉上刺青，就是打了黑印。「竄經由邠境」，下放到邊境去了。「會天大雪，與護送者俱飲酒村肆」，兩個公差押解他，路經一處鄉村飲酒。「吾適肆中」，這個石泰也正在這個鄉下，下雪天在旅館裡碰到。「遂邀同席會飲」，這位辛苦下放的犯人，被兩個公差押著，一起來喝酒吧！他說老先生你犯了什麼罪啊？為什麼被下放？「問其故，具以告吾」，那麼張紫陽真人說我是受徒弟之害，傳道傳錯了。石泰就說「邠守故人也」，那邊的太守是我的老朋友，感情好得很，我幫你向老朋友講清楚，這個犯人是冤枉的，沒有事的，讓紫陽真人報到以後就放了。所以張真人說「此恩不報，豈人也哉」，要報石泰的恩。「且吾師所記」，張平叔說當年他的師父曾經有「解韁脫鎖者，方堪受道之讖」，當年師父傳道給張平叔，就說你不要隨便傳給別人，幫你解脫枷鎖的那個人，方堪受道。現在你幫我，「子真其人矣」，所以傳道給石泰。好，現在你救我出來，我就將丹法傳給你，「子可依之修煉以成道」，你可以即生成就。「吾遂再拜，仰受付囑」。

石泰把同師父紫陽真人認識的這一段故事講給薛道光，薛道光一聞是語已，就皈依他了，拜他為師。「即發信心，稽首皈依，請卒業大丹」，請傳給他修持的方法，這是真的悟後專修了。「得之悉以口訣授之」，這位老師的丹法口訣統統教他。「且戒之曰」，真修行要找一個有權力的護法。宋朝歷史上的名相寇準，他家裡有兩個道人，一個和尚，都是他供養的，住在他家裡。你看《水滸傳》，宋朝的社會政權很亂，他必須要巨公外護，手上有權有錢，好做護法，否則人家可能毀謗你。「可疾往通都大邑，依有德有力者圖之。」你找個大護法，好好閉關專修去。「紫賢遂棄僧伽黎，幅巾縫掖」，不穿和尚衣了，換一件普通衣服還俗去了，頭上隨便包一塊布，穿個爛衣服。「混俗和光」，不講修道，不給人家看出來，「方了此事」，才把這一件即生成就的大事完成。

「薛成道後，以丹法授陳楠（翠虛）。陳授白玉蟾（紫清），總是南方人」，這個白玉蟾後來在福建武夷山跟朱熹比鄰而居，這幾代都是南方人，所以稱為道家南宗，「並紫陽杏林共五代，所謂南宗五祖也」，就是這個故事，走這個悟後起修的路線，這是另外一種悟後起修，不是一律的，有這種情況，所以也使你們知道。

# 八月五日

# 第一堂

## 念佛與開悟

剛才大家念南無阿彌陀佛，這是我們本師釋迦牟尼佛特別又特別介紹的一個法門，後世稱為淨土宗，有所謂「三經一論」，有比較濃縮的小本《阿彌陀經》，還有《無量壽經》《觀無量壽經》，阿彌陀就是無量壽無量光，有十六種觀法，也是密宗，但不是西藏的密宗。十六種觀法是配合意識的觀想，每種觀法成就都有不同的定境，分析起來有很多種類。「一論」是馬鳴菩薩著的《大乘起信論》，他不是講淨土哦！但是淨土宗採用了，馬鳴菩薩比龍樹菩薩還要早，也是禪宗大祖師。馬鳴菩薩的《大乘起信論》，講佛法的修持，非常樸實。此論開真妄二門，一切皆是妄心，悟道成佛，證得阿耨多羅三藐三菩提，證得真如自性才是真心，淨土宗因此採用這一部論著，念佛念到最後歸到真心，真如自性，一樣開悟成佛。

《觀無量壽經》講釋迦牟尼佛在世的時候，印度分成幾十個國家，他的國家不像我們中國，沒有大統一過。有一個國王管教太子比較嚴厲，後來這個國王年紀很大了，等於中國的康熙做了幾十年皇帝，這個太子要登位等不及了，他又受到提婆達多的挑撥，準備殺了自己的親生父母，自己登位，把父母關起來。這位王后自己反省，我兩夫妻怎麼生了這樣一個兒子，受這種業報啊？也沒有辦法，就跪下來祈禱：世尊啊！你有大神通，慈悲啊！我怎麼有這樣一個果報？釋迦牟尼佛受到感應，放光一照，王后就看到佛了，痛哭流涕：我怎麼這樣受苦，你要救我。佛說：這不是你的錯，三世因果的帳要還。這個因果哲學的道理很深，中國文化也講因果，自然科學也講因果，但二者道理不同。佛說：你趕快念佛吧！王后一聽心安了，知道原來如此，一心念佛，求生西方極樂世界，我們生存的這個世界太沒有道理了。

現在中國流行念佛和密宗，佛的預言將來有末法時代，像法時代是佛像還在，經典還有流傳，末法時代是經典都沒有人信了，都當成宗教推翻了，只留下兩樣人們會信，一個是念佛，一個是密宗，因為大家喜歡灌頂、念咒，現在差不多了，教理也沒有人研究了。佛教到中國以後創立十宗，這十個宗派是印度佛教原來沒有的，是中國文化的一部分，第一個是廬山慧遠大師創立了淨土宗。慧遠大師本身學問很好，晉朝到南北朝這個階段，智者大師的天台宗還沒有創建，慧遠大師很有心救這個國家，救這個社會，但是他經過實際經驗與觀察，還是救不了，就出家了，走到廬山成立蓮社。他原來學道家，當然曉得打坐做工夫，但修成神仙太難了，超凡入聖談何容易，他對政治灰心，對時代感到痛苦，他到南方等於我們出國，渡江南來，在廬山約到陶淵明等六、七個人，結合一個團體叫蓮社。他研究了多年，這個生命即身成佛太難了，這個時候鳩摩羅什正在翻譯佛經，他跟鳩摩羅什互有通信，討論般若的問題，《達摩禪經》上的那篇序言是慧遠大師作的，同他因緣很深，他提倡念佛，抽出淨土三經，發願往生西方極樂世界，等於道家說這一生沒有修成功，再轉生吧！可是又不想轉生在這個娑婆世界，因為這個五濁惡世實在太可惡了，到處都是髒的，他要跳出來，到阿彌陀佛那裡留學去。當時的很多名士都參與，這個地方我也去過，當年我還在廬山住過茅蓬，中國淨土宗念阿彌陀佛，影響了中國社會一千多年，都是因為慧遠這位了不起的大師。

## 慧遠的兄弟

慧遠有一個兄弟也出家了，叫慧持法師，他的故事同參禪做工夫有關係，慧持法師從陝西到廬山去找他哥哥，這個時候天台宗還沒有出現，禪宗也沒有。此時的中國文化思想及社會變化都是很重要的一個階段，社會政治的變亂與南北朝的經濟發展，要一起研究。慧持到了廬山以後，發願要到四川去朝拜峨嵋山的普賢菩薩。現在的峨嵋山是普賢菩薩道場，以道教來說，原始峨嵋山是廣成子的道場，軒轅黃帝的老師，據說軒轅黃帝也到過峨嵋。至於佛教四大名山，那是唐朝以後的觀念，五台山是文殊菩薩道場，峨嵋山是普賢菩薩道場，浙江普陀山是觀世音菩薩道場，安徽九華山是地藏王菩薩道場。以道家的思想，名山都是神仙住的洞府，中國道家把全國分成三十六洞天，七十二福地。這是一門深廣的地球物理科學，中國人早就知道地球下面是相通的，美國人現在也想研究地球的中心是什麼，中國道家早就說地下是另外一個世界，這很有趣，道藏上都有。

慧持法師發心去朝拜峨嵋，那時是不是禮拜普賢菩薩我們不知道。到了宋朝徽宗年間，距離慧遠法師創立淨土宗已是七百年了，有一天忽然颳大風，把嘉定一棵千年大樹吹斷了。嘉定就是現在的四川樂山，當年馬一浮先生的復性書院辦在那裡，我在那裡和馬一浮先生曾經暢談過理學與禪宗。這棵千年古樹被大風吹斷了，古樹中間是一個大洞，洞中有一個和尚還在打坐，鬍子頭髮長得把臉都遮住了，那個指甲長得都捲起來了，他是修安那般那入定了，樹倒了他還在打坐。這是件大事啊！宋徽宗是又信佛，又打擊佛教，他自稱真人崇拜道教。此事報到朝廷，宋徽宗一聽，命令連樹帶人一起送進京城。由四川一直送到河南，路上不知道走了幾天，到了開封徽宗親自去看，樹洞裡頭有個人在打坐。那時的宗教局長叫「僧統」，權力比現在的宗教局長大，是一個外國來的和尚。宋徽宗就問這個僧統，這究竟是什麼人？僧統說：這是一個出家人入定了。那怎麼叫他出來？入定了出不來，只有拿引磬在耳邊慢慢敲，所以佛門修行要準備引磬，你在家裡打坐假使入定了，事先要給家人交待清楚，以免把你拖出去燒了。入定的人碰都不能碰的，只能用引磬叮……叮……，一敲，就會出定了。這個僧統就問：你是誰啊？這個和尚說：我哥哥在哪裡？誰是你哥哥啊？我哥哥就是廬山的慧遠法師。大家都說你哥哥已經死了，到現在七百年了。他死了啊？和尚眼睛一閉又要入定了。這個僧統把他拉住，先不要入定，你是誰啊？我叫慧持，慧遠是我哥哥。那你怎麼會在這個樹洞裡呢？和尚說他本來是發願去朝拜峨嵋山。傳記上說他朝拜峨嵋山死掉了，實際是在樹洞裡打坐。宋徽宗他們都很內行，把他弄出來，大概剪剪鬍子頭髮，恢復正常一點，不要再去入定了，你哥哥已經走了，你準備到哪裡？他說他要回河南陳留，徽宗就派人把他送去。

## 徽宗的評唱

你不要小看宋徽宗，雖是亡國之君，但他對禪道太內行了，宋徽宗有三首詩評唱這段公案，我寫虛雲老和尚的那篇文章，沒有提起這三首詩。

七百年前老古錐　定中消息許誰知
爭如隻履西歸去　生死徒勞木做皮

一坐七百年的老古董，究竟入的是哪一種定？你們參參看，無想定？還是昏沉定？還是初禪二禪啊？「爭如隻履西歸去，生死徒勞木做皮」。真是好詩啊！徽宗說雖然你定力很高，證得四禪八定，還是不及達摩祖師隻履西歸，解脫生死。這句一語雙關，他在樹洞裡坐了七百年，其實我們死後都是裝進棺材，生死都是以木做皮，一語雙關，徽宗很高明。

第二首取典於《莊子》，那不容易懂了，宋徽宗對禪宗道家都很熟。

藏山於澤亦藏身　天下無藏道可親
寄語莊周休擬議　樹中不是負趨人

《莊子》講「藏山於澤，藏舟於壑，藏天下於天下」，山藏在海洋裡，把大輪船開到山洞裡隱藏起來，天下無處可藏。阿賴耶識包含能藏、所藏、執藏，藏在哪裡？宋徽宗引用《莊子》，藏天下於天下，修道哪裡靠隱藏在山洞、茅蓬裡打坐呢？「寄語莊周休擬議」，他說莊子假設看到，你不要批評，「樹中不是負趨人」，莊子說天下人都想把財富保藏起來，想發財的人拚命積斂錢財，最後有力者可以把你整個拿走。作皇帝得了天下，最後政權都被拿走了，所以藏天下於天下，誰能夠背得走啊？空無一物，你向哪裡背啊？宋徽宗用《莊子》的話，開這個和尚玩笑，帶個信給莊子吧！樹中不是負趨人，他沒有這個本事，能夠把空背起來跑。

第三首更有意思，你們注意哦！千萬不要輕視宋徽宗！根據我的考據，宋徽宗被俘以後，晚年隱居在金國，直到金、宋先後亡給元朝，徽宗還在，出家做喇嘛了。

有情身不是無情　彼此人人定裡身
會得菩提本無樹　不須辛苦問盧能

注意第一句話講如來大定，本來一切眾生皆在定中，哪裡還要找個樹洞來打坐啊？都在入定，一切眾生皆是佛，「會得菩提本無樹，不須辛苦問盧能」，盧能就是禪宗的六祖惠能禪師，俗家姓盧。宋徽宗認為慧持法師雖然一定七百年，但沒有悟道，只是一種定境，宋徽宗非常內行，唯識論典也說人得定了一定還有煖壽識，可以一定很多劫，七百年算什麼？但是哪一種定境呢？值得研究了，「七百年前老古錐，定中消息許誰知」，是無想定還是什麼定？慧持和尚當時沒有講，宋徽宗就提出這個話頭。

# 臨終念佛法

我剛才講淨土宗，連帶牽扯到慧遠法師與慧持法師，與禪宗淨土都有關係，你們念佛千萬注意《楞嚴經》大勢至菩薩的〈念佛圓通章〉與《觀無量壽經》，大勢至菩薩的報告重在「都攝六根，淨念相繼」八個字。當你念佛的時候，眼耳鼻舌身意六根都歸到哪裡？歸到一心唸佛號上嗎？不對。佛號是好幾個念，南—無—阿—彌—陀—佛，六個字六個念，念念都攝攏來，念到念而不念，佛號沒有了，只有佛性的清淨光明，得大自在，也就是修六妙門最後歸到淨。一念清清淨淨，既不昏沉，又不散亂，清清楚楚，沒有身，沒有心，這是淨土，這就是淨念相繼，超越了時間空間，定在這一念清淨。一念不生全體現，身心都空了，這就是阿彌陀佛與一切如來共同的淨土境界，也正是六妙門的還淨，證到一念不生，身心一切解脫了。C同學注意！我答覆你了。都攝六根，六根統統都不用了，歸到一念清淨，這是念佛法門。普通一般人念佛，不是這樣，以我一輩子的經驗，好多朋友念佛幾十

八月五日第一堂

年，臨死的時候不會念了。

我在台灣有很多好朋友，有學問、有地位，到死的時候最後一口氣不斷，他的家人跑到我家裡跪著痛哭，老師啊！他就是等你啊！要你去。尤其有一個朋友，是在冬季的大風雨天，冷得不得了，那時還沒有汽車，兒子孫子一群人坐三輪車趕來，推門進來就哭，我爸爸快要走了，一口氣吊在那裡，就是說要請你去，請你慈悲。我說是這樣啊！那是最好的朋友，好，我去，我去。其實我已經感冒了，只好把衣服穿了，跟到走了，風雨特別大。到了以後看他躺在那裡，我就叫他，我來了。他什麼都不行了，嘴巴張大，快要斷氣了，右手這樣慢慢伸出來，我趕快抓住他右手，垂死的人手是冰的，我說，老兄快走，我來看你，來送你，快走吧！他眼睛在裡頭轉一下，我說念佛啊！他的手還有反應，抓我一把，意思我懂了，唸不起來了。

我就痛罵他一頓，我說你搞些什麼？這個時候不是嘴巴，不是氣，也不是聲音，你心中一念清淨這就是佛啊！淨念相繼，你懂了嗎？他就放鬆一把，就有這個感覺，他懂了。我就抓住他頭頂的頭髮說，我幫你唸佛，他們家裡的人站在旁邊哭哭啼啼，我說不要哭了，統統一起唸南無阿彌陀佛……哎唷，我也很累，又有點傷風，抓著這個快死的人的手唸了五十多分鐘。我說快走啊！走了。我叫他兒子，燈草有沒有？雞毛撣也行，放在鼻子上一點都不動，我說走了，好了。我把他的手放在胸口，老兄，快去，再來。給你送行半天，我累死了。那個快死的時候，房間也髒，味道也不好受。我剛出來去客廳，走到他的房間門口，那個電燈一下滅了，我心裡想你家裡電線怎麼搞的，一下又亮了，離開他的房間到客廳還要轉個彎，走到轉彎的地方，電燈又滅了，一下又亮了，到客廳我往椅子上一坐，電燈又滅了，然後又亮。我說你走就走了，不要再打招呼了，我早知道，快去吧，往生西方極樂世界去。燈不再閃了，真有這個事。

一般人到臨死時一口氣提不上來，咒子佛號根本唸不出來，到最後這個淨念與佛號無關，念佛把心和佛號綑到一起，綑到最後，念佛之念也沒有了，「念而不念，不念而念」，沒有佛號了，這時意識狀態清清楚楚，忘記了身體，這才是唯心淨土、淨念，一念不生、淨念相繼的佛境界。不然你到最後還唸得出佛號嗎？那時只有害怕與難受，修淨土要懂這個道理。

# 第二堂

## 再三說念佛

淨土法門我還沒有交待完，你們念佛注意一句話，真心中有佛，什麼是佛？《觀無量壽經》講有形有相的佛，但阿彌陀佛誰也沒有見過，當年在上海流行有一張阿彌陀佛的立像，面部圓圓方方，非常莊嚴，站在蓮花上。你心中有這個念，如果一口氣不來要死的時候，連這個佛像的影子也念不起來了，你心中就帶到一個佛的觀念，這叫念佛。注意！一般認為口唸阿彌陀佛才是念佛，嘴裡要唸出來，那是口唸，真的念佛是心念，就是心中有個佛的觀念。我們要死的時候，第六意識分散了，氣沒有了，念不起來，第六意識與嘴巴都不起作用，如果鼻子裡再插上管子，喉嚨開了刀抽痰，但你還沒有死，你那個沒有死的知覺，那一念，想到佛的觀念，那叫念佛，注意這一點。這個時候不能要求自己聽到唸出南無阿彌陀佛的聲音。

那麼現在的佛教團體裡，臨終助念時在旁邊放一個唸佛機，你雖然聽到聲音，也唸不出來，那就不要管聲音，其實臨死以前這個唸佛機雖然在你旁邊，可你聽到是很遠很遠，很細的聲音，所以要開大聲。這時助念的人要提起他注意念佛，是心裡帶有佛的這個觀念，跟到這個觀念離開身體走了，其他不管了，拋棄這個身體，只有佛這一念，必定得好生，除非你不相信三世因果。這樣再來投生，不容易迷路，生出來的環境、智慧，一切不同，這叫念佛。我這個話是不是交待清楚了？

第二，我們健康時修念佛法門，拿道家《黃帝內經》而言，一切法門要懂得精氣神的道理。昨天提到張三丰的詞「人老原來有藥醫」，道家說上藥三品神與氣精，注意精氣神這三味藥，不是草木，也不是化學物品，是精神跟意念。上藥只有三味，神與氣精，千萬注意，你不要有個宗教觀，認為那是道教的話，那你錯了，這是生命科學的道理，也牽涉到念佛與持戒的關係。我也再三講到男女飲食，這與煉精有關，精神、體能，生命的一切能量來自精。如男女性交的摩擦，那是大運動，比跑步、打拳還吃力，靠兩性生殖器的摩擦，發樂、發電、發熱，最後一剎那之間完了，出來的精液是性交動作提煉到的精華，集中到精囊，啪，一下釋放了。為什麼別解脫戒首重淫戒，就是這個道理，與修持息息相關。這裡還有很多人都會漏丹，就算沒有太太，自己會夢遺，精漏了。精也可以使它不漏，身上有個道理，I同學研究針灸穴道，其中有個關鍵，意念一點就使它停住，這是密宗、道家的祕密。如果沒有這些外漏，比如今天大家在這裡打坐，越坐精神越好，你已經在煉精了，因為大家都在守戒，心念不向外跑了。

念佛法門是在煉氣，同時保持注意力放在念佛的聲音上，那是煉神。念佛這個念，也就是我剛才講的那個臨終念佛，與煉神有關，包括密宗修各種各樣的觀想，也是煉神。所以我們中國傳統教育孩子們朗誦，像我們當年讀書是朗誦，要唸出來，與念佛法門一樣，不像現在人是看書，那不是讀書，讀書完全要朗誦，也就是修精氣神。你們剛才唸南無阿彌陀佛，好像有一兩個只聽不唸，偷懶不想唸，其實是什麼原因呢？你自己不知道，那是病態，心氣打不開，肝氣也不舒服，不想張嘴，那是病態。為什麼我講話聲音比較大？氣打通了的關係，聲帶喉嚨這裡是生死關，一口氣不暢，結在這裡，這裡的骨節有十二節，道家稱作十二重樓，這十二節是軟骨，很脆弱的，假使練拳時一掌碰到這裡，算不定就斷氣了，所以是生死之關。

學佛首先要清楚生理結構，佛能知一切法，菩薩修五明要懂醫方明，你們兩位博士很聰明，很能幹，可是別的學問要了解，不要只會循規蹈矩，學了醫方明以後，配合修持就懂得生命了。有的人不喜歡唸佛，只喜歡聽，那就走觀音法門的路，越聽心裡越清淨，自己不唸，佔大家唸佛的便宜。現在科學的發展很快，以前科學認為光速最快，聲音沒有光快，不過現在自然科學也在懷疑，究竟聲音真是那麼慢嗎？我看現代科學還靠不住，光速與聲速應該是同等的快，因為光也是一種動能，能量波動的時候，一定有聲。這是光和音的關係，所以觀音法門修成了，一個眾生輕輕在肚子裡發個聲音，菩薩已經知道了，不然聞聲救苦救難，那不是完全騙人嗎？現在自然科學還不相信，譬如我們坐飛機到了幾千尺以上的高空，那裡本來沒有風，但飛機快速運動，而有破空之聲，這個聲音與運動是同步。老子說「大音希聲」，我們的耳朵聽不見最高的音波，那是大聲，同光速一樣快。

有些人喜歡聽唸佛聲、引磬聲，自己一下得清淨定了，清淨也是一種定，接近初禪的稱作未到定，換句話是欲界凡夫的世間定，那麼觀音法門叫你聽音聲，觀音聲而入道，或者是高山流水，風吹草動，或是海潮蟲鳴，佛號咒音，一切聲音都是生滅法，也同呼吸法一樣，來去生滅，並不永恆，是由聲波帶動物理能量變化的道理，我們常說一個歌星的音色好不好，音量質地都與聲波相關。

## 金剛薩埵法

好多年前我在南普陀都講過，念佛「都攝六根」，眼耳鼻舌身意統統歸於一念，念南無阿彌陀佛，那是精氣神的鍛煉。在我這裡沒有密宗，所謂密宗那是方便法，道是天下的公道，佛菩薩如果還有祕密不肯傳授，那還叫佛菩薩嗎？金剛薩埵修法是密宗的大法，紅教、白教、黃教都要修這個法門，越是大法越簡單，同科學、哲學一樣，到了最高都是很簡單的。金剛薩埵就是普賢如來，普賢菩薩、文殊菩薩、觀音菩薩、地藏菩薩都是過去佛，現在因為釋迦牟尼佛來作教主，他們冒充學生來捧場，抬轎子的。普賢如來的根本咒就是三個字，嗡、阿、吽。古典印度瑜珈非常注重這三個聲音，通過心氣歸一，打通喉輪的氣脈。

「嗡」引發頭部共振，也代表宇宙太空。有時候耳朵矇住了，內在嗡嗡發響，每個人都有這個經驗。

「阿」是胸部音，包括從喉輪到心輪，橫膈膜以上，阿是開口音，在華嚴字母中哈、呵都屬於阿的音，一切生命，生下來只要一開口，第一個聲音一定是「阿」，有些人把阿彌陀佛唸成俄彌陀佛，聲音是收回來的，不對了，阿是開放的，無量無邊的光明展開。俄是下沉收回，錯誤了，阿這個音一念，一定是喉部打開，貫通胸腔。

「吽」是丹田音，短促有力，從肚臍下到海底，包括前列腺、生殖器這裡，震動內在的氣脈。

密宗除了唸百字明，最常見的是唸六字大明咒，嗡嘛呢唄咪吽，開始一定是嗡，最後是吽，阿在中間變化很大，中間是阿的變化音，就是胸部音，這也是很重要的音聲瑜珈，印度的瑜珈師非常注意，做瑜珈運動以前嗡……嗡……嗡……發很長的聲音，先把頭部脈輪疏通。

道家也有這樣的工夫，修仙煉氣在這六個字轉，嗡是帶鼻音的，嗡……就這樣整個宇宙都矇住一樣，像我們全體一唸嗡，內外一切都共震。阿……統統張開了，但不是故意震開聲帶。這裡你注意，知息入知息出，知息長短，息跟聲音連著，耳朵聽聲音。老年人兩個耳朵為什麼聽不見？耳通氣海，下面元氣衰虛，耳朵就聾了，我常常見到有的老朋友耳朵聽不見了，重聽。我說恭喜啊！耳朵封住聽不見世事，比較長壽，但他氣不夠用了。耳通氣海，氣海發聲與宇宙溝通，不過人耳聽不到宇宙的大音。唸佛唸咒要清楚觀音法門，你的心念不收攝回來注意自己的聲音，眼睛還在看外面的東西，精神分散就不行了，所以眼光要回轉來，耳朵聽音聲，心裡不要亂想，就注意這個佛號，南無阿彌陀佛……南無阿彌陀佛……都攝六根，身口意三業都收攝了，這與知息入知息出、知息長短都有密切的關聯。所以你唸久了有時候不肯下座了，原來唸幾句就想換氣了，氣不夠了，越唸久了，氣就很長了，你就體會到氣息的長中之短，短中之長，這是與生命關係深刻的念佛法門，必須注意身體氣息的關聯。

## 科學與佛學　大乘與小乘

下面宏達唸他們昨天的報告，都很精彩。

**馬宏達唸Q同學的報告：**南太老師慈鑒：天文學家描述宇宙的誕生是起因於一百四十億年前的大爆炸，之後宇宙便不停的膨脹，到現在宇宙的直徑已經有二百六十億光年，光年就是光行走一年的距離。如果真有一股讓宇宙不停膨脹的動力，這股動力當然屬於風大，同時這一股莫名其妙的動力的根源也可說是無明所造的。《楞嚴經》中瑠璃光法王子說「觀此世界及眾生身，皆是妄緣風力所轉，我於爾時觀界安立，觀世動時，觀身動止，觀心動念，諸動無二，本無差別」。

**師**：東方如來，藥師佛前面的大菩薩。

**馬宏達補充說明**：他說「觀界安立」，譬如色聲香味觸法這些都是界，眼耳鼻舌身統統都是界，界就是有區分的，有範圍的東西，這所有一切的現象。「觀世動時」，這個過去，現在，未來的變化，是時間的變化。「觀身動止」，這個身體行動或者停住，行住坐臥這一些。還有「觀心動念」，這個心裡的情緒、思想這些。「諸動無二」，所有的動跟物理世界的動，心裡整個的動都是動，不同的形式而已，其實都是動態，無差別的，這些都是一個動力，風大的表現。

**馬宏達唸**：如果有一天這股宇宙的動力由膨脹改為收縮，一切星球的軌道恐將出現重大的位移，重心失去平衡，這也許就是昨天所說的風劫吧！此外以心逐境的看到宇宙在膨脹，若將自心歸元以後，所看到的世界，只是心意識變現而已。現在地球的大氣層出現破洞，造成地球的溫度升高，南北極冰山融化，全球氣候改變，這些都是火劫，水劫與風劫的徵兆。初禪到三禪都會受到三劫所摧毀，是因為未能了解物理世界的本性所致，物理世界原本就在成住壞空中。但物理學理論講物質可以轉為能量，能量能造成物質，與今天下午太老師說的四大本質不生不滅相類似。所以物理世界的四大經過此三劫之後，還是不多一點，不少一點。初禪到三禪之所以避不掉三劫是因為還執著於喜受和樂受，只要放棄這種執著就會知道原來火也好，水也好，風也好，都是自性所造，便超越了三劫。但是要捨棄這種妙樂談何容易，因此非具備強大的心力，歸到普賢行願不可。

太老師昨天說大乘是普及教育，小乘是別解脫道，末學曾讀善財童子五十三參，由德雲比丘到善知眾藝童子，全是屬於不可思議境界，但是善知眾藝童子之後的幾位善知識及其法門卻帶有幾分小乘的味道。過去末學對此感到疑惑，聽了太老師解釋後，猜想可能是小乘修法的不可取代性。

昨晚太老師介紹了天台宗的六氣，可分別對治人體五臟及三焦，但人體何止此六部位，宇宙何止此六氣，以華嚴四十二字母為例，字字皆可歸入法界性海，乃至一切音聲都是如來藏自性所現。太老師，對嗎？（老師的批語是，有見識，說得對，不枉學科學和佛學，可喜可喜。）

**師**：但是有一點你要注意，《華嚴經》無量三昧的基礎都在小乘，這個祕密給你講穿了，願力就是行為，工大配合願力，願力的作為就放大了，這一點要注意，懂了吧！你們兩位學科學的博士，結婚沒有？

**答**：結婚了。

**師**：兩個人都結婚了啊！也都有孩子了？

**答**：沒有。

**師**：你們兩個人是怎麼摸上這一條路啊？這一條路是很寂寞的，非常寂寞，慢慢來吧！我常常叫你們留意《西遊記》中寫孫悟空訪道的那首詞，講得真好。

試問禪關，參求無數，往往到頭虛老。

磨磚作鏡，積雪為糧，迷了幾多年少？
毛吞大海，芥納須彌，金色頭陀微笑。
悟時超十地三乘，凝滯了四生六道。
誰聽得絕想崖前，無陰樹下，杜宇一聲春曉。
曹溪路險，鷲嶺雲深，此處故人音杳。
千丈冰崖，五葉蓮開，古殿簾垂香裊。
那時節，識破源流，便見龍王三寶。

「曹溪路險，鷲嶺雲深」，曹溪就是六祖惠能大師弘揚禪宗的地方，「此處故人音杳」，走這條路將來一個朋友都沒有，很寂寞的。「試問禪關，參求無數，往往到頭虛老」，你不要誤進去了。這一首詞與《紅樓夢》首篇的〈好了歌〉及《三國演義》開頭的〈西江月〉，都是古典文學的精華，你們都要留意。

我講過大乘菩薩是普及教育，這個意思與現在的教育普及不同。入世作帝王事業，一般人看不出來他在修行，他內在完全是小乘工夫的基礎，打得很穩，外行是看不出來的。中國道家文化講混俗和光，老子的話是和光同塵，大乘道同一般俗人一樣，你看不出來他在修行，乃至搞政治很凶狠，那可能是大菩薩道五十三參的境界，這一條大道很難。小乘之路出家專修，先自己求證，大菩薩都是大阿羅漢轉身，如果沒有小乘這個基礎，沒有這個本事，你何談入世救人。

Q同學的報告引用瑠璃光法王子的修法，也是修安那般那。《楞嚴經》上有四位菩薩的報告都是關於呼吸法門，一位是香嚴童子，一位是孫陀羅難陀，一位是瑠璃光法王子，一位是周利槃陀迦。

# 第三堂

## 瑠璃風大

現在補充Q同學提出的瑠璃光法王子，瑠璃光佛就是藥師佛，像瑠璃一樣光明的東方淨土，《大藏經》裡佛介紹了很多東方佛，一般佛教徒只曉得西方阿彌陀佛，因為沒有看過《大藏經》，東方阿閦佛、瑠璃光佛、還有無量的佛都在東方。

瑠璃光法王子，即從座起，頂禮佛足，而白佛言。我憶往昔，經恒沙劫，有佛出世，名無量聲，開示菩薩，本覺妙明，觀此世界，及眾生身，皆是妄緣，風力所轉。我於爾時，觀界安立，觀世動時，觀身動止，觀心動念，諸動無二，等無差別。我時覺了，此群動性，來無所從，去無所至，十方微塵，顛倒眾生，同一虛妄。如是乃至，三千大千，一世界內，所有眾生，如一器中，貯百蚊蚋，啾啾亂鳴，於分寸中，鼓發狂鬧。逢佛未幾，得無生忍，爾時心開，乃見東方不動佛國，為法王子，事十方佛，身心發光，洞徹無礙。佛問圓通，我以觀察風力無依，悟菩提心，入三摩地，合十方佛，傳一妙心，斯為第一。

你看中國文字四字一句，寫得很漂亮。他從座位上站起來，向佛磕個頭，開口報告「我於往昔，經恒沙劫，有佛出世，名無量聲，開示菩薩，本覺妙明。」本體本來清淨，個個是佛，本來個個已經成功了，一切眾生的本來自性在學理上叫本覺，而我們突然一下開悟了那叫始覺，開始覺悟了。始覺覺個什麼？現在開悟了，覺個本覺，本來你就覺悟的，不過迷糊了，佛學的名稱你懂了，不要被名辭困住。自性本來清淨，本覺自性妙不可思議，一片光明。

瑠璃光法王子說，因此佛教我們修止觀，自己反觀自己，「觀此世界，及眾生身，皆是妄緣，風力所轉。」要自己反觀整個的物理世界同我們的身體內部，都是一股妄緣，不是妄想哦！我們生命一開始那個妄動的力量，就是昨天講《楞嚴經》的「元明照生所，所立照性亡」，這個就是妄緣，就是抓住宇宙生命這個動力，佛把這個動力叫作風，「風力所轉」，你不要被風騙住了，就是能量。「我於爾時，觀界安立，觀世動時，觀身動止，觀心動念，諸動無二，等無差別。」界是方位、空間，本來是圓滿的，沒有東南西北，那是人為的安立，世界也沒有過去未來，時間是人為的區分，都是動作的關係，反觀自己身體能夠講話運動，總而言之就是一個動能，與行陰的動力，沒有兩樣，都是能量在變動，能變量變，然後變成知見了。

「我時覺了，此群動性，來無所從，去無所至，十方微塵，顛倒眾生，同一虛妄。如是乃至，三千大千，一世界內，所有眾生，如一器中，貯百蚊蚋，啾啾亂鳴，於分寸中，鼓發狂鬧。」這個動力的發生是靠能量，也就是這一股氣，其實是虛妄的，真空生妙有，來無所從，去無所至，等於電一樣，我們平常說不要浪費電源，其實從本體上而言，電源既沒有生起過也沒有浪費過，本來不動，那個能，來無所從，去無所至。佛說看十方所有物理世界、精神世界的一切「顛倒眾生」，自己搞顛倒了，「同一虛妄」。他工夫到了，這個觀是般若智慧，甚至看到一個佛的三千大千世界，所有眾生等於一個桶裡裝了許多蚊子，亂飛亂叫。「於分寸中」，分寸是每個眾生的心，中國人形容心窩子，「鼓發狂鬧」，自己動念，就起了那麼多雜念。

「逢佛未幾，得無生忍。」他聽了佛說明的道理，經過自己反觀智慧求證，開悟了，那不是當時開悟，還是通過漸修到頓悟，證到無生法忍，生而不生，動而不動，一切清淨自然的菩薩境界。因為得到無生法忍，一念不生全體現，生而不生，一念不生清淨了，大徹大悟。「爾時心開」，心開了以後，自心證得神通，「乃見東方，不動佛國。」在東方的佛有很多啊！有一位不動佛，就是瑠璃光佛，寂然不動，一片光明。因為他有這個修行的功德，就變成瑠璃光藥師佛的法王子，「事十方佛」，常常作代表到十方世界服侍一切的佛。他說這個工夫是通過觀風大作用，「身心發光」，身體和心裡發光，「洞徹無礙」，內外像玻璃一樣透明，就是這個道理。注意哦！昨天跟你們講安那般那，你真做到了知息徧身、除諸身行，同密宗修氣、修脈、修明點、修拙火一樣，身心轉變像瑠璃體一樣，一定是「身心發光，洞徹無礙」的境界。

佛讓大菩薩們報告證到大徹大悟的圓通法門，每一條路都是個圓圈，從哪一點可以進入呢？瑠璃光法王子的報告是以觀察風力無依，來無所從，去無所至，因此悟到菩提無自性，進入三摩地，工夫達到定境。「合十方佛，傳一妙心。」十方佛只傳一個法門，就是釋迦牟尼佛講的「正法眼藏，涅槃妙心」，「斯為第一」，他說我認為修風大這個法門很簡單，這是大小乘的基礎。密宗裡有一個修法，你們沒有真正學過密宗，現在有些人亂傳貢噶師父的「那諾六法」，我聽到就笑，當年翻譯成《六成就法》，是我帶到台灣，後來讓蕭天石印出來。六種成就第一種是氣脈成就，就是報身轉成瑠璃光身，第二種是幻觀成就，第三種是夢成就，通過修夢可以悟道，夢是夢，幻是幻，都是很科學的。第四種是淨光成就，第五種是中陰成就，第六種是頗哇成就，往生西方。都是從修呼吸法開始。這個瑠璃光法門，就是我昨天講的修到知息偏身、除諸身行以後，觀自己十萬八千個毛孔，跟法界宇宙的光往來，是彩色的光明，慢慢整個身體都變成彩色瑠璃光，這是密法。

## 孫陀鼻識

孫陀羅難陀，即從座起，頂禮佛足，而白佛言。我初出家，從佛入道，雖具戒律，於三摩提，心常散動，未獲無漏，世尊教我，及拘絺羅，觀鼻端白。我初諦觀，經三七日，見鼻中氣，出入如烟，身心內明，圓洞世界，徧成虛淨，猶如瑠璃。烟相漸銷，鼻息成白，心開漏盡，諸出入息，化為光明，照十方界，得阿羅漢，世尊記我，當得菩提。佛問圓通，我以銷息，息久發明，明圓滅漏，斯為第一。

另外一位是佛的弟子孫陀羅難陀，「即從座起，頂禮佛足，而白佛言。

我初出家，從佛入道。」他是跟釋迦牟尼佛剃頭當了和尚，「雖具戒律，於三摩地，心常散動，未獲無漏。」雖然當了和尚，修禪打坐，根本沒有定的境界，心頭散亂，妄念多得很，沒有達到一念不生全體現，都是有漏之身。佛可憐教他及拘絺羅兩個人，「觀鼻端白」，先看鼻孔前面這個地方，守到這裡觀察呼吸，鼻端哪裡有白？你把眼睛閉到看，有一點反應，許多人不知道呼吸，所以先守這裡，雖然是最笨的路線，但是非常實際。「我初諦觀，經三七日，見鼻中氣，出入如烟。」我開始聽佛的話修觀，經過二十一天專修，看見呼吸實際像是一股烟進來、出去，當然不是香菸的烟，就像你們冬天呼吸出來的白氣，但是有工夫的人，身心寧靜了，看見鼻息如烟的真實境界，「見鼻中氣，出入如烟。」這個時候心很專一了，「身心內明，圓洞世界。」這就是除諸身行，沒有身體的感覺了，心裡沒有妄念，心氣合一圓滿，空空洞洞，整個世界「徧成虛淨，猶如瑠璃。」這個境界一片空虛，整個宇宙就是一股氣乾乾淨淨，像玻璃一樣，同瑠璃光法王子得到的境界類似，也稍有不同，這是第一步，有形有相。

在密宗又產生一個觀明點的方法，你說老師你教我，我那麼容易教你？你們冒充學佛騙我玩玩可以，要我真教你，你憑什麼？你能夠放下專修嗎？到我禪堂裡關你三年兩年，做得到嗎？就像V同學一樣，發願閉關一年，七個月就跑了。

接下來，「猶如瑠璃，烟相漸銷。」更進一步，有相的境界完了，光明沒有了，空了，鼻息成白，呼吸往來一片白光，一片光明還不算數啊！這是講工夫，沒有什麼了不起。工夫到了這裡，你不要被騙了，後面的要緊，「心開漏盡」，明心見性了，大徹大悟，得漏盡通，證得大阿羅漢無漏境界。到了這個境界工夫又進步了，「諸出入息，化為光明。」還在呼吸啊！呼吸出來進去，一片光明，而且變成本身的光明，照徧十方世界，內外合一，超越了大自然的光明。「世尊記我，當得菩提。」佛就給我授記，你到另外一生成佛，證得阿耨多羅三藐三菩提。所以佛現在要大家報告經驗，問我怎樣證入。注意哦！「我以銷息，息久發明，明圓滅漏，斯為第一。」注意這一點，由知息進出，最後不進不出，得了定境了，有相的呼吸與心念配合變成無漏的境界。「息久發明」，這個氣息定住了，把握在那個境界，這時呼吸變成有形的光明，心性是一念不生，與無相的光明合一。「明圓滅漏」，因此一念不生全體現，六根不動了。「斯為第一」，我認為修安那般那出入息法門是最好的，容易證入。

孫陀羅難陀報告的，「經三七日，見鼻中氣，出入如烟。」都是實際的工夫哦！這不是空洞的哦！你不要隨便唸過去了，這是佛與大菩薩很莊嚴的對話，都是實際的工夫。

## 香嚴烟塵

香嚴童子，即從座起，頂禮佛足，而白佛言。我聞如來，教我諦觀，諸有為相，我時辭佛，宴晦清齋，見諸比丘，燒沈水香，香氣寂然，來入鼻中。我觀此氣，非木非空，非烟非火，去無所著，來無所從，由是意銷，發明無漏，如來印我，得香嚴號。塵氣倏滅，妙香密圓，我從香嚴，得阿羅漢，佛問圓通，如我所證，香嚴為上。

菩薩都是童子，一者，年少入道稱童子，十幾歲就開悟，中國歷代很多祖師自幼就出家修道。二者，無論男女年紀大小，到了第八不動地以上菩薩一切無漏，都稱童子，所以文殊菩薩也稱文殊童子，返老還童了。不是講形體哦！那是心的境界。這是香嚴童子的烟氣修法，所以有人問，老師你還抽菸啊？我說我在燒香，譬如現在四川有一位老和尚，一百多歲了，我前天告訴一個朋友，你代表我去看他，買一條好烟給他，就說南老師叫我來給你燒香。香嚴童子是燒香的，「即從座起，頂禮佛足，而白佛言。」他由小乘轉向大乘，「我聞如來，教我諦觀，諸有為相。」他說我碰到你老人家教我的方法，仔細觀察一切有為相，就是世界上一切物理、一切動作、一切作為，觀察世間一切相，把這些有為都看清楚。「我時辭佛，宴晦清齋。」他年輕智慧高，佛只教這樣一句，他告辭以後，找個地方專修去。

「宴晦清齋」四個字很重要，你注意哦！什麼叫宴坐？龍樹菩薩在《大智度論》上說什麼叫宴坐？不依身，不依心，不依亦不依。一切放下，不依身，不用這個身，不依心，念頭也不管，妄念一切放下。有個空的境界嗎？空也丟了，不依也不依，是名宴坐。這就是定的一種境界，他說佛跟我一講，我就找個地方專修了。宴晦，自己躲起來閉關，不跟人往來。清齋，飲食也少，乃至不止吃素，心裡清清淨淨，一切放下。

現在點香供佛，古代彈琴也好，讀書也好，書房裡點一支香，因為以前沒有發明空氣清潔器，靠點香把污染的空氣稍微換乾淨一點。他說我見很多的比丘都燒沉水香。沉香放在水裡會沉到底，拿出來很重，但是燒起來香味更重。「香氣寂然，來入鼻中。」上等沉水香看不出烟，但那個香味衝到鼻子。耶！這是個話頭，「我觀此氣，非木非空。」沉香木不燒沒有香啊！燒出來才有香，木頭沒有香，你說沒有香嗎？香味明明是從木頭裡來的，普通沉香木不劈開不燒沒有香味，把它劈開一燒，香味來了，所以這個香味是非空非有，「非木非空，非烟非火。」緣起性空。你注意，佛叫他「觀諸有為相」，他很聽話。所以止觀就是這樣智慧的觀察，一樣開悟得道。他說「我觀此氣，非木非空，非烟非火。」烟味裡頭沒有東西，香氣好像一股氣，抓住一摸也沒有東西，沒有實質，這個木頭沒有火燃不起來，也沒有香味，變成烟了，烟裡沒有火。這在禪宗叫參究，「我觀此氣，非木非空，非烟非火，去無所著，來無所從。」香氣衝到鼻子，我聞到香味，同呼吸一樣，進來我知道進來，出去我知道出去，沒有實質，真空妙有，緣起性空。「去無所著，來無所從」。從哪裡來？沒有來處，一切皆空。注意四個字「由是意銷」，一切意念放下，第六意識分別心妄念不起，第七識也跟著銷落，一下悟道了。「發明」這個辭就是來自佛經，開發明白了，自己打開自己的智慧，萬緣放下，一念不生得無漏。

所以佛很高興給他起了一個法號香嚴，香氣莊嚴，「塵氣倏滅，妙香密圓」，物理世界的塵勞煩惱都是一股氣，一下就空了。空氣裡有很多味道，有臭有香，有不臭不香氣。順帶提到道家有個很厲害的〈金光神咒〉，其中有一句「天地玄宗，萬氣本根」，氣是物理世界一切的根本，氣滿明發，要學會把自己的光明保護起來。「塵氣倏滅」，一下空了，這就是真正的祕密。「佛問圓通，如我所證，香嚴為上。」他說佛啊！你叫我報告，我是觀察聞香悟道證得阿羅漢，這是香嚴童子的經驗。

## 周利鼻根

周利槃特迦，即從座起，頂禮佛足，而白佛言。我闕誦持，無多聞性，最初值佛，聞法出家。憶持如來，一句伽陀，於一百日，得前遺後，得後遺前，佛愍我愚，教我安居，調出入息。我時觀息，微細窮盡，生住異滅，諸行剎那，其心豁然，得大無礙，乃至漏盡，成阿羅漢，住佛座下，印成無學。佛問圓通，如我所證，反息循空，斯為第一。

另一位周利槃特迦，這是個非常笨的老實人，年紀老大才出家，他修安那般那證得神通，還保護佛陀。「即從座起，頂禮佛足，而白佛言，我闕誦持，無多聞性。」你們這一邊的同學注意，不讀書的笨人，記憶力也不好，學問就叫多聞。「最初值佛，聞法出家。」他笨人一個，因為碰到佛陀老人家，恭敬信仰跟隨出家，「憶持如來，一句伽陀，於一百日，得前遺後，得後遺前。」佛告訴他念一個偈子，記得後面一句，忘記了前面一句，記得前面一句，忘了後面一句，一百天當中一個偈子都記不住。「佛愍我愚，教我安居，調出入息。」佛看我太笨了，太可憐了，他說你不要念經念咒了，找個地方清淨打坐，觀察呼吸，看自己鼻孔裡的呼吸總會吧！「我時觀息，微細窮盡，生住異滅，諸行剎那，其心豁然。」他說我看鼻子裡頭的呼吸，所有微細的變化，每一分鐘有多少呼吸，都搞清楚了。呼吸是靠不住的哦！是生滅法，來了一下又出去了，有生滅就有生死。住就是存在，一口氣進來有剎那的存在，同時新陳代謝在變化，很快氣息放出去了，放出去又來，他這樣參究呼吸，了解到一切生命都是氣的作用，有氣的生住異滅，就有生老病死。發現「諸行剎那」，一切運行都是無常，靠不住的剎那，於是一下開悟了，「其心豁然，得大無礙。」一切都沒有障礙了，心無罣礙，發起神通，

「乃至漏盡，成阿羅漢。」

他一個字不認識，而且非常笨，年紀也大了，跟佛走這個路線，修行證果，後來跟在佛的旁邊，還保護佛呢！「住佛座下，印成無學。」無學就是阿羅漢，不須要再學了，到家了。「佛問圓通，如我所證。」依我的經驗，四個字「反息循空」，由呼吸法門修起，修到氣住脈停，證悟空性，一切身心皆空了，「反息循空，斯為第一。」

# 第四堂

## 學生的報告

馬宏達唸I同學的報告：老師昨天講修行不能成道，很大的原因是被身見所困，老師講白骨觀是破身見比較快的方法，除諸身行就是六妙門中的還，那白骨觀結合安般法門，是否能較快達到除諸身行的境界呢？因此我在平時也儘量把肉體往外一拋，孤零零一具白骨現前，這時自然就知道鼻腔氣的出入是綿綿若存的。偶爾我會體會一下老師教的腰部的第四、第五腰椎至骶骨一帶，這時會有輕微的暖觸，及輕微的如性生活出精時的快感產生。雖然極輕微，但有種白骨都會融化，歸於虛無的感覺。在觀察呼吸時，我覺得呼吸也是虛幻的，如果有心去做，呼吸就變得很粗，在似有似無之間觀察呼吸自然出入，就特別深長。我想呼吸就是老子說的風箱一來一往，顯然生命本具無限的能量，呼吸只不過是個助緣，人體之為小宇宙。經過老師慈悲的開示，我儘量做到觀察芸芸人事都是具具白骨，不過藉助氣而有種種變化，紛擾的人間有如《楞嚴經》說的，蚊子在瓶子裡嗡嗡叫，提醒我自己不要太執著。白骨安般觀多了，經常有清涼的感覺，覺得萬物都是無常的，短暫的，正如古體詩：「昔年種柳，依依漢南。今看搖落，淒愴江潭。樹猶如此，人何以堪。」生命是短暫的，死亡也許是真正的開始。以上所見不知對否，敬祈老師教誨。

**師**：他這裡有個問題，你再唸第二個報告，我一起補充。

**馬宏達唸J同學的報告**：心物本一元，所以念動則氣動，此念即為「元明照生所」的照（老師在這句話旁邊批：錯了），未動之前渾然一體，非心非物。師常言其中有個東西。念頭動了以後，仍然是一體，只是現象上表現出心和物兩種作用，道家稱之為陰陽，也就是太極生兩儀。所以凡夫與聖人的區別就在於聖人把握了這個東西，而凡夫與聖人雖然有同樣的功能作用，但凡夫卻不知道，被現象所迷惑。這種迷惑就是佛說的妄想，把短暫的現象當成是有，就是佛說的執著，所以佛說眾生因妄想執著而迷失了本來。只要我們有一個觀念就會產生一個作用，形成一個境界，這就是境行果，所以在修證四禪八定的過程中，根據我們的觀念和認識的不同，形成了種種境界，隨眾生心應所知量，循業發現。所以師常說四禪八定的過程是不定的，寧有方所。我們平常的一言一行，一舉一動都有它的境行果。我們今生所受的一切，都是我們一手造成的，怨不得別人一絲一毫，如果有怨就產生相怨的作用，將來又會受到這樣的果報，這就叫作自作自受。誰能當下清淨，這個作用剎那剎那在變化，我們根本覺察不到，所以菩薩畏因，凡夫畏果。師說十六特勝的修持是次第，也不是次第，因為在修證的過程中，知覺和感覺是見和觸兩方面，知覺和感覺之間必然相互影響，一步一步的深入，但能放下與生俱來的對境抓取，也就是知覺不為感覺所動，就不一定按這個程序來變化。以上的這些理解望師慈悲開示。報告完畢。

**師：**J同學的報告說昨天聽了《楞嚴經》，其它的觀點都對，但認為

「元明照生所」的那一照就是念，這個錯誤，重新參過，那個照是非念。自性圓明清淨，靈光獨耀，自然而照，凡夫眾生起心動念在佛學上講是意識境界。

I同學講到白骨觀配合安那般那，一般講到安那般那很容易當成氣功來研究，那是完全錯誤的。安那般那不是一般的氣功，氣功是人為有意去練習呼吸，安那般那講的氣是人在娘胎裡就有的先天氣，是修煉這個先天氣，差別非常大，不要搞錯了。但是修安那般那有時候可以藉用氣功，譬如密宗修光明定，把身體轉化變成一片光明，是從很勇猛的呼吸法開始，你們沒有練過，我也沒有教過你們，這種勇猛的呼吸練法，在道家的神仙丹道叫武火烹煉，用猛火燒菜，修安那般那是文火，慢慢地熏，像飯鍋裡用蒸籠那麼蒸。

另外，I同學講修白骨觀有時候會悲觀起來，沒有錯，你看「四阿含經」，研究佛的一生那很嚇人的，他三十二歲出來傳小乘四念處，念身不淨，念受是苦，念心無常，念法無我，大小乘佛法都是以四念處為根本。

觀身不淨，所以佛傳授白骨觀這個法門，很多人因修白骨觀得道，很多也因此而自殺，自殺也要有工夫的，修氣脈成就有個方法，一口氣不來馬上走了。大修行人的身體假使有病苦，自己氣脈一閉就走了，這是有方法的。有些羅漢修白骨觀，但是還沒有這個工夫，就找同參道友幫忙，把他殺了，那些道友也修白骨觀，看他到了那個程度，就幫他一刀解決了。這些資料，經典上都有哦！所以有人批評釋迦牟尼佛提倡自殺，那是拿到雞毛當令箭。但是小乘經典上明明白白的記錄擺在那裡，佛教並不忌諱當年有這個事，就是I同學講修白骨觀容易到這個境界，不喜歡這個世界，不留戀這個世界，修到想要快點離開，因為這個世界太髒了，太不好玩了。因此在這個時期，釋迦牟尼佛制定一條戒律不准自殺，自殺犯戒是這樣開始的。

那麼他們修白骨觀到了家沒有呢？沒有到家，也不屬於阿羅漢果，可是佛經有這個事實的記載，修白骨觀、不淨觀很容易厭煩這個身體，很容易厭世，覺得這個生命活著毫無意義，很髒很亂。這要搞清楚，白骨觀是非常必要的基礎，但是不要被境界騙住了，此其一。

修不淨觀、白骨觀還有一個經驗，我告訴你們，會修到真的聞到自己一身都是臭的，很臭很髒，而且不願意見人。所以我就學會抽香菸，每個人過來都臭得不得了，有餿水的臭味，就是廚房裡的剩菜剩飯放在缸裡泡久了的那一種臭味。每個人身上都有，年紀大的人身上還有屍臭味，就是殯儀館裡屍體的那個味道，很可怕的。這不是講理論哦！我吩咐你們，修不淨觀會遇到這個現象，這個時候念頭如果不轉化，就被境界騙去了，真是會自殺的，這就不對了。不過，有人還喜歡吃臭豆腐呢，臭歸臭，人身上那個氣味比臭豆腐還要臭。

但是這個時候你修安那般那、白骨觀修好了以後，呼吸會停一陣，忽然有時你會聞到香味，明明沒有點香，甚至在最髒最臭的地方，你忽然聞到一股檀香的味道，自然來的，到處都有。告訴你們我的修持經驗，甚至自己大小便以後，怎麼搞的？沒有臭味，卻聞到一股檀香的味道，真有這個經驗哦！也不要被境界騙走了，認為自己就是菩薩了。

# 發起報身息

我們現在回過來講十六特勝，昨天講到知息入、知息出、知息長短，有的人自己還搞不清楚呼吸，所以經典上講利根之人有智慧，能夠見到呼吸，這個見不是眼睛看見，而是智慧的觀照，鈍根的人連呼吸都搞不清楚。要修到知息徧身，那相當高明了，你做工夫到這個階段，飲食就要少了，最好腸胃常空，那很容易得定，會有樂感。長養息的這個階段，佛用六種現象比喻說明呼吸的長短作用，怎麼叫息長？怎麼叫息短？到了知息徧身的時候，報身息起來了，佛經稱報身息，魏晉以後的道家稱為胎息，就像嬰兒在娘胎裡頭一樣，口鼻自然沒有呼吸，身體會長大，也不是肚臍在呼吸，可是這個生命功能，在身體下部會有一種動力作用，這個就是報身息了。所以我們打坐修行，不是你們普通這樣唸唸咒子，坐在那裡打妄想，心粗氣浮，還有你們唸佛唸咒，拚命快唸，唸得很緊很密，這叫作「氣急敗壞」。這四個字懂吧？心粗氣浮，急唸敗氣，要自然的氣息配合，聲音是柔和的，這個重點要

八月五日第四堂

搞清楚。

到了報身息起來，這個時候知息偏身不是外來的呼吸，而是內在充滿了。我給你們講，道家也是在這幾部經典來了以後，總結胎息的修行經驗，這在佛家屬於報身息，還不是唯識宗所引用根本依的那個根本氣，還不是入胎的那個根本。平時你們不管是念佛還是修密，打坐時偶然也碰到這個報身息的境界，有沒有經驗啊？（眾答：有。）

有時候不一定這樣明顯，感覺到內息動了，那裡或者動一下、震一下，甚至有時候打個嗝，你要認得這是報身息要開始了，知息偏身的階段快要來了，這時最討厭胃裡有東西了，胃已經很髒了，腸子更髒。中醫區分腸病與胃病，而胃病的根本在脾，胃是個袋子，雞肫大家都吃過吧？雞肫不是有一層薄薄的黃皮嗎？那個屬脾的關聯作用。胃的健康與否同脾關係很大，西醫治胃病，有時候把胃切掉一半，甚至切了三分之二再縫好，胃自己還會長回來，但這個脾拿掉就不行了。食物經過脾胃的消化，到了小腸大腸變成大便，我們每天都排泄乾淨沒有？沒有。腸子裡有多年來累積的大便遺留，叫作宿便，同上面的食道一樣不乾淨，從而導致喉嚨不好。譬如這裡的W同學和M同學，喉嚨聲帶都有問題，喉輪的氣脈不好。比如我們天天拿玻璃杯泡牛奶，喝完了牛奶你不要洗，日久那個玻璃杯變成什麼樣了？玻璃還透明不透明啊？一層白的。我們每天通過食道管吃多少東西，從來沒有清理過，腸子更不要講了，而且腸子是轉彎抹角的，所謂九曲迴腸，那更沒有清理過。印度瑜珈有洗胃、洗鼻、通腸的方法，腸胃完全清淨了，你就容易得定。

密宗的密勒日巴祖師，多年在山中修苦行，沒有吃的，後來練到身體飛起來。再看虛雲老和尚的年譜、憨山大師的年譜，一個人住茅蓬自己煮點東西吃，還沒有做好，自己想坐一下，結果一坐多少天過去了，鍋裡的東西都發毛了。這就說明都是腸胃最乾淨的時候，容易得定。

另外，譬如我的老朋友厚黑教主李宗吾，當年我們年齡差得很遠，他學問非常好，道德也非常好，故意講面厚心黑，那是罵人的。他是自流井人，我在他家裡住三天，他沒有吃過一餐一口飯，光喝酒，自己家裡做的糯米酒。我說你怎麼不吃飯？我喝酒就好，還用吃什麼飯？那時候我年輕，說這不是瞎扯嗎？他說你怎麼搞的，這個酒是糯米做的，很乾淨，用這個水份可以清理腸胃。

修到知息偏身，報身氣才發起，跟著四加行一定會有，煖、頂、忍、世第一法。任何人得定了，知息偏身的時候一定會得煖。X同學今天告訴我，他從來沒有唸過佛，今天跟著大家唸佛，唸出一身汗，比勞動還厲害。他不曉得這是得煖了，得煖以前先發汗。頂，頭頂會發脹，就是感覺上面有一個門敲不開一樣，蓋住了，很難受，要使氣沉下來，當然懂得一點醫藥幫助更好，打坐頭頂發脹發麻，這個階段對治的方法只好修白骨觀，注意腳底心、腳趾頭，把氣引下來，忘記了這個頭，要是定力好，一下就引下來，這是氣的作用。

知息偏身可以做到身體的每一個細胞都在呼吸，鼻子呼吸幾乎沒有了，其實鼻子還在呼吸，只是很輕微，這個時候呼吸的進出好像是很短，要看得很清楚。所以修行做工夫，注意「見」「觸」，自己一定觀察得很清楚，看到了就有感受嘛！如果身心內外都沒有觸受，你做什麼工夫？有些笨蛋打坐明明觸受來了，卻認為一點效果都沒有，因為自己還感覺得到，他以為完全沒有感覺才叫入定，那你何必學工夫？學死人多好呢，人死了不是沒有感覺嗎？所以不是這個道理。「見」「觸」兩方面開始都是意識分別，自然有分別，這個分別你不但不必避諱，而且要分別得很清楚。知息徧身，明明了了，慢慢身體變得輕靈了，自己內在的呼吸到了若有若無之間，定在那裡，身體越來越空靈，腦子越來越清楚，乃至你坐在這裡，假使有一個人過來還沒有進門，你已經知道了，不是有意的。

傳說達摩祖師在嵩山打坐入定，聞階下蟻鬥如雷鳴，聽到台階下面螞蟻打架，好像打雷一樣吵人，那是真的，定力境界到了。你以為入定了什麼都不知道，那你不要學了，勸你不要學了。假使你昏沉了什麼都不知道，又很舒服，一坐不知道坐了多久，他生來世算不定變豬了，變成什麼都不知道，所以「見」「觸」一定都要清清楚楚。祖師說這個時候歷歷分明，清清爽爽，惺惺寂寂，寂寂惺惺，是有這個境界。這個學理搞不清楚，你們有的人修持多年，用功已經到達這個境界，自己又糟蹋了，因為教理不通，所以禪門祖師講「通宗不通教，開口便亂道；通教不通宗，好比獨眼龍」。你們出家修行卻從來不肯去讀《大藏經》，不肯去研究，真是可惜啊！達摩祖師在嵩山入定，聞階下蟻鬥如雷鳴，像打雷一樣，這就是惺惺寂寂。通宗不通教，經典弄不清楚，開口就胡說。

修十六特勝到了除諸身行，身體的障礙沒有了，這個時候痠痛脹麻癢，什麼腿麻腰痛都已經不存在了，兩腿的氣血通暢，而且是舒服快樂的，無痛無病無苦，你以為男女性交那叫樂嗎？那是最痛苦。眾生顛倒嘛！花一千塊錢請人按摩擦背，你感覺很舒服，那是輕微地打你，自己顛倒。到這個時候無苦即是樂，身體沒有感覺，完全無念了。其實講句老實話，你修安那般那知道自己呼吸往來，為什麼會知道？有個知性嘛！氣進來知道，出去知道，這個呼吸往來本身是物理的四大，兩回事哦！所以知性跟氣兩個要綑在一起哦！這兩個散亂了，就不對了。

**問**：老師，這個除諸身行是自然而然會到呢？還是要做工夫？

**師**：自然到的。做工夫不要加意識，自然會到。你問得好，譬如你身體健康，喝到一杯好酒，將醉未醉，自然有忘我的境界。除諸身行是自然的，很難得碰上。

# 八月六日

# 第一堂

## 虛心聽報告

今天已經過了四、五天了，關於用功修持的內容還沒有講完，從今天開始每天有很多的報告先唸，大家虛心去聽，雖然我們大家年齡不等，學問修養不等，而且有很多人是一方的領袖，或者是大學問家，會很輕易有個主觀，這就是五見裡頭的見取見，不願意自己放空，去聽聽乃至小孩子的報告。像我看報告，不管是誰既然寫了，我都很仔細地看，仔細地批，這也是儒家基本的修養，一個敬字，是大家需要練習自己的心境。儒家學問都推崇大舜，「舜好問而好察邇言」，到處請教別人，任何人他都請教，學問上雖然自己懂了還是請教。「邇言」是很淺近、很低級、很平凡的話，普通老百姓文化程度不夠，大舜反而很注意他們說的話。這是為大人的修養，希望大家有這個心境去聽報告。那麼在唸報告的時候，畫有記號的地方請宏達停一下，我會答覆的。

**馬宏達唸Q同學的報告：**南太老師慈鑒：昨天聽了太老師講十二因緣，末學有兩點心得請太老師指正。

**師：**對不起，我插一句話，現在很多人給我寫信，有一個重點要注意。譬如說一個學生寫信給馬宏達老師，宏達吾師，不寫姓了。如果馬宏達是你的朋友，就寫宏達吾兄。下面寫旁具名一定要寫弟，或者先寫好馬字，弟在馬字下面的右邊，再寫宏達。現代人寫信為了表示尊敬又親切，不敢用姓，譬如張某某寫信給我，很恭敬哦！弟子某某跪上，有那麼恭敬。我就笑了，叫某某兩個字的人很多，我不曉得是王某某還是李某某，必須要弟子張某某，這個要注意。現代人寫信表示親切，對於尊敬的某人，譬如叫南懷瑾，南字不寫，只寫懷瑾，叫懷瑾的人很多，不止姓南的一個，有時候別人交友多了可能會搞不清楚，這是禮貌。所以我現在改了，寫信都是連名帶姓。過去寫信連名帶姓是很失禮的，現在我覺得不失禮，同名同姓的人太多了，下面你看我寫信給人，除非太熟悉，便條上寫個老拙，那是太熟太親近了，都知道是誰，不然你看我寫信給人家，都簽名三個字南懷瑾，上面不加頭髮了，古人叫禿子，也不稱兄，也不稱弟，都不客氣，就簽名就對了。而且簽名要恭敬，現在人簽名學英文的簽法，看不清楚他寫的什麼名字，你以為你大名鼎鼎，別人一定知道，其實看都看不懂，誰記得你的名字？除非你是毛澤東、蔣介石。中國十三億人，同名同姓一大堆，所以要清楚這個禮貌，寫報告也一樣，某人報告都要寫清楚，這叫一目了然，這是禮貌，也是規矩，自己也舒服。有時候看不懂名字，我就不看了，這裡馬宏達經常拿來報告，我說這是誰的啊？我也看不清楚，就把它甩開了，看也不看，你再重要的事我也不看，我曉得你是誰啊？千萬注意改正，這是文化，禮貌，禮貌就是規矩。現在請你唸下去。

**馬宏達唸**：昨天聽老師講十二因緣以後有兩點心得，第一點十二因緣是針對單一事件的演化而言，所建立的一種直線的邏輯……

**師**：注意哦！他說十二因緣是直線的邏輯，你們在座同學們真把十二因緣搞通的，沒有幾個，除了出家的同學，在家人能夠完全記住的也沒有幾個，這很重要。

**馬宏達唸**：就單一事件演變而言，這是一個直線的邏輯。然而法界之中森羅萬象，彼此之間猶如五行互生互尅，若對法界等量齊觀則一切的一切，不多也不少，原自具足，無所謂生，也無所謂滅。彼此之間正如太老師與H老師所強調的不可思議熏，不可思議變。

**師**：這一點我在上面畫了一條線，很重要的。我否定你，十二因緣不是一條直線，也不是專對某一個邏輯，是整體的，大小乘都用得上，是個大科學，大哲學，你們跟H老師研究唯識，《成唯識論》對於十二因緣有一卷都在討論這個問題，緣起性空，這個緣起都從十二因緣生，不但是小乘，不是一個直線，整個的法界都有十二因緣，緣起性空，起用是個大科學。這一點你要慢慢再研究，聽懂了嗎？

**Q同學**：懂。

**師**：我們還沒有討論到十二因緣，這是一個非常大的問題。

**馬宏達唸**：第二點，行代表無盡的動力，不可能永遠切掉，在滅盡定中也未脫離行的作用，只有轉入大乘普賢菩薩的無盡行願，則自然超越十二因緣，證入無緣大慈了。太老師講解老古錐入定七百年，末學聯想起在愛因斯坦的廣義相對論中證明，時間的變化會隨著引力的改變而改變，在我們這個太陽系主要的引力來源是太陽這顆恒星。（老師在「太陽這顆恒星」旁邊打了一個問號。）

**師**：你剛才講行陰，你們不是組織了一個唯識學會嗎？「行」不是轉不停、止不止的問題，你說大阿羅漢入滅盡定也沒有脫離行，這一點是對的，成佛的如來境界還在行。你非常強調《普賢行願品》，也看到《阿彌陀經》願力成就，願就是行，所以叫行願。學唯識要轉，沒有一個停止，沒有一個斷，非斷非常，只會轉變，修行是由惡業的行轉成善業的行，也是行陰的轉變。

下面你引用現代自然科學，說這一百年來的科學認為太陽是恒星，所謂恒星，也有生滅變化，這當然是邏輯的問題，科學還在發展，因為你也是學科學的，科學本身還在未定之中，所以這一點你也要注意。

**馬宏達唸**：宇宙之中有無數顆恒星，每顆恒星的引力也不同，每顆恒星都有各自的太陽系，則不同太陽系的時間變化也就不同……

**師**：你如果將來寫科學論著，你要注意，每顆恒星都有各自的太陽系，不要這樣行文，容易犯錯誤，不要指定這個太陽，懂了吧？這是邏輯。

**馬宏達唸**：末學大膽將此物理觀念與佛經中所說的時間相對照，《華嚴經．壽量品》中說：此娑婆世界，釋迦牟尼佛剎一劫，於極樂世界阿彌陀佛剎為一日一夜。末學認為若用物理來解釋，可以視此二世界為引力不同造成時間不同，用佛法來解釋則是願力與定力不同，造成時間不同，因此佛法中的時間絕對與心念有關，所以末學將它定名為心理時間。此外末學另外歸納出另外兩類時間，道家重視的是生理時間，此生理時間與日夜變化有關，也是目前大家所熟悉的時間觀念。儒家重視的是社會時間，與社會作息，國家制度有關，當然這三種時間都是依用建立，對本體而言千古一念，無所謂過去，現在，未來。以上為末學對時間的分類看法，請太老師指正。

**師**：這是你新創的儒家、道家的時間觀念，也可以，但不是一定的，不盡必然，你如果研究都要客觀一點，你看佛經上很多都用施設，就是假設，人為的學問都有一個界限。

**馬宏達唸**：聽了太老師開示念佛法門後，我想起《普賢行願品》中，普賢菩薩說：「願我臨欲命終時，盡除一切諸障礙，面見彼佛阿彌陀，即得往生安樂剎，我時於聖蓮花生，親睹如來無量光。」不少高僧大德們根據這段話斷定《華嚴經》最後還是歸到極樂世界阿彌陀佛，所以把念佛法門視為最究竟的法門。末學一直很納悶，普賢菩薩為何還會命終，還要往生到阿彌陀佛國土。太老師的書《一個學佛者的基本信念》，並未詳細討論此問題，末學原本認為此處是翻譯有誤，看了幾本譯本都大同小異，但心裡總覺得應該要迴向一切佛國才是，不必特定是到極樂世界，此處還請太老師慈悲指正。

**師**：你問得非常重要，淨土宗就是根據這個，十方諸佛最後都迴向極樂世界，極樂世界完全是阿彌陀佛那裡嗎？大家不問了。那麼你說也許佛經這個地方翻譯交待不清楚，所以淨土宗認為最後十方諸佛，都要迴向西方極樂世界。大家忘記了，佛在世的時候也討論過，凡是成佛的佛土都是極樂世界，不止西方阿彌陀佛那裡有淨土。你講得對，不要納悶了。所以釋迦牟尼佛在世的時候，佛的弟子也提出來問，佛啊！你介紹東方、西方、十方佛的世界都是那麼完美，都是至淨至善至美的極樂世界，你老人家也成佛了，怎麼會在娑婆世界那麼可憐，那麼苦惱，你造了什麼業啊？佛聽了笑了，他說你問得好，你以為我這個佛土的世界，真是那麼醜陋、那麼悲哀、那麼痛苦嗎？弟子們不敢講話了。佛說我這個娑婆世界也是極樂世界，跟其他佛土一樣，可惜你們沒有看到。佛用手在地上一按，你們看，所有人都看到了，一切羅漢菩薩人非人等，原來這個佛世界也是那麼完美。他說你們看清楚了吧？所以佛在《涅槃經》最後證得涅槃境界，常樂我淨，都是極樂世界，一樣的。因為經文沒有交待得太清楚，別的經典上有，凡是成佛境界都是常樂我淨，都是淨土，大阿羅漢、佛菩薩的涅槃境界是四個字常樂我淨，都是極樂世界。包括中國的道家，昨天提到道家南宗的張紫陽真人，他也是學禪，佛道都通的，他有一首詩：「不移一步到西天，端坐西方在目前。」一念清淨，西方就在你心中。還有兩句詩：「人人有個靈山塔，只向靈山塔下修。」極樂世界就在你心中，這在淨土宗叫唯心淨土。

**馬宏達唸**：生命的根本實在不是言語所能講清楚的，不僅無法把凡夫的無明說清楚，也無法把聖人的無為法說清楚。

**師**：這兩句話這樣講對。

**馬宏達唸**：佛的第一義不可思議，一切存在的究竟也都是不可思議，唯一能講的都是一些枝枝節節的部分，難怪道家的紫賢真人後來承認談禪說道尚未了手，其中大有深意吧！報告完畢。（老師在這一段上面打了一個大問號。）

**師**：那個問號就是給你補充，你提到薛道光修禪宗悟後轉來修道家，中國文化在唐宋以後有佛家道家的溝通，發生了一個問題，修道家的人認為佛家講教理學問第一流，念佛往生西方等等，認為是「但修祖性不修丹，萬劫陰靈難入聖」，因為報身沒有轉變，只講理論沒有真工夫，白修的。他們認為念佛的人死後往生西方以為得道了，其實不過是個鬼仙，最高是鬼仙，乃至靈魂還在轉生呢。第一句話批評了佛家，下面又批評學道家的人「只修命不修性，此是修行第一病」，只管煉身體氣脈，對於佛經的理念都搞不清楚，也是錯誤的，所以後世道家主張性命雙修，換句話說理論同工夫要配在一起，不但從心理哲學方面能把道理講透澈，修身要很實際的證得定慧，理事要配合起來。唐宋以後的道家批評一般的學佛人萬劫以來不過修陰神，修不到陽神成就，所以說，萬劫陰靈難入聖。然後轉過來又批評做道家工夫的人，偏重做工夫，對於這些科學哲學的道理、佛學道理都沒有搞清楚，此是修行第一病。主張性命雙修，也就是定慧等持，有理論也要有工夫。

# 第二堂

## 心得報告分享

師：好了宏達再唸報告，每一個問題都要答覆。

**馬宏達唸Y同學的參學報告：**八月三日的報告。早上因忙H老師之事，所以錯過打太極拳的時間，學太極拳的因緣還是不成熟，只好在此謝謝太極拳的老師。今天講修持必須配合《修行道地經》《達摩禪經》和《入胎經》，好好地做工夫去修證。氣的問題，我們每個人都是靠氣活到，沒有氣就完了。身體出現痠脹痛等的觸覺都是因為氣不通的關係，因此太老師說通則不痛，痛則不通，但因我們每個人的習氣業力，再加上後天的熏習、飲食、運動不足等等，造成身體問題狀況百出，所以必須好好修身。修身也就要把呼吸的來龍去脈親身證驗，修持的好百病全消，再談禪定，曾經有過一個經驗。

**師**：注意聽她這一次。

**馬宏達唸**：這是今年七月在湘潭上課時……

**師**：湖南湘潭，她是跟H老師學習。

**馬宏達唸**：我是瞎貓碰到死老鼠，定在那裡一動也不動，當時H老師就拿紙輕輕地放在我鼻子上，看我是否還有氣息。當時我全身舒暢，只有微微的呼吸，有煖的感覺，明明了了，外面的聲音也聽得清清楚楚，不昏沉也不散亂，我坐了一個多小時。（老師在這一段下面畫了一個圈圈，表示讚賞。）

**師**：這個境界就是昨天講十六特勝，快到知息徧身的情形了，呼吸很細微，好像沒有了，這個時候無所謂呼吸，偶爾輕輕地一下。

**馬宏達唸**：接著下座後有位先生問我，你坐在那裡有聽到我在講話嗎？我回答：有。他再問：我說了什麼？我答：你告訴H老師要對我護關，請他休息。這位先生就點點頭了。太老師上課也提到這個問題，還有就是六妙門所講的還，我的體會是歸元，盡虛空，徧法界，不知對否？

**師**：這個是接近了，還不是那麼深入。她說偶然碰上，瞎貓碰到死老鼠，那是真碰對了。

**某問**：老師這是不是近分定？

**師**：比近分定高級。

**馬宏達唸**：我還有兩次因氣往頭頂上升，下身脫氣，有往生的可能，H老師當時在場就把我救回來。總結：修持必須一步一步腳踏實地的親身證驗，言語說得再多再好，沒有真正的做工夫，還是自己對自己交白卷，自己在欺騙自己。太老師說真修行者，看你的表情、講話就可知道，你有到或沒有到，騙不了明眼人。

八月四日的報告。今天已經是第四天了，早上靜坐時練習準提法門，因十幾年前H老師說要找出一個跟自己相應的法門，我練習過不淨觀，從腳趾開始，首先觀腳趾腐爛被蟲子吃掉，慢慢就看得見一節一節的骨頭，觀至胃部時，整個胃被蟲子吃掉，而有噁心嘔吐的感覺，因為沒有人指導，胃最後疼痛的受不住，只好放棄。當時並不認識H老師。後來又轉到數息法門，當時多少體會到知呼吸的出入和長短，但感覺還是跟我不相應，就改修耳根圓通觀音法門，聽蟲聲、水聲、鐘聲、自己唸佛的聲音，我發現靜坐容易不起妄想，而能專注在上面。譬如唸佛，耳聽自己唸佛的聲音，用意觀佛相好，因此我就一直用觀音法門作為我修煉的法門。這次來到太湖大學堂，太老師一再強調數息法，不禁又引起了我的興趣，再次練習數息法，開始時數幾下，數不下去就隨息，在這個當中我發現，原來數息法門跟觀音法門是相通的，它們的共同點就是如何降伏我們的心，達到心一境性。在聽聲音的同時也感受到呼吸氣息的流動，呼吸也是聲音，尤其在夜深人靜時，呼吸聲，心臟跳動的聲音可以聽得清清楚楚。我唸佛的聲音配合著呼吸，體會到唸佛聲音的長短和呼吸的長短是一樣的，我知道唸的是佛，聽到呼吸也是佛，慢慢我唸佛的聲音徧布全身，呼吸也徧布全身，這和觀音法門一開始觀世音菩薩報告的，我從聞思修入三摩地，是相通的，不知對否？（老師批：對。）

**馬宏達唸Z同學的報告：**自二〇〇三年，當時我三十二歲，開始修習白骨觀至今，天癸水也隨著下崗了。

**師：**下崗是大陸的術語，月經下崗了，三十二歲就修到月經斷了。

**馬宏達唸：**

一、這期間雖然發現月經沒有了，但是每個月生理期的反應還會出現，比如想睡覺，想發脾氣，兩乳膨脹等，這種現象由重到輕的轉變持續了近一年半的時間。

二、猶如脫落了一層深厚的皮肉，雖然不能飛，但有鳥出籠的感覺，輕靈活躍。

**師：**注意修行都是要苦修，聽起來很容易，要忍受煎熬，所以小乘法門有十六忍，大乘菩薩悟道得無生法忍，忍就是大定力。六度有忍辱波羅蜜，在世間法作人做事也是這個忍最重要。

**馬宏達唸：**

三、女性最明顯的一大特徵就是兩乳，逐漸恢復到十二、三歲時的狀態。

四、經常忘記自己是男是女，有時和異性相處時，自然不會起男女或欲望。

五、心性亦隨之放寬放大。

六、做白骨觀的同時也會清楚的知道息的往來與變化。白骨觀和安般法門自然配合，因為粗的氣脈因色身而有，依四大所生，觀白骨化光，一來可以對治身心的感受，二來可以慢慢轉變習氣，不過在修行的過程中，根據本身的變化靈活運用做觀。另外請問老師斬斷月經是否算是煉精化氣。（老師旁邊批：屬於煉精化氣之一。）總之色身的轉變與心念息息相關，能證得一分心念的清淨就能轉變一分的色身，報告完畢。

**師**：對，這一句話很好。你再唸一遍。

**馬宏達唸**：總之色身的轉變與心念息息相關，能證得一分心念的清淨就能轉變一分的色身。

師：下一篇是甲同學的報告。

**馬宏達唸**：南太老師慈鑒：我在以往修習安那般那的過程中，一直身心都未曾上路，內心非常愧疚，枉費了太老師的教導。一直到前天開始感覺身體的一點小變化，心變得柔和，呼吸較前細長，身體也自然舒軟，而且對身體感受力增加了許多。以往在中醫方面想不通的事情也明白了，感覺真是奇妙。其後思考因由，之前我總是在修習中告訴自己要照顧好自己的呼吸，要專注體會知息入，知息出，知息長短，重點放在知性上，但這樣並沒有帶給我多大的進步。之後我時常嘗試，無論在靜坐或日常生活中，時常發起觀想，或在當下體會現在心不可得，未來心不可得，過去心不可得，和觀一切皆是因緣所生和合而成，就如偈子所說：「諸法因緣生，諸法因緣滅。」這樣簡單觀想之後，自己觀察到對很多事情的執著，妄想和欲望，就自然減輕，身心頓覺輕快許多。昨天太老師開示四位菩薩的修行經驗中我發現，他們都對觀慧極重視，如香嚴童子在觀香氣中說：「我觀此氣，非木非空，非烟非火，去無所著，來無所從。」又如周利槃特迦說：「我時觀息，微細窮盡，生住異滅，諸行剎那。」菩薩們的修行經驗給我們指出了觀想的重要性，也給我帶來堅定的信心，所以我覺得止觀不是太死板，不是要先止而後才觀，它們應該是相輔相成，同時互相影響，真觀才有真止，真止才有真觀。（這兩句話老師畫了一條紅線，批：說得好。）不知道見解對否？請太老師為我開示這個止觀相互之間的微妙法門。

**馬宏達唸J同學的報告**：師言：「元明照生所」的照是靈光獨耀朗然常照，了了明明，原無塵垢。可否認為念是由他發起的，換句話是知性的本身發起了這一知。（老師批：是，好。）昨日師為大眾開示《楞嚴經》中與修證安那般那法門有關的四位聖者的修證過程，其中香嚴童子觀香氣來去無住，由是意銷，發明無漏。周利槃特迦觀息生滅，其心豁然，得大無礙。孫陀羅難陀觀鼻端白，鼻息成白，心開漏盡。瑠璃光法王子觀風大，悟菩提心，四位聖者修行路不同，雖然都得了道，其境界卻不同。前三位都以有現象的方便入手，瑠璃光法王子由風大的根本起觀，所以孫陀羅難陀得阿羅漢，世尊記我當得菩提。瑠璃光法王子卻是悟菩提心和十方佛傳一妙心，能否做此理解？（老師批：對。）當唸佛到達身心較為清淨時，有時呼吸也止了，此時是否繼續唸佛號？（老師批：參，疑則問，不疑何問。）師言入定須腸胃空淨，如工夫未到自然清理的程度，可否方便用藥？（老師批：可。）

**馬宏達唸Ｖ同學的報告：**聽老師講課，從來沒有這一次之契入，過去老師講課，像錘子在我身上敲石頭一樣，只留下聲音，我沒有真正懂進去。這一次聽課真是如飲甘露，老師字字珠璣，常有醍醐灌頂的感覺。也許我經過一年多工夫上的努力，以及一年來自己所經歷風風雨雨的折磨，開始聽懂老師的話。「頻呼小玉原無事，只要檀郎認得聲。」這一次是真正的契入佛法了。這幾天都處於莫名的興奮中，因為搞清了一些事。今年三月十二日，我向老師請教了關於知性的問題，老師做了詳解，但當時我只是簡單的理解，還不是真切的體認，自此便不斷對知性進行參究。前天老師回答S同學的問題時，講了臨濟禪師的那首詩：「沿流不止問如何，真照無邊說似他，離相離名人不稟，吹毛用了急須磨。」忽然間明白那個如如不動的知性是什麼。天下事如湍流不止的長河，自身因無明而捲入其中，一旦離名離相跳出三界，本然的自性則可真照無邊，無有遺漏。老師接著又講了《楞嚴經》：「性風真空，性空真風，清淨本然，周徧法界，隨眾生心，應所知量，循業發現，寧有方所。」我感到又被向前推了一把，當下體會到清淨本然的知性，像一股泉水一樣把世俗的妄念全都滌蕩掉，散解開來，心裡頓安，朗朗乾坤，朗然洞明，塵世間所有的事都從自己身上卸下來了，感到極度輕鬆，一念不生，世界本來清淨。無明發動而形成紛雜的大千世界，在變動世界中，那個不動者始終存在。

老師講課層層推進，又進一步開示《楞嚴經》中文殊菩薩的一個偈子，「覺海性澄圓」等等。今天老師把宋徽宗的三首詩再講了一遍，解釋第二首詩，老師加了一句，空無一物向哪裡推，我心裡一震，特別是第三首，「有情身不是無情，彼此人人定裡身，會得菩提本無樹，不須辛苦問盧能」，老師是字字甘露，句句醍醐，真是「千江有水千江月，萬里無雲萬里天」，真是「切忌從他覓，迢迢與我疏」，還上哪裡去找呢？本來就在，只是不認得，不是不認得，是根本不認識。現在體認到悟道的心境，「竟日尋春不見春，芒鞋踏破嶺頭雲，歸來手把梅花嗅，春在枝頭已十分。」這幾天晚上看《楞嚴經》如看小說，再不像過去那樣如讀天書了，看老師的書也同樣輕鬆，好像突然理解了老子講的有無相生，無為而治。莊子講的無用則大用。達摩祖師對二祖說把心拿來，我為汝安時，二祖即開悟，不是另外有心，而是心就在那裡。「我今不是渠，渠今正是我」，是何等之量，現在看《心經》也完全不同了，天下再亂與「我」何干，這個帶引號的我與天下清淨本然，出世入世只是形象而已，現在又體會到老師所說的一首詩：「即此見聞非見聞，無餘聲色可呈君，個中若了全無事，體用何妨分不分。」真是如沐春風。

現在理解了空的境界，知性不是有，恰是一念不生，清淨本然，無邊無際，但更不是無，大千世界能生萬法，心量無所謂開闊，說開闊時已有邊界，那是不垢不淨，不空不有，不生不滅，不增不減。我太窮了（沒有知識），不能用更準確的語言來表達我的心意，老師曾引用古人的兩句話：「萬法本閒，唯人自鬧。」不僅說盡了佛法，說盡了人類歷史。當年釋迦牟尼佛靈山法會上拈花微笑，那真的是會心一笑。老師這幾天講課，我覺得好像是為我而講一樣，隨時在我的痛處癢處著手。老師，我真的很興奮，看到佛法的光亮，就像黎明時看到了霞光。佛法的廣大無邊，佛陀的無量光、無量壽，今天才有體會。學生V叩拜。（老師批：見地有進步了，可喜。工夫還是工夫，必須定慧等持，入三摩地，切記。）

**師**：我看有許多人已經坐不住了，有些是昏沉了，你們可以輕鬆放腿，乃至站起來邊走邊聽報告，都沒有關係。L同學今天要回去工作了，下面是他的報告。

**馬宏達唸L同學的報告**：師尊上鑒：兩年來非常想念您，但一直沒有來廟港，說心裡話原因有三，一是第一年工作身心疲憊，休息不足，於是惰性大發。二是入師門已有七載，修持卻沒有大的進展，無顏再去老師那裡。三是萬萬沒有想到給老師惹麻煩的事件後，直接或間接因我的關係引來，實在無地自容。連這一次劉老師都開玩笑的說我是麻煩製造者，真是汗顏。最近一直夢到老師，醒來都很難過。忽然接到電話，真是忙收行裝喜欲狂，老師還是那麼慈祥，那麼慈悲，那麼可親，似乎從來都沒有離開過，坐在老師身邊就像回到家裡。大學堂與我想像的不大一樣，很樸實簡潔，實用性超越裝飾性，沒有張揚的氣息，禪堂給我印象很深，可惜不讓拍照。有很多地方比在家打坐更舒適，比如不會觸到空調冷氣，光線很適宜，下座即可經行，空間大不會氣悶，室外不會有忽然的汽車聲等等。

這些年也一直堅持準提七，利用五一，十一和春節的時間，在家裡自己專修，一般都是第一天睡魔發作，於是好好睡一天。剛開始唸佛號，一天只能唸兩三千遍，接著便逐漸專一，最後達到五千遍以上。除了吃飯，喝水，睡覺和上廁所，一般不離打坐，經常一天之內大便好幾次，身體自動輕靈。

晚上常常腿痛得無法入睡，反覆想著這是太老師說的消業。直到今年春節打七，突然有一天金剛唸誦中達到一心不亂，得了大歡喜，從那以後，不管荒廢多久，只要重新唸咒，便很容易達到那個境界。可惜工夫不能向前，還不能打成一片。接下來的變化是感覺自己聰明增加，經常突然間明白從前想不通的問題。攀緣心大大減少，事不關己就不關心，也不打聽別人的私事，一點也沒有好奇心了。去年突然意識到，就像任何能源都耗蝕機器本身，不管素食還是肉食，補充能量的都對身體器官有所損耗，相比之下素食損害小，打個比方，素食是汽油，肉類是柴油，而人的身體是小汽車。基本吃素一年後胃腸非常舒適，味覺靈敏，開始喜歡吃蔬菜，對味覺的欲望淡了許多。說實話大學堂的素食對我來說都算厚味，這幾天都害怕重新變得嘴饞。今年我們單位體檢，我去年的脂肪肝完全消失，而其他同事大都已經轉為脂肪肝了。對性欲的戒除有些體會，最近常熟練進入無常觀和不淨觀，有時都能聞到臭味。

**師**：聞到本身身體的臭味。

**馬宏達唸**：很管用。在夢中也能記得持戒（但是最近性夢增多，可能是精氣漸漸充實），已經兩個多月沒有漏精。自從那一年老師不讓我讀佛經，我真的放下，但是讀書的習氣難改，還是不停的看書，今年讀到一些好書，我認為的好書，是指看完能改變自己的書。一是清華大學一位教授講授儒家禮義精神的書，使我懂得了要自卑而尊人，去除了很多我慢心，很得受用。與此同時發覺原來很多人都在這一關過不去，都不願意自卑。二是讀到《列子》，得到了巨大的觸動，忽然想到一個學佛的朋友很多年前曾對我說，學佛的人有沒有修行，首先看有沒有親和力。是的，讓別人害怕自己其實很容易，比如拿個刀子衝過去，無論誰都會怕自己，可是要讓別人打心眼裡喜歡一下自己，卻是很難很難的事情。

**師**：注意哦！你們作領導的人注意哦！再唸一道。

**馬宏達唸**：讓別人害怕自己其實很容易，比如拿個刀子衝過去，無論誰都會怕，可是要讓別人打心眼裡喜歡一下自己，卻是很難很難的事情。我突然想到我的年輕同事們平時為什麼都很怕我，原來是自己修養不夠，從那以後我脫胎換骨，重新作人，現在年輕同事們都不怕我了，喜歡和我一起玩。我也實際體會到作人是學問，去掉結使，要敢於懸崖撒手。讀這些書竟然對治了自己頑固的習氣。老師當年說我須要到社會歷練歷練，現在想來實在感激。這幾年在人事紛雜中，的確學到很多很多，一言難盡。我的工作近似名利雙收，領導喜歡，嫉妒者傷害不到，跟持咒有關係，是我們單位裡的福將，大家都羨慕我，因此我現在卻害怕。打坐回來，今天上班知道出事了，反正讓領導和我鬱悶一下就算了。如果不知道佛法，我今生八成會從事政治，既然不管民主或是集權，最後都是生老病死，還是修行吧！歸結起來五濁惡世，劫濁、見濁，每個人的見地不外乎都是六十二見。命濁，這個世界不幹壞事不能發財。煩惱濁，有錢人沒錢人都煩惱。眾生濁，這個世界哪有什麼好人。暇滿之身難得，今生唸咒要緊，學生沒有忘記本分事，書不盡言，容後再報，最後恭祝師尊法安。L拜上。

**師**：聽聽報告很有意思，L同學原來跟在我身邊，我叫他出去磨練，有五六年了，不准讀佛經，非出去磨練不可。他很有進步，修行很努力，到現在還是單身一人，潔身自好，我看了他的報告只一句話，他萬一有困難，就打舖蓋回來這裡做事，不要在外面工作了。

# 第三堂

## 業相的變化

講到《修行道地經》《達摩禪經》，這兩本書大家平時要好好研究，其中內容很多，我只提重點。《修行道地經》講到觀察一個人的根器，有些人以為是迷信，我在講佛學時關於這部分是不輕易講的。譬如說現生看一個人的前生是從六道中哪一道來，有的人前生是動物來投胎的，有的是從地獄餓鬼裡來的，這本經講得很清楚。當然這與中國的看相算命都有關係，通過對生理的觀察與心理的觀察，配合《楞嚴經》裡十八層地獄、餓鬼、畜生的說法，一個生命在六道中生生死死，這些我都沒有翻譯，不敢多講，因為現代人有一個毛病很壞，如果懂一點算命看相，就會觀察人了。哎唷！這個人是從哪一道投胎來的，個性、相貌、身體，幾乎都講得很清楚。但是你注意，並不是地獄、餓鬼、畜生道中來投胎的人就不會修行，這是兩回事。《修行道地經》為什麼描寫這個呢？根據佛的話明明白白告訴你，這個世界一切都是苦，只有修道跳出三界外，不在五行中，否則都被這個生命困住了。

## 工夫的退減

這兩本經典我給N同學、宏達、宏忍師他們三人小組講了好幾次，他們也整理了好幾次。《達摩禪經》開始就不講修行方法，而講修行的退減，有三個重點：退、減、住。幾乎沒有一個人可以修上路的，簡單地講一共有三十幾種狀況，換句話說也就是中國儒家文化講的：學如逆水行舟，不進則退。修行做學問，就像一隻船在逆水上面衝，水流好大，衝不上去，只要一分不進步就是退步，就退轉了。做學問、作人做事都是這個道理。《達摩禪經》大部分都是講這個。

第二個是減，減比退步輕一點。本來幾十年修行學佛，出家修持做工夫，天天早晚打坐、吃素、唸經、行香，並沒有多少進步，反而是壽命、體力都在減少。第三個是住，永遠停留在那裡，既不進步，也不退步。《達摩禪經》累積古聖先賢的智慧，以這些大阿羅漢們的經驗，很嚴重地先講這個問題，告訴我們修行之難，不進則退。也講到稍有成就的人作法師、作老師去了，就被名利困住了，大名鼎鼎、威風凜凜，弟子一大堆，接受供養，這時工夫就退了，然後到了晚年，「望遠絕所悕」，修行了一輩子，看看自己的前途也沒有希望，不曉得前面能不能有所成就，就是這樣一個心境。尤其講你們修行，將來作老師，要注意這個名聞利養帶來的退減。

我從二十多歲自立稱王，就高高在上，然後修道講學，多少人叫老師崇拜景仰，我從來不受這個騙，名利太可怕了，受人家恭維，最容易被迷，墮落得最快。也包括你們白手起家，成為一方諸侯，高高在上，已經墮落萬分了，所以我常常罵有錢的人，來這裡好意送我東西，我不要，還要臭罵他，你兩個臭錢給我拿回去。同學們看到我這樣的老師，脾氣那麼壞，人家好意送禮送錢，還被我罵為臭錢，我也很對不起人，但是我罵的還是自己，不敢騙自己。

「有見已墮落，環顧覩深嶮。」有的人有一點見解，有一點學問，認為自己道很高了，看不起沒有學問的人，這已經是墮落了。「環顧覩深嶮」，卻不知道自己的處境太危險了，這是修行很寶貴的經驗啊！先賢用南北朝時候的古文把梵文翻成五字一句，你不要以為深奧，其實那時這是白話，所以我們現在年輕人的白話，再過二百年以後人們也看不懂了，也要考據了。中國文化把語言跟文字分開，因為言語文字是心不相應行法，有其獨立的生命。《達摩禪經》難讀難懂，你看得無味，真修持的人卻越看越有味，自己應該每天看看，等於每天拿鏡子自照一下，我今天作人做事，有沒有犯了這幾條啊？是不是退步了？

# 因果的輪迴

《修行道地經》是從生死問題講起，十二因緣與天堂地獄，都是告訴你跳出三界外，不在五行中，重點在怎麼修持。《楞嚴經》也講五十種陰魔，與地獄的變化，有些人的個性與講話的態度，境隨心轉一看就知道。當年我住在一個大菜場附近，那些親手殺生的菜場老闆，一天要殺多少的雞鴨啊！你仔細一看，他的那個講話態度、面孔就和那個雞鴨一樣，已經變了。三世因果是必然的，印度文化、中國文化都在講這個，中國文化講的因果是直線的，由上代祖宗一直到現在子孫，是這樣有關聯的下來。印度文化是橫線的因果，無數的前生到現在，現在到未來，兩種文化合起來，就是因果的十字架。

所以佛教講你要知道前生後世，有一首偈語，「欲知前生事，今生受者是，欲知來生事，今生做者是。」你問自己前生是從哪裡來的？你這一輩子怎麼投胎的？有一個什麼家庭、什麼父母、什麼兄弟姊妹，受了什麼罪，可能做事情處處艱難困苦，你這一生的所做所為，一切遭遇，多是前生的因變成今天的果。唯識學稱作種子起現行，都是過去的種性帶來，變成現在的遭遇。你不要問來世了，你這一輩子作人做事，想想未來會怎樣？偷偷去害人，陰險地整人騙人，用頭腦、耍威風，用盡機關累積財富，儘管取得了成功，來生受報，照樣給人家弄走。

你們看歷代帝王將相的江山功業，怎樣搶別人就怎樣又被別人搶走。有一本小說《三國因》，是後人寫三國的因果，他說曹操父子搶了劉家的天下，因為漢獻帝就是劉邦轉身再來，皇后被殺了，那是呂后受報。曹操是韓信轉生的，諸葛亮是范增轉生的。我們不管這些小說，但看歷史的因果，我常常說滿清三百年，以滿族來講，是你們漢人請我們過來的，孤兒寡婦帶了八旗子弟進關，很多都是老弱殘兵，實際上只是幾萬人，佔據了這個江山。最後呢？慈禧太后死了，到宣統時又是孤兒寡婦回去了，歷史的因果清清楚楚。

再看朱元璋當過和尚，作到皇帝那是很艱難，最後呢？建文皇帝逃亡當了和尚，崇禎皇帝吊死煤山，末代公主出家做了尼姑，就在江蘇的紫金庵住過。崇禎上吊之前，先把皇后殺了，又把公主叫來，一劍就砍下去了，可是公主躲了一下，我有什麼罪啊？他說誰叫你是末世帝王的女兒啊？這一躲只砍了一個肩膀，公主後來就出家了，發願以後生生世世不要再生於帝王家，都要還帳的。

## 細說十六特勝

《達摩禪經》開始講這些，中間吩咐後人修十六特勝，六妙門就在其中。昨天告訴你知息入，知息出，知息長短，知息偏身，就是六妙門，數息是初步的，可以直接進入隨息。今天Y同學報告呼吸幾乎不動了，心境很清淨，一下得定了。她達到這個境界，念頭完全清淨，一切皆知道，但是沒有妄想，定住了。這個時候知息偏身沒有？還沒有，快了，可是她錯過了。

昨天講到胎息，就是報身氣起來，我告訴你，報身氣起來有時身體會震動的，甚至會跳起來，雖然盤腿坐著，整個身體會彈動跳起來，這時你不要害怕，不過如果岔路了呢？打坐到這個程度，先吩咐你，內在報身的氣，道家叫作先天一炁，由真空變成妙有，這不是普通鼻子的呼吸了，先天一炁從虛無中來，空到極點就來了，對你身體的轉化引發彈動，你要知道這個，根本就不必太在意。如果是大乘根器的人，你記住《金剛經》上的話，凡所有相皆是虛妄，就算自己在空中會飛，又有什麼了不起？你不理它，讓它自然沉下氣來。所以會有各種的現象，一時給你們講不完，有時候牙齒好像咬緊了一樣，自己覺得很可怕，有時候會很緊張起來，你要趕快放鬆。注意！凡是碰到這些困難的魔障境界時，只有一個出氣，千萬不要吸氣進來，要呼出去，甚至張嘴哈……。

《達摩禪經》告訴你修安那般那，數息隨息都不要注意入氣，要注意出氣。這是什麼道理？這是很深的生命科學，不過《達摩禪經》的文字很簡單，只漏了一點，為什麼你要注意出氣呢？第一，當你很煩，很痛苦緊張的時候你會怎麼樣？出氣還是吸氣啊？會嘆氣，啊！這是出氣。臨死的人最後一口氣，啊……空了。講死人固然最後是出氣，其實嬰兒生下來，也是先出氣，胎兒的臍帶一剪斷，啊……我們說孩子哭了，其實他是出氣，然後鼻子進氣。一般練氣功的人卻注重吸氣，尤其有些練武功的人，把那個氣憋住，最後，嗨！出氣。其實憋住氣練拳是最笨的事，完全錯誤，那會促使短命，臨死的時候筋骨都散開。真工夫不是這樣，你們看古代小說，那些武功最高的人，內外兼修，最危險的時候他在笑，輕鬆得很，其實他在出氣。這是《達摩禪經》中，需要注意的要點。

修到知息偏身，內氣來了。你不要另起希望哦！只要寧靜下來，內氣自然會來。不過你要注意，往往內氣一來，下身就會發動，你就碰到第一難關，尤其男人下面會翹起來了，再配上欲念，那就完了。其實翹起來你必然會有欲念起來，但這個性觀念不是身體帶來的，身體只是會翹起來。女性呢？就是Z同學的報告，每個月兩個乳房這裡還是發脹，這是好事，報身生命的陽氣來了，有欲念是因為配上了習氣帶來的思想。所以不起欲念是很重要的，色身會轉化了。所以《老子》告訴你嬰兒睡覺時無欲而朘作，精之至也。這是嬰兒的無欲無念，生命自然地成長。修行人到這一關，需要持戒，關鍵是不漏丹。當然這時普通人常常有漏，或在夢中遺精，其中有個不漏的祕密訣竅，密宗、道家都講，當然我也沒有教過任何一個人，不敢教，害怕人家會去做壞事。所以道家講妄傳非人，必遭天譴，害怕徒弟亂吹牛，胡作非為害了人，所以不隨便教人，有些人為了滿足男女欲望去學就造業了，因果都背在老師身上。

修到知息偏身，在六妙門而言就是隨息到止、觀，你靜靜地看著它，這個知性用到什麼地方？知息入，知息出，知息長短，知息偏身，然後沒有再用知了對不對？自然除諸身行，內在五臟六腑的氣脈都發生變化。這要多少時間呢？這要看情況了，未漏丹的童子修行，精氣神的變化都很快，如果是成家的中年人，已經破身了，有了男女性關係，可能要三年五年，如果專修就不一定，假使真出家閉關專修可能是一百天或者是半年、一年，一定成功。我講一定也是不一定哦！說一定還是鼓勵大家。

所以道家的程序是有道理的，百日築基，十月懷胎，三年哺乳，九年面壁。只要十三年那麼簡單，那已經是很了不起了。照這個程序一步一步來，由開始用功入手修煉，到成功變成神仙，超凡入聖，跳出三界外不在五行中，不過十三年而已。三年哺乳是閉關三年，把聖胎養大，《楞嚴經》中稱作長養聖胎，道家認為真的有個嬰兒出來了，那是形容辭，不要著相了。九年面壁，就是修空無邊處定、滅盡定等等。你看十三年成佛成仙，而我們從六歲起讀小學，讀到大學畢業要多少年啊？這個與修神仙比一比，哪個划算啊？大學畢業以後一個月不過拿一千三百塊錢，而那個十三年是變成仙佛，超凡入聖啊！這個帳對不對？但是真放下專修，又談何容易，你看《紅樓夢》裡的〈好了歌〉：人人都說神仙好，只有妻兒忘不了。

知性用到知息偏身這裡，也就是六妙門的止觀了。還是什麼呢？到了除諸身行，身體障礙就沒有了，你注意禪宗黃檗祖師講身見最難忘，我們人解脫不了，首先是因為有身體的觀念，有身體的需要，肚子餓了要吃飯，冷了要穿衣，熱了要冷氣，髒了要洗澡，隨時都為身體在忙，這個身見是很難丟掉的。《俱舍論》講五見，就是五種觀念，身見是最難忘，真修實證到了除諸身行，身見沒有了，此身空靈，意識清楚如鳥出籠，那麼活在世界上當然就很瀟洒解脫。

我當年在重慶，有個朋友修道家工夫，他還在國民政府的內政部做事，是特別的專員，等於副部長，他每個禮拜才吃一餐飯，那是真的，我們都親眼看到，他去吃飯先寫封信給你，某某啊！下個禮拜到你家裡吃飯。那人接到就開始準備了，到中午準備了一桌好酒好菜，還擺個碳火爐在旁邊，好酒放在上邊，他來吃飯了，主人家打個招呼，不陪了，就放他在房間裡一個人慢慢吃。這一餐飯他要吃五、六個鐘頭，慢慢吃，再摸摸那個肚子，走走路運動一下，然後又去吃，喝喝酒，這一桌要五、六個鐘頭才吃完，管一個禮拜。下個禮拜寫封信給另一個人：準備到你那裡吃飯。這個朋友很奇怪，精神百倍，道德學問那不講了，好得很。所以修到除諸身行還要不要吃飯？要。偶然補充一下，或者一天吃一點，這些都是必須的。

再以後是受喜、受樂，進入初禪了，也就是六妙門的還、淨階段，由歸還到淨化，真正證入初禪。初禪是什麼？心一境性，離生喜樂。佛經上這樣告訴你，我不把初禪與十六特勝、六妙門配合起來講，你們不容易搞懂。心一境性，定在身心清淨的境界中。離生喜樂，注意這個離字，心境同世俗完全不同了，有出離之感，這是離的第一個意義。第二，此時你很清楚身體是身體，念頭是念頭，心是心，身是身，內在生起喜樂，喜是心理的狀況，樂是身體的感覺。除諸身行以後，進入受喜、受樂的境界，而後受諸心行，才轉到唯心的部分。

我幾十年來從台灣開始講修行學佛，連一個證得初禪的人都沒有見到過。你不要問我做到沒有，我是胡亂批評的。你們不要以為我把佛學販賣給你們聽，往往搞佛學的不懂修行，搞修行的不懂佛學，懂世間學問的不懂出世間學問，懂出世間學問的不懂世間法，都不能融會貫通。

然後再進一步，心作喜。二禪的心一境性，定生喜樂。定生喜樂還有生理心理的知覺感覺，見觸都還存在。心作攝，一切歸納到心。心作解脫，解掉脫開，三禪直到四禪捨念清淨的境界，也沒有喜樂了。這幾個並不是呆板的程序，是證到初禪至四禪的境界。《楞伽經》講大乘菩薩的工夫有十地，實際上同樣的道理，智慧猛利的人一下就頓悟，每一地很快就到了，並沒有機械的時限。

注意下面五個，觀諸法無常，你開始從知息入、知息出觀察，呼吸是無常法，來去不定。這個生命是藉用假有的呼吸，等於我們用電，電是會用完的，是無常的，開了就亮，不開就沒有，是生滅無常。接著更重要了，觀出散，叫你注意出息，一切放掉，禪宗叫你放下。我們世間的人，同物理世界的引力一樣，對於外面的空氣、陽光，都想向裡面抓進來，就怕自己死掉，這是錯誤的。修行就是趕快放了，觀出散，這裡有大學問。修安那般那，有的人拚命煉氣，抓緊都是不對的，放了就對了。下面是觀離欲，這個欲是廣義的，不僅是男女之欲，一切的欲望都要放。離欲以後觀滅盡，小乘滅盡定明白告訴你滅受與想，感覺與知覺，都自然停掉，受想一滅就成阿羅漢了。後面還有棄捨，還要丟棄，才轉入大乘，證入自性本來清淨，才是成佛。後面這五個觀法，這是十六特勝特別一路，包括了六妙門的修法，包括了十二因緣、三十七菩提道品，也包括了大乘菩薩道的六度，真工夫、真學問、真修養都在這裡了。

**C同學**：老師，心作解脫是到三禪，哪一個是到四禪？

**師**：差不多也是四禪了，這些都是圓融的，不是呆板的。

# 第四堂

## 《達摩禪經》的歷史

根據顯密二教《大藏經》的全部資料，可以清楚地概見印度原始釋迦牟尼佛的禪定修法，是安那般那與白骨觀、不淨觀配合，很規矩地由小乘轉到大乘，因此後世形成了禪宗與密宗。佛法傳到中國東漢魏晉以後，影響了中國道家、儒家各個宗派的修持，包括在印度後期建立的密宗，都有密切的關聯，其中最重要的兩部經典，非常原始樸實的著作，就是《修行道地經》與《達摩禪經》。

《達摩禪經》同另外一些小乘經典都提到六妙門的修法與十六特勝的關聯，結合歷代印度、中國修持的傳記與經驗，可以發現這個歷史發展的趨勢，這是一部很大的專著，今天不詳細講，我們這一次討論的目的是自己本身的實際修持。《達摩禪經》的譯者是佛陀跋陀羅尊者，真實修證的人，他的老師佛大先與達摩祖師同門。《華嚴經》前期也是他翻譯的，後來廬山慧遠大師請他講禪修，他綜合了歷代祖師們的修法，譯成這樣一部著作，後世稱為禪經而不稱論，非常尊重。

在這個階段，達摩祖師也來到中國，因在南方與梁武帝話不投機，就跑到嵩山住茅蓬去了。其實達摩祖師同浙江義烏，乃至金華、香港這邊的黃大仙有密切的關係。黃大仙屬於道家也是禪宗，是受達摩祖師的影響，在道家叫作金華一派，是禪定解脫的修法。據說浙江金華、義烏等地的好多寺廟都是達摩祖師指定修的，在這一帶達摩祖師的事跡有很多。

那麼在這個階段，佛陀跋陀羅為什麼也到南方來？他是被鳩摩羅什法師的徒弟們趕過來的，歷史記載鳩摩羅什法師非常敬重佛陀跋陀羅禪師，就請他從潼關進入長安。這個時候南方開始興起三玄之學，中國文化的中心在關中一帶。所謂關中就是潼關以西，鳩摩羅什法師在那裡主持翻譯經典，大學問的精英人物都在那邊，在家、出家的都是天下英才。鳩摩羅什法師對佛陀跋陀羅非常恭敬，請教了很多問題，因為鳩摩羅什修持上不及佛陀跋陀羅，老前輩之間一時講笑話，鳩摩羅什的弟子們受不了，認為佛陀跋陀羅言語不恭，鳩摩羅什倒不以為意。鳩摩羅什問色空之義，也就是唯物唯心的爭論，四大究竟空在哪裡？佛陀跋陀羅說這個很簡單，你怎麼還搞不清楚啊？一微空故眾微空。換句話說，就是現在物理學講原子、核子、夸克，夸克最後也是空的，電子、電能最後也是空的，一微塵，一微空眾微空、徹底空，不是不承認物的存在，物的背後還是空，心的背後是空性。他這麼答覆鳩摩羅什法師，一微空眾微空你還搞不通？怎麼在這裡翻譯佛經啊？老前輩，我看你啊，學問修持不過這個程度，何以在中國有此盛名啊？這一句話得罪了鳩摩羅什的弟子們，其中一個徒弟是全國宗教局的局長，認為他喜歡玩神通，說他不守戒，就把他趕出關中。（編按：此段與其他記載有所出入。）佛陀跋陀羅尊者走到南方的時候，慧遠法師的聲望正隆，有很多人尊敬他，慧遠法師請佛陀跋陀羅尊者留住廬山，譯出《達摩禪經》，序言是慧遠法師寫的。

# 出散與六入

下午C同學問到受喜、受樂、受諸心行、心作喜、心作攝、心作解脫，同三禪、四禪有絕對的關聯，後面五個觀無常，觀出散，觀離欲，觀滅盡，觀棄捨，這五個並不是一層一層的樓梯，這五個從知息入、知息出開始都是慧觀，就是知與觀連在一起，知息進出，呼吸本是生滅法，都是空的，這也就是觀無常。你不要認為抓住呼吸就是究竟佛法，等於說唸一句阿彌陀佛才是佛法，其他都不是，那你錯了。諸行無常，為生滅法，生滅滅已，寂滅為樂，當你觀入息、觀出息、知息出入，一路都觀察清楚，同時注意觀出散，心息不要收回放在身體裡面。這要特別注意，這是我特別提出來的重點，也可以說一千多年來沒有人這麼講。為什麼觀出散呢？我們的生命同地球物理一樣，都是習慣向裡面抓，一切眾生的生命都是向裡收縮，因為都有個假我，都有個吸力想自己抓回來，錯了。

這位年輕的物理學博士提出十二因緣，我常常告訴你們注意這是真正的生命科學，無明緣行，行緣識，識緣名色。生命成胎之初，叫名色。名是什麼意思？佛學表示精神方面，以現在的觀念叫作理念。春秋戰國時期有名學，孔子講正名，名正而後言順。佛學中名是名，色是色，一個是精神的，一個是物理的，胎兒是三緣和合。一個男人的精子與女人的卵子結合，起初像冰凍的牛奶一樣，這個識進入是三緣和合，所以稱為識緣名色，識抓住這個色，就變成生命了。你們年輕科學家聽了我的課，可以去發揮。名色就是入胎之初叫作羯羅藍這一部分，胎兒是七天一個變化，經過三十八個七天共九個月成熟，每七天這個風大的動力都不同。《佛為阿難所說入胎經》把第一個七天稱作羯羅藍，這是名色階段，奶凍一樣，還沒有成形，慢慢結攏來，先生起一條中脈，就是中樞神經開始生起。名色緣六入，什麼叫六入啊？你們兩位都跟H老師學佛、學唯識，說說看。

**Q同學**：眼、耳、鼻、舌、身、意。

**師**：那是內六入，外六入是色聲香味觸法。六根對六塵，是六識所依，所以有十八界，界而無界，等於量子。平常都翻譯為六根六塵對不對？為什麼在這裡翻作六入呢？這裡要注意佛法的物理學，小乘佛法的理論稱作十種一切入，從任何地方都穿透進來。哪十種呢？地水火風空青黃赤白，是物理本身的功能變化，這九種色法都是物理範疇，還有一樣是唯心的——識。這個身體不管死了還是活著，整個物理世界都與你互相穿透，生命從入胎開始，識與這個物理世界一攪和，就跳不出來，形成五陰，生命作用就發生了。我們修持禪定要認清楚這個道理，慢慢通過解脫物質物理的作用，修持以得解脫。

很多佛學名稱，共產黨用得很高明，把解脫改一個字就成解放，佛教叢林裡方丈的祕書叫書記，共產黨的坦白就是佛教的發露懺悔，共產黨的很多元老都精通佛學，所以這些名辭用得很高明。

名色緣六入，緣就是那麼勾到，物理身體有了六入，六根配合色聲香味觸法，物理接觸思惟意識，就起了生命的作用。六入緣觸，就有感覺，觸就是瑜珈，瑜珈翻譯成中文叫相應，也就是交感，有觸就有受。

我們打坐先要把學理搞通，這十一切入對生命的影響很大，我們坐在這裡心念停不了，你明知道念頭本空，還是空不了。物理世界的種種在你身上穿過，而且自己的習氣又喜歡抓住外面的一切，這樣妄念就生生不已。所以要觀出散，禪宗叫你放下，雖然有各種入，但不一定停留啊！你只要不被騙住，放鬆，注意出氣，自然生起無常慧觀，不要被境界牽走。

不管你學什麼法門，兩腿一盤，兩手一放，這一剎那之間很清淨，等到放好了以後，又不清淨了，六入進來，你又被抓住了，所以你要放開，觀出散。

六入緣觸，觸緣受，受有苦受、樂受、不苦不樂受三種，《修行道地經》把受翻成痛，觸緣痛，受痛苦，生理的感受又形成心理的憂喜，加上憂惱、喜歡，就是五受了。受緣什麼？受緣愛，愛緣取，有了感受，越來越抓住了。取緣有，有了生命，必然老死，老死又是無明，轉過來十二因緣的輪迴。

**問**：六入裡面的觸，跟十二因緣的觸一樣不一樣？是不是同一回事？

**師**：是同一回事，只要有物理世界就一定有觸。你清楚了這個道理以後，再修安那般那的時候，注意後面幾個觀無常、觀出散、觀離欲，欲也還是觸受來的哦！不要被文字困住了，觸就是交感，就是瑜珈。關於十二因緣有首偈子，大家記一下，慢慢再去研究。

無明愛取三煩惱　行有二支屬業道
從識至受並生死　七支同名一苦報

無明、愛、取三種是根本煩惱，無明緣行，行同後面的有是業力，就是生命的動力，從心意識投胎開始，到名色、六入、觸、受、生、老死，這七個都是苦報。我們生命活著的這個肉體之身就是報身，在這個世間受報，殺人抵命，欠帳還錢，善有善報，惡有惡報，統統皆是苦，是這七個部分組成。

十二因緣還包括三世因果，唯識學講種子生現行，前生帶來的種子，變成現在的業報。現行熏種子，現在的行為，包括心理行為、作人做事，又變成來生的果報。《成唯識論》大幅講十二因緣，清清楚楚，這是佛教的宇宙觀。禪宗講放下，真放下是很難，打坐修行為什麼那麼難以證道？你注意，一坐起來自己都在抓進來，改了這個習氣，不抓進來，統統放掉，進步就快了。可是心裡明白了這個道理，真放下很難的，有時就像今天Y同學的報告一樣，放下好像氣脫了快要死了，還靠H老師把她救回來。道家講全生，真正全放了就是全生。

## 妥噶密法

講到這裡，我把結論告訴大家，你們打坐有時坐得非常好，眼前出現一片亮光，你以為那是佛菩薩的光明嗎？那是物理世界的六入來了，然後你被騙了，就抓住光明，你不要去抓，清清楚楚，內外通透都是光明，物理世界本來就在光明中。你們現在把腿盤好，這個燈光不要變，張開眼睛平視前面，不向上望，不向下看，也不集中在一個焦點，兩個眼睛張開就是了，不是看，現在燈光調得朦朦暗暗，也不亮，很自然一片光明，不要收進來哦！看到光明就定了嘛！藉用這個有相的外力光明，一剎那就定住了。你注意，換句話你聽懂了我的話就不理了，放開了，然後眼珠不動，眼皮慢慢閉下來，還是看到前面的亮光，然後忘記了腦袋，忘記了身體，定在這個境界，色法即空。剛才提到鳩摩羅什法師問佛陀跋陀羅，佛陀跋陀羅說一微空故眾微空，眾微就是空，色不異空，空不異色。你就住在這個光明上面，不守身體，一切放下放開，不拉回來，也不要抓著光，自然就在光明中嘛！當然這個光明清淨是有相的，是很好用，可不是要用心念抓來哦！你不要坐一會兒，哎唷！又被身體的感覺、覺受抓走了，那又完了，又是落在無明愛取三煩惱中了，就這麼簡單。

我這一下讓你們做試驗，可是你們不知道這個試驗在密宗要花多少錢供養，不付出代價不易珍惜。在密宗這叫妥噶，就是看光的一種修法，利用光明修定，很快達到定境界。本來我有密法的傳法資格，但不願意玩那一套，因為我不喜歡作大師，現在告訴你們是科學性的說明。很容易啊！身心清淨，就不要管身體了，一片光明就是了，忘記了頭，忘記了看，不要收攏來哦！你想收回來把它定住，那又錯了。

好，現在你們也許有人到達這個境界了，也許有的聽了還不懂，影子都沒有，那就算了，你們不要記錄，這個記錄沒有用，這是實際的工夫啊！修光明定初步是這樣藉用，還有很多方法，現在我隨便教一個給你們。假使你們定得很好，那麼把燈一下關了，你們不要動哦！還是在打坐，所有的燈一時統統關了。對了，現在你們面前沒有電光，一片朦朦黑暗，好，這是《阿彌陀經》青色青光，白色白光，黃色黃光，白天是亮光，夜裡是黑光，黑色黑光，你不要認為黑不是光，你的眼珠子不動，不起分別，就在黑色的光上入定，黑也是光色。《楞嚴經》也提到，閉著眼睛，可以看到黑暗。到了喜馬拉雅山、蒙古高原，那裡的藍天是青色青光，深青色的光，阿彌陀佛的光是無相光，實際上誰看到過光啊？光是光波密集運動的相，人們看到的不是光，看到的都是色，所以色就是空，空就是色，你定在這個光色上，一切光也就是出散。

一下開燈，一下關燈，我現在花那麼多心力引導你們，就是叫你們懂得無常、出散，當下就是，可以證入三昧定境。這是很好的機緣，你可以得定，你懂了以後，無論在地獄、山洞，在黑暗裡也可以入定。最後宇宙間沒有黑暗，在黑暗中自然放光，你的眼睛可以看見東西，因為黑暗同白天的光色不同，但光明是一樣的。我們在黑暗中看不見，白天能看見，那是眾生生活觸受的習慣而已。

剛才有人問胎兒的色聲香味觸，那個觸同現在的觸一樣嗎？一樣。胎兒在那個時候迷迷糊糊，矇矇朧朧，也是這個觸受。我今天講到這裡，把《達摩禪經》的禪定修法，最後用這個法門說明，重點是一切入與觀出散的關係，不曉得你們明白了沒有？在我覺得交待得很清楚。

你們修對了的要坐儘管坐，休息一下，各聽自由。

# 第五堂

## 宏達的體會

師：對於看光的修法，宏達說他有深刻的體會，請他報告一下。

馬宏達：剛才老師教這個妥噶看光法，由於我們經常在忙事務，有一個啟發，就是覺得這個方法可以延伸，不光是眼睛看這個現成的光定住，那麼可以把內外，所謂內外是指平時習慣性的感受分別，這個身心內外，整個宇宙一切，色受想行識五蘊，色是物理方面的，受是一切的感覺，乃至剛才老師講的十種一切入。入生觸，觸生受，受就是一切的感受，受蘊境界。想是一切的思想情緒。行是一切動態，行蘊境界，包括身心兩方面，乃至整個宇宙的運動。還有識，一切的了別，一切的分別。這個色受想行識，身心內外的一切，你隨時都把這一切就用這個宇宙光的觀念代替，一切都是光，色也是光，受也是光，想也是光，行也是光，識也是光。那麼光千變萬化，但是只是一個東西變來的，觀念上，就是習慣開眼閉眼都是光，身體的感受還有周圍的一切物理的東西也是光，隨時你覺得自己散亂了，或者昏沉了，散亂也是光，昏沉也是光，都把它歸到這個光的這一個觀念……

**師**：不是一個觀念，是一個境界，三摩地的境界。

**馬宏達**：就在這個境界上，不管你是做事也好，打坐也好，隨時你只要提起這一念，定在這個境界上，一切都歸到無量光中，你也可以隨時進入這種定境，報告完畢。

**師**：好，你講得不錯，有一點心得了。妥噶法觀光入定，是密宗的大法。我一輩子發願財布施、法布施，雙手布施是我的一生，因為從年輕時就看清楚這個世界上的眾生，貪瞋癡特別重，求法也是貪得很，拿一個紅包拜老師，小忠小勤，冀求大法，哎唷！我對老師恭敬。我也不受這個恭敬，我早就跟我的老師講過，我說先生啊！以後這個時代，不是你們過去的做法，做老師的像阿彌陀佛站在那裡，一隻手托鉢放在胸口，一隻手這樣布施出去。我說現在不然，我兩隻手都要放下，手心向外，財法兩施，眾生太貪了。

在密宗修這個大法不是這樣哦！要皈依、灌頂、供養，還要磕頭，可不是三個頭一磕哦！要十萬大拜，拜十萬遍，然後求好多年，才傳你這個大法，也不是我這樣拿來就講，是要單獨傳授。我是公開就講，科學化、學理化的說明，希望你們有智慧學到，有一個、兩個真懂得了，也是了不起。

宏達講他有一點體會了，因為他跟我很多年，平常聽課，我也單獨跟他講過。宏達開始來見我時，我們兩個面對面，我叫他上座，是一個很小的地方，那時他佛學已有基礎，我說我只告訴你用這個看光法入手，引導他觸電一樣觸一下，他修得很好。我說宏達我告訴你，夾山禪師有幾句法語你記得嗎？「目前無法，意在目前，不是目前法，非耳目之所到。」他修得很好，因為他對我很恭敬，容易接受，人熟了就不行了。所以古人有一句話：「虎生猶可近，人熟不堪親。」沒有見過的老虎，碰到還可以親近。一般人你對他太好了，變成朋友，那就隨便了，比老虎還壞。古人這兩句話把人情世故說透了，人熟了可能比老虎還壞。人家都說討個老婆是母老虎，當然老公是公老虎，公老虎也好，母老虎也罷，談戀愛的時候好得很，兩個鋪蓋要疊在一起，兩個身體抱在一起，完了，往後口角是非就多了，這就是「虎生猶可近，人熟不堪親」。

當時宏達很恭敬，上座看光，他完全對了。我說宏達四句話你記住，非常重要，夾山祖師有幾句法語，「目前無法」，你們睜開眼看光，眼睛前面沒有東西，「意在目前，不是目前法，非耳目之所到。」我說宏達你懂了，他坐在那裡說知道了。我說好，他現在跟我很多年，當年就是這樣入手，所以他下決心辭官來這裡做事。幾十年來我的朋友很多，只有馬宏達是真的辭官不做第一人。當時告訴他看光，就用夾山禪師的法語，「目前無法，意在目前，不是目前法，非耳目之所到。」

密宗恭敬老師是對的，教育必須要依照很嚴格的規矩，到最後單獨相傳，恭敬才會證入，才能證到一生成就。像我一輩子珍珠、瑪瑙隨便撒，那是我太富有了，不在乎，但是你們可憐了，不珍重，不實行，很難拿到。如果真的去修密法呢，學到這個要好多年辛苦。

## 《瑜伽師地論》的止觀

C同學前兩天問我四禪八定與止觀有沒有差別？有差別，也可以說沒有差別。這五、六天我講了修禪定的路線，你們也沒有工夫的實證，我也把大原則告訴你們了，你們將來能不能修成證果，就是你們自己的事了。

H教授帶的高足都是博士，素來都是喜歡玩學術，他在台灣成立唯識學會，然後不管我要不要，往我頭上就戴個高帽子，高到沒有頂了，還發了一個證書給我，花錢做得很漂亮。我給H教授講了三十多年，要他好好把《瑜伽師地論》研究完，他到現在還不敢向我交卷。講到這裡牽涉到心地法門，安那般那不離覺知，這個知性是什麼？談禪宗這個知的問題很多很多。禪宗不離禪定，氣是生理方面，一心不亂能夠知道氣，心跟氣合一的那個念，也叫作知性，是智慧的觀察。比如修安那般那，曉得自己妄念都不動了，氣進來出去都曉得，看清楚了，境界上是離生喜樂，心裡歡喜發樂。

學密宗是富貴法，每問一句話都要磕頭供養，不是這樣隨便問答，像你們有時候來，我還請你們吃喝，還很客氣地送你們，你以為你們是我的朋友啊！這些教授們、老闆們哪個好對付啊？每個都很傲慢，我都把他們哄來，教育就是誘導，誘導就是哄騙。真學密宗就不是這樣了，上師坐在上面威嚴得很，磕頭供養，然後嗡嗡唸咒，嗯！今天看你不行，過幾天再來。好了，趕快低著頭走了，再等幾天，再拿供養，再磕頭。

你們打坐有這個喜樂的體會嗎？有沒有歡喜心開？今天Z同學說很喜，V同學講很喜，是不是禪定的歡喜還要體會。樂是身體的快感，密宗告訴你精不降則樂不生，是真的，你們心散，氣在上面沉不下來，樂起不來。氣不充則光明不生，同物理都有關係，這是密宗大法哦！我沒有問你們要一分錢。我加上一句，神不充滿，你達不到無念的境界。這是精氣神，精不降則樂不生，氣不充則光明不生，神不充滿你達不到無念境界。

你以為初步學打坐，一邊做事業，一邊聽老師講一些道理，抄一點、記一點就有學問了。我都笑你們是剽竊之學，這裡兜一把，那裡兜一把，就去吹牛了，這叫剽竊之學。為什麼工夫做不到？你們既要發財，又要作官，然後還能夠成佛，世界上的好事都給你佔了，那我幹什麼？這是專修的真實工夫，你們好好修要懺悔。

你們不要以為蓋一個塔，修一個廟，為菩薩裝個金身，就算是功德，這是做生意！自己想供養了以後得好處，這是貪心。功德是自己快要餓死了，只有一碗飯，看到別人沒有吃的，就讓出去，那才是功德。真發心做功德的人我沒有看到過，貪心都要受報。

所以工夫不能得定，是因為精氣神這三方面不充滿，得定以後有覺有觀是初禪離生喜樂，覺什麼呢？感覺得喜得樂嘛！喜樂是精氣神充滿了，精不降樂不生，氣不充滿光明不起，神不足，自然也不清淨，其中都有覺觀的作用。

二禪呢？無覺無觀，定生喜樂。三禪是無覺無觀，離喜妙樂。四禪呢？

捨念清淨。這是印度佛法初步傳到中國的教理與禪定修持。玄奘法師從印度取經回來，他並不滿意以前的翻譯，其實他翻譯的是後期佛學，尤其是偏向於彌勒菩薩的唯識系統，不用覺觀，而翻成尋伺。初禪有尋有伺，二禪以上無尋無伺。覺觀是古代的翻譯，那什麼叫尋伺呢？尋是用我們的第六意識，無論禪密淨土，修行打坐都是靠第六意識，一切法門都靠第六意識開始修行，不要輕視這個分別心，尤其學唯識更要注意了。禪宗的第六代祖師惠能，他不識字哦！可講唯識比誰都講得好，他講「六七因上轉，五八果上圓」。轉識成智，開始修行都是從第六意識開始的，所以八識緣生裡有染有淨，開悟得定了，才是淨依，妄念造惡業都是染依，正反兩面都有。第五識和第八識要到證果的時候才圓滿成功啊！所以禪宗祖師有時候打破一個茶杯，碰到一個機緣，哇！開悟了，不過是第六意識平淡了，是因耶！然後心裡覺得空空洞洞，那是初步六七因上轉。

譬如修安那般那，知息入知息出，這都在有尋有伺中，都有個念頭在找，意識在動。什麼是伺呢？下午Y同學報告說一下瞎貓碰到死老鼠，沒有妄想，也好像沒有氣了，好舒服，清清淨淨坐著，她的老師拿個紙放在鼻子上，好像不動了，這是伺的境界。這個時候還知道不知道？一切皆知道，可是沒有妄念。《瑜伽師地論》告訴你最後尋伺兩方面都清淨了，就是二禪到四禪的境界。《瑜伽師地論》有十七地，這一篇叫尋伺地，尋伺地過了以後，另外講有心地、無心地，什麼叫有心？什麼叫無心？什麼叫妄念？什麼叫非妄念？分析得非常仔細，這就是真正的認知科學與生命科學。

你修到無覺無觀，念頭都清楚，是不是有心地啊？證到意識清明面的現量，但是後面還有東西，所以到了無心地，那就是真正的認知科學與生命科學。有幾個無心地啊？五個無心地，「睡眠、悶絕、無想定、無想天、滅盡定」。所謂無心，第六意識心不起了，沒有起用，並不是徹底無心哦！那麼以禪宗來講參話頭，死亡完全無知了以後，請問你主人公在哪裡啊？這是禪宗了。一樣的原理，悶絕是昏過去了，譬如腦震盪，被人打一棒，或者腦神經壞了變成植物人，植物人還有沒有知覺？這是醫學問題哦！人家問我，我說有，成份很輕微。《楞嚴經》上也告訴你一個消息，完全昏過去了沒有知覺。前兩天有位催眠大師來，他在台灣有一本書出版，有人通過催眠知道前世今生，那還不是無心地，那是獨影意識境界。悶絕是無心地，完全昏過去了，即便吃了麻醉藥以後，還在做夢也不能說是無心地，還有夢境就不算無心地，第六意識沒有完全昏迷。無想定是把第六意識關閉了，他的果位到無想天。滅盡定是把思想、感覺都滅了，覺觀尋伺都沒有了，這屬於五種無心地。那麼拿禪宗來講，「莫謂無心便是道，無心猶隔一重關」，不要認為無心就是得道了，無心猶隔一重關，這是禪宗，也是安那般那的結論。

**F同學：**請問老師，十六特勝裡面的「受諸心行」指的是什麼？

**師：**那是分別心的寧靜，好像是沒有起分別的那個心境，以唯識學而言，是第七識的境界，覺照到很微細的心念活動，因為前面的知性都還在觸受上面轉。

# 八月七日

# 第一堂

## 自力與他力

念佛、念咒是修定的方便法門，是大方便也是究竟方便。這兩句話很有層次的不同，有很深的科學、邏輯道理，唸咒語字音一定要清楚，宇宙間基本的修持有兩個力量，其實是一體的，一個是自力，一個是他力。譬如嬰兒從出生到長大，有他自己的生長，也有父母的照應，家庭的照應，社會的照應，朋友的照應，以及國家政治的照應，照應的對不對那是另外的問題，是靠這樣的照應成長，所以學佛講「上報四重恩」。哪四重呢？自己要知道父母恩，國家恩、眾生恩、師長恩，「上報四重恩，下濟三途苦」，隨時要發願，對於下三道的眾生，畜生、地獄、餓鬼，想幫助他生命昇華，所以學佛注意這兩句重要話，「上報四重恩，下濟三途苦」。他力使我們生命存在，但他力也靠自力，儘管有父母照應，這個孩子生出來可能會死掉，父母痛哭流涕也照應不了，社會也同情，只有可憐，所以是自他不二。

念佛念咒得他力的加持，等於我們有事情打電話給朋友來幫忙，但你的手機電訊要發清楚，當然佛菩薩的神通智慧比我們清楚，可是我們自己也要弄清楚。中國儒家的道理也一樣，「自助天助」，要想得到天地他力的幫助，自己要站起來，人家拉你，你還不肯起來那有什麼辦法。自助天助，自求多福，都是儒家傳統的道理。像我們有些朋友發生了事情，出大災難，事先我都講過的，勸他不聽，我常常幾十年感嘆自己，很多的話講過了，很多朋友過了多少年，出了事才說，老師你還是對的，我說對個屁！你早已經不對了，開始不說我對，也相信我說的，就是轉不了，所以自力很重要。

世界上一切的宗教，天主教、基督教、回教基本是求他力，念阿彌陀佛也是求他力。譬如今天念的六字大明咒，觀世音菩薩、正法明如來也是很古早就成就的，比釋迦牟尼早，普賢菩薩、文殊菩薩都是早已成就的，比釋迦牟尼還早的佛。這個世界、這個時代在這個劫數佛教中釋迦牟尼當教主，有些大菩薩是化身來幫忙，都是前輩的如來化身來幫忙，這叫菩薩道，化身來還做弟子，幫忙他教化，等於都是釋迦牟尼佛在這一生的助教。所以念咒語同修氣、煉氣、練音聲的觀音法門一樣，要字字清楚，發音清楚，即使工夫到了快念，每個字也要清楚，重點配合安那般那。調氣非常重要，所以整齊地念很快，聽不清楚不行。當然佛菩薩清楚，你起心一動念，心裡一想，佛已經知道了，但是透過音聲發電報、發手機給菩薩，自己要恭敬念念清楚，字字要朗誦。念南無阿彌陀佛也是咒語，南無表示皈依。譬如準提咒的前一半都是皈依讚歎，「南無颯多喃三藐三菩陀俱胝喃怛侄他」，都是皈依讚歎之辭，「嗡折隸主隸準提」，這是咒心。楞嚴咒那麼長，最後六句是咒心，是很重要的電信中心，與他力接上。嗡阿吽是基本音，發音一定要清楚，同自己修持有重大關係，誠心唸咒可得他力加持。

譬如我們讀韓愈的文章，講到人生「窮極則呼天，痛極則呼父母」，當然一個人在身體受到災難，痛苦生病時就喊「我的媽呀！」自然的天性，痛極則呼父母。人倒楣了就大喊「天啊！」外國人也自然叫出來「我的上帝啊！」窮極則呼天，痛極則呼父母。到了最後是自他不二，一體的，等於心物一元，但是得他力的加持必須要自己念熟，精氣神要貫穿，剛才我聽到有人嘛（音麥）念成馬，差一點點，嗡—嘛—呢—唄（音拜）—咪—吽，吽是丹田的音，嗡是頭部的音，同氣脈有關係。譬如說大悲咒，有時悉利悉利，像下雨的聲音，咒語裡頭不是這個意思，但是有關聯，薩婆薩婆，摩囉摩囉，摩醯摩醯，這一切的聲，萬物皆有聲，皆有他力，把他力跟自己結合在一起。所以儒家講五倫，君臣、父子、夫婦、兄弟、朋友，也是他力團結在一起，才能夠成功一切事。

## 何處覓劍仙

聽到你們唸咒，團體唸要發聲統　，但是不要緊張急促，氣急敗壞地唸。所謂金剛唸誦，安那般那修好了是基礎，比如我們拿三個字做比較，嗡

——，什麼叫金剛唸誦，嘴唇、牙齒沒有動，我們發出聲音是嘴唇、牙齒、聲帶、舌頭、喉嚨的肌肉，就是I同學講的那十二對神經，腦部震動了，金剛唸誦是到了修氣修脈的程度，嗡——，舌頭不動了，牙齒不動了，嗡——阿——吽——，舌頭不動了，金剛唸誦是用氣而非用力。

道家的劍仙修煉武功也有這種方法，你們現在不曉得劍仙，真有，我見過，這就是我一生的法緣。至於小說中描寫的手一指，一道白光出來我沒見過，但是我遇見一位道士，當年抗戰時我想跟他學，國家還在打仗，我還要出來帶兵跟日本人打仗，跟他學要一輩子，哪有時間跟他學！只好磕頭：「師父啊，我走了，對不起我不學這個了。」我叫他表演給我看，他不肯。他是鶴鳴山上的道士，就是現在四川大邑縣，也叫鵠鳴山，道教最初的創立人張道陵得道的地方。這位道人師父叫王清風，很不容易碰上，我很辛苦找到了，在那裡吃的也很苦，那倒也無所謂。他見到我很高興，說修這個你什麼都要放掉。最後我說我放不掉國家天下事，只好作凡夫、作英雄去，不作聖人了。我問他的徒弟：「這位大師兄，怎麼能叫師父放劍給我看一下？」

他說那你做不到，很少見的。這是氣功了，由安那般那到氣功。後來這個師兄站在山邊土地上講話，我說要走了，我們感情都很好了，他們還捨不得我走，他站在那裡擺一個太極拳的姿勢，兩個鼻子哼一聲，下邊的泥巴都變成灰飛了起來。我很佩服，但是我的心還不滿足啊，想看看真的有劍光一道。後來跟王師父講，我要下山了。他很感慨，他說以你的根基，如果專修很快會有成就。我說不行啊，我要打天下去，跟敵人打仗，搞這個一輩子就脫離了現實，所以我做不到。我有好幾次練武功的機會，都是這樣。「師父啊，佛家叫慈悲，你對我很喜歡，你就為了愛我表演一點給我看吧。」他就哈哈大笑，忽然一指，對面這棵樹你看到嗎？把我的眼睛引到對面山頭一棵樹，我說看到啊。「你看！」他手一動，對面的樹，啪！切斷了，可是沒有光啊？咦，我說真有這個工夫。

當年抗戰的時候，我們的戰事處處失利，有一個四川人，蔣先生最信任的何雪竹先生，統一東北時何先生的功勞很大，他是大軍閥，也是讀書人。何雪竹在抗戰時候經常上報告給蔣先生，說哪裡有個劍仙，哪裡有個神仙，你去找來，手一指日本的飛機就掉下來了。他作過總司令，我們都叫他何老總，我們就笑他，怎麼老講這些莫名其妙的事？後來在台灣，有一次他請我吃飯，我對他也很恭敬，在他家裡，我說雪公啊，我問你一件事，你這幾十年上的條陳——民國以來叫條陳，皇帝時代叫奏言。從北伐、抗戰到現在，聽說蔣先生對你的條陳是言聽計從。他說對啊，沒有不聽我的。可是聽說你的條陳，後面都有點莫名其妙，你告訴老頭子哪裡有個神仙，哪裡有劍仙，把他找來，日本的飛機就不怕了，手一指就掉下來，聽說你每次報告後面都加這麼一條。他就哈哈大笑，說：你都知道啊？我說：外面也聽到，侍從室也講，不過你的地位大家不敢問，不敢說的，都覺得有點迷信。他說：什麼迷信！一點都不迷。他也學佛學道。我說：為什麼這樣？他說：你不曉得，凡是皇帝都很嫉才的。這一說我就懂了，我說：你真高明。凡是當領袖的人都很嫉才，都怕下面的人恃才傲物，有本事看不起別人，所以我最後故意弄拙給他看。結果老闆什麼事都聽他的，因為老頭子有個心理：何雪竹很了不起，就是有一點迷信，腦筋不清楚。其實這是他保護自己的方法。那天晚上吃飯，我聽了哈哈大笑：雪公啊，你這個人真是高明，這些是作人做大事業的秘訣，不要傳給別人啊。凡是高明的領袖都有點嫉才，怕有人比他更高明，所以故意弄點神經給老闆看。這個教你們很危險，不要學會了亂用。

還有一種念誦，念嗡嘛呢唄咪吽，印度有人譜成歌曲了，把念誦唱得非常好聽，我倒喜歡，所以有時候我在汽車上叫司機放這個錄音帶。

# 第二堂

## 囟門的祕密

我們孩子生來頭頂上有個地方跳動的，這個叫囟門，嬰兒囟門沒有封住，在中國、印度傳統認為是所謂天人交通，所以這個時候嬰兒微笑啊，有各種表情，等於說有相似的神通，也許比夢境還清楚，所以道家《黃帝內經》講生命的這個階段，是屬於先天。所謂先天，是同原來生命，同上界天人還通的。所以嬰兒有時候笑，他有境界的，可是分別心不強。等到囟門這個地方完全封了，開始講話，第六意識就開始起用了。真的修道、打坐，安那般那修通了，頭頂是要打開了，所以四加行的煖頂忍不只是理論。但是I同學講的囟門是後腦這一點，後面還有一個囟門，他講的是這個，我們每個人頭髮最前面的那裡用四個指頭壓下去，就是囟門，這裡再向後一個半指頭，這個囟門不同了，所以修道、出神是後面這個，還不是前面這個，這是祕密中的祕密。學密宗的人，你們不要聽了將來又到外面亂吹，東講西講，自己認為高明了不起，這是犯戒，犯妄語戒。你工夫還沒有到，吹個什麼？心裡有數，不要去吹牛，愛吹牛的人要守戒。我現在不是當著你們，是當著佛菩薩公開講了。

## 實修的路線

A同學的報告提到走這個實修的路線，看這兩本禪經，《修行道地經》同《達摩禪經》，很難懂的，文字的問題還有內容的問題。注意那是魏晉時期的文字，同唐代的文章又有不同。文化的基礎在文學，每一本經典代表了那個朝代的文學文體，的確不同，大家沒有好好研究過文學，所以我常常強調文化的根本基礎在文學，從兒童時代下手學習，半年、一年差不多就會了，最多兩年，基礎打好，一輩子取之不盡、用之不竭。但是我們推翻滿清以後，西方文化一來，舊的文化被自己打垮了，自己看不起自己，現在重新接起來是好難好難的工作，我也努力了一輩子，接近完全失望。所以這兩本經難看在這裡，但好好研究還是懂得。A同學提到的《坐禪三昧經》，我沒有特別提倡，這是鳩摩羅什法師譯的，是把很多佛經的要點抽出來，資料很值得參考，也不出《修行道地經》《達摩禪經》的範圍。

## 罰汝不死

昨天講過，因為佛陀跋陀羅禪師批評了鳩摩羅什，他的徒弟們甚至把佛陀跋陀羅趕跑了，說他玩神通犯了戒，做學術研究這裡很有趣，佛陀跋陀羅事先說印度有祖師來中國了，在船上快要到了，因為他看到開船的景象。當宗教局長的那個僧統就說他玩弄神通。

譬如佛囑咐留形住世的四位尊者，羅睺羅是佛的兒子，迦葉尊者是一位，還有賓頭盧尊者，現在大家在五台山、普陀山齋僧，千僧齋，隨便什麼時候有千僧齋他一定來，所以到千僧齋你特別注意，留一個位置他一定來參與。不過你認不得，他或者變成很老，或者很瘦、殘廢或者很漂亮，受你供養就走了，臨走一定給你留一個跡象，你們要聰明就看出他來過，他是留形住世的尊者。

另外，還有一位君屠鉢歎，這位尊者曾是印度的一位宰相，印度當時幾十個國家，他是宰相出家的，出家以後，他一切成就有神通。有一次佛在說法，他忽然回來了。當時婆羅門教對佛教、對釋迦牟尼佛打擊批評，婆羅門教的教徒把一個金鉢放在很高的地方，就對佛的弟子們講，你們阿羅漢都有神通，能夠伸手把這個鉢拿下來，我們就服你了，不然你們吹牛。這些大阿羅漢有神通的多得很，都不敢動，都守戒律，管你的，你愛罵就罵。君屠鉢歎剛好來坐在那裡，旁邊鄰坐的人就告訴他了，你不是神通高得很嗎，這個婆羅門教好討厭啊，弄這個逗我們玩，世尊不准玩這個事，誰也不敢動，你剛回來，世尊對你是另眼相看啊。君屠鉢歎笑笑一伸手就拿下來了。所以五百羅漢中有個長手羅漢就是他，我們現在塑的羅漢有個手長得不得了，就是代表他。佛知道了，把他叫過去痛罵一頓，告訴你們不要玩這一套，使人家不懂得正法，以為神通就是佛法，罰你不准死，留形住世。

所以人生有時候想死，佛給他判了罪不准死。我常常笑，北京有個同學來看我，我就講人生痛苦，他說老師啊，我活到都不怕，還怕死嗎？我說你說得好，活著比死難受。

後來鳩摩羅什的弟子就說佛陀跋陀羅玩了神通，是很嚴重的犯戒。近代尤其是虛雲老和尚嚴格得很，雲居山過午不食，午後齋堂拿鎖鎖起來，怕人犯戒。過去明朝到清初，大家過午不食，在禪堂打坐參禪，有個人肚子很餓了，輕輕地講好餓啊，隔壁鄰座的和尚聽到了說，你也餓了？你要吃嗎？他說要。和尚伸手從衣服裡拿出來鍋巴，吃吧。他是伸手到廚房裡拿的鍋巴。方丈大和尚大徹大悟，當然知道了，天亮就說昨天晚上禪堂有人犯戒，我不說，自己出來，這個拿鍋巴的人有神通，馬上出來跪倒，大和尚說遷單！趕出去了，不准住叢林。玩神通是很重的戒律。

# 誰能不漏丹

第二個性欲漏丹的問題，這是很嚴重的問題，出家人的戒律第一條是戒淫，菩薩戒第一條不是戒淫，是戒殺，完全不同，不是說菩薩不戒淫，是放在條文第三條。出家真修實證，這是關鍵。千古以來幾乎沒有人敢面對現實，正式討論漏丹。男女性行為一定漏丹出精，這是現代醫學的大問題，甚至現在美國的醫學，提倡老年人也要性行為，否則會影響老年人的健康問題，科學是這樣的觀點。宗教不管是佛教、道教、禪宗、基督教、天主教對於這個性的問題是一致的，是避開的，西藏密宗的白教、花教、黃教，尤其是宗喀巴、達賴、班禪這些也是逃開的，非常嚴重。我說世界上只有兩家，一個是修密宗的紅教，一個是修道家的南宗，是面對現實修雙身的，男女關係並未禁止，這是個大問題。你問的這個生命科學的問題太大了，要專論，所以漏精不漏精對生命重點的關係究竟如何，現在西方醫學對這個問題的觀點完全相反，他們是提倡。

那麼什麼是精？你要研究佛所講的，全身的細胞，我們這個精神都是精，不是精蟲那個精，精蟲的產生通過腦下垂體，從一動念開始，腦下垂體荷爾蒙下來，到胸口的荷爾蒙，甲狀腺的荷爾蒙，到青春腺的荷爾蒙，性上腺的荷爾蒙，一直到男女性器官，這個荷爾蒙受性的觀念，同動作摩擦刺激，最後到達兩個睪丸，一剎那之間變出那個精蟲出來。這個科學也很深，我也沒有專門開這個課。我在美國的時候，包卓立說老師啊，你把這個課公開了做科學報告，那是前無古人，後無來者。我說那我全世界沒有地方住了，大家一定叫我性學大師，我說我不幹，除非我到一百多歲以後才告訴你們，這跟醫學、科學關係很深的。

漏丹是道家的名稱，不是佛家的。女人也出精，可是我問過幾個婦科的醫生，都不懂女人出精，我說你又錯了，女人出精比男人還嚴重，男人只是一次，我說男人很可憐的，這個性行為是用全身的力量憋出來一點，一下就完了，然後翻過來一條白花花的死豬一樣躺在女人旁邊。女人不同，女人的性有時很難發起的，發起是長的，這個我不能講，講了你們將來叫我性學大師了。女人是不容易發動，發動起來不得了，比男人還厲害，其實都在出精，她排卵不算是出精。那麼女人為什麼懷孕呢，性行為不一定懷孕，在性交那個階段正好碰到了排卵期，在那個時候這個精蟲下來，男人的精蟲在女人的體內停留二、三十個鐘頭，所以譬如強奸人，或者那個男人乃至陽痿，也可以懷孕啊，那個精蟲同性行為懷孕不懷孕、快感不快感完全兩回事。所以漏丹這個名辭不止是性行為，平常的手淫、遺精等等都是漏丹。遺精到什麼程度，有的人身體不好，站到廁尿都可能漏丹。

譬如我講兩個人，我的一個好朋友，八十多歲死的，他學禪宗、道家一輩子，從十幾歲就漏丹，漏到站到廁尿都會漏精，但活到八十幾，那漏丹同生命有沒有關係？不止這一個，還有一個在台灣修道家的朋友，專門怕漏丹的，也是已經六、七十年，修道家拚命怕漏。漏丹有個地方可以停止的，但傳這個要配合你的道德，道德很高才能傳，不然在道家四個字，罪犯天條，不是人間的法律，是上天法律所忌諱的，古人講得很嚴重，所以你問這個是很難的。儒家、道家是走這個路線，佛家是絕對戒這個欲，其他的宗教是避開、逃避。禁欲跟戒欲是兩個觀念，所謂戒，沒有講它是罪惡，但是這個有界限的，戒掉了。禁欲呢，就認為這個是罪惡的，完全禁止。我講哲學的時候，常常說人生的欲、男女之欲本身沒有罪過，也不是善也不是惡，是個動作行為，因為性交，因為男女關係，牽連地妨礙第三者，妨礙別人，或者對對方使用武力，那是罪惡。欲的本身，兩人動作摩擦等於左手擦右手，本身沒有什麼罪惡，罪惡是配上心理的，所以禁欲跟戒欲是兩回事。

只有密宗的紅教同道家南宗講雙修，昨天講到薛道光、張三丰這一類都是南宗，我們研究張三丰是元朝人，也活了兩、三百年還不能得道，他要找一個雙修的對象，一個女人找不到，最後還是到今天提到的四川鵠鳴山。據說他找到的對象，是賣豆腐店的一個小姐，很醜，一身都是大麻子，並不漂亮，可就是神仙的根骨。他找到對象了，最後張三丰是在鵠鳴山得道的，修道跟成道是兩回事。

你要問這個問題是很嚴重的，道家、儒家不是禁欲也不是戒欲，叫清心寡欲，注意寡是儘量地減少，不常來。《黃帝內經》《素女經》這些不是叫你縱欲，是叫你清心寡欲，而且性行為要有道德，對對方有禮節。普通性行為是個大虐待，一定要害得對方要死要活的，這一方面才痛快，痛快以後死豬一條，兩人翻開來昏昏大睡，毫無道理。道家、儒家是清心寡欲，A同學所提是個莫大的問題，我只能給你講到這裡，要傳這個太難了。

# 第三堂

## 力爭不漏丹

關於漏丹不漏丹的問題，那是現代的醫學，中醫、西醫、生命科學的重大問題，我們在座的有個漏丹的老經驗，但是他身體也是蠻好，現在他聽我的話，很決心地戒掉了。他並不是貪圖快樂，人類奇怪吧，他認為這個是應該的事，他年輕到現在一天漏兩、三次，蠻不在乎，無事生非，他覺得那個很輕鬆，這是生命大科學，讓他給你們報告一下。

X同學：慚愧，像老師說的，過去我確實是有一個毛病，大學畢業以後，開始因為不是自然的漏丹，是自己幾乎每天都是這樣自己玩，就是晚上的時候不這樣睡不著覺，而且有時候平均一天一次還不止，有的時候中午也是這樣，也覺得不好，就是曾經想著能戒，但從來沒有超過一個禮拜，有的時候我說到年底了，每年的最後一天和第一天別這樣，結果都做不到，持續二十多年。結果兩年前也是在這個地方，老師講禪與生命認知的科學，那一次來過的同學都知道我被老師在這邊當頭棒喝，那一次感受非常好，最後總結的時候我突然就說我自己決定戒掉。當時我也是在這個位置上說的，回去以後我自己認為可以戒一個月，結果第一次一百天，然後隔了一段時間兩百天，所以最後的時候過了兩百天我過來問老師，說這個守丹我能守住了，你得告訴我怎麼能把它化掉。然後老師就問了，那你出來了嗎？我說沒出來，他說那自然不就化掉了嗎，還要化什麼化？最後我一想，好像也是這樣，只要心靜下來，像今年我也是，我準備守　年，從元旦到現在確實還是做到了，最大的感受是什麼呢？身體從二〇〇六年的七月一日到現在從來沒有感冒過，偶爾嗓子會痛，拉肚子，或者受一些風，立刻就能好。怎麼去守，我覺得其實說不出來，就是自己告訴自己一個聲音：你覺得你應該去把它停了。就能守住，不要刻意。剛開始的時候，二〇〇六年那個時候，前面那幾個月會比較難受，現在生理上肯定不會有這種衝動，不會自然的衝動，每天早晨醒來還跟年輕時的狀態一樣，心理上的衝動也非常弱，除非有的時候自己告訴自己怎麼想，才會有這種衝動，我覺得反正是個緣吧，我說能夠守住可能是過去太多了，已經沒了，所以現在就能守住了，不知道是不是這個原因，謝謝。

**師：**謝謝，做現身說法的報告。這是醫學、生命科學的大問題，這位X同學，他頭腦非常好，智慧聰明。你再講講這幾年生理的感受，與心理、腦筋有沒有不同，都很客觀地講。

**X同學：**所以其實我覺得這裡面和這個修行內心的寧定有很大的關係，我覺得主要還是得益於你內心認定了，本性的我告訴你一句話，我覺得人的行為都像是計算機的程式一樣，你原程式設定了一個，而且這個信號是從最根本的地方發出來的時候，一定能守住。我覺得我這麼多年做到了兩件事，一個是幾年前我決定戒酒，因為我這個人好交朋友，那個時候我每天能醉兩次，最後我覺得不行，從四年前我就決定戒酒，告訴過自己以後，確實在任何場合滴酒沒動，就有再大的誘惑、再大的壓力，因為最初的心去告訴自己，然後就能做得到。守這個也是這樣，還有我認為這個不難，我不知道怎麼去煉精化氣，你靜下心來它自然就不知道去哪兒了。

**師**：謝謝。所以你們提這個問題，不是一個普通的問題，我再三強調，醫學、生命科學、人生道德修養很多問題都從這個基本來的，我之所以要請他出來報告，他有這個氣派，你看我叫他講這個話，他站出來毫不猶豫就講了，他講話不用麥克風，聲音也很人，他生命力本來就很強，他從大學畢業二十幾歲起就玩這個，假使不是這樣玩，一分精神一分事業，他的事業更不得了，這個同事業、同人生關係都有連帶。所以你看學問好的讀書人、學者身體都很弱，真正的大事業家，都是一分精神一分事業，他的精神事業不同。有的時候他都怕來看我，因為我對他要求很嚴厲，為什麼呢？恨鐵不成鋼，以他的經歷、精神應該做更大、更好的事業，我內心也很憐憫他，他自己也在困惑。

# 天人的情愛

宗教對於這個性的問題是壓制的，學問家是逃避的，面對現實研究修行的，只有兩派法門，一個是道家的南宗，一個是密宗的紅教，雙修法是欲界天人的修法，之所以是欲界，是因為有欲。

你們看《楞嚴經》，欲界天有六重天，第一重四天王天同我們最接近的，四大王天上面再高一層是三十三天，比如現在的體制，東南西北四方面是大國王、大諸侯，是三十三個諸侯的聯合國，中文翻譯叫三十三天，道家把這個主宰叫玉皇大帝，佛教叫釋提桓因。所以研究天主教、基督教，你信的上帝是哪一位，還是問題。

三十三天因為是欲界，他們也有男女性行為，在佛學講是「笑視交抱觸」五欲，「笑」，彼此開心喜愛；「視」，我看你，你看我，烏龜看綠豆，越看越對眼；「交、抱」，兩個人抱到一起跳舞性交；「觸」，是身體接觸在一起。這是欲界，「笑視交抱觸」，三十三天還是這樣有男女關係。

不過我常常給大家講修行人如果光是戒行守得好，即使不懂修行，不懂般若，不懂修持，這一生不犯男女淫戒，死後會變成天人。

三十三天的上面再高一層叫夜摩天，中文翻譯叫時分天，我們講一天晝夜十二個時辰，現在講二十四個鐘頭，四大天王天、三十三天，時間系統跟我們太陽系統、月亮系統有關。到了時分天，時間不同了，時間是相對的，他的一天一夜同我們的一天一夜相比是拉長了。今天因為A同學提了這個問題，牽涉這個也很重要。時分天有個文學化的名辭叫離恨天，譬如說賈寶玉跟林黛玉不能結婚，感情非常傷感，永遠埋在心裡，魂歸離恨之天，《紅樓夢》上寫太虛幻境都在離恨天上。《紅樓夢》上講惜春的境界，「可憐繡戶侯門女，獨臥青燈古佛旁」，還有「多情自古空餘恨，好夢由來最易醒」。

夜摩天以上就不同了，有沒有性欲關係？有，彼此看見拉個手，身體碰一下已經解決了。不像三十三天、四大王天，不像我們人世間這個笑視交抱觸，要色好看，看到漂亮，聲音我愛你嬌滴滴，好聽啊，身體的體臭，彼此接吻的味道，色聲香味觸法，還有意識，精神上、心理上的享受，這是有欲的，笑視交抱觸是講動作。男女性行為都包括色聲香味觸法，這個好享受啊，這個是我對象，我愛你你不愛我，我要自殺，真到不愛時去你媽的你自殺就自殺，都是意識的作用。

再上去是兜率天，現在彌勒菩薩在那裡作天主，每一個佛到人世成佛、作教主以前，一定經過這個階段，等於是我們的選舉一樣，一定先作過省長，作過地方諸侯，才可以選總統。未來的佛是彌勒佛，他現在是兜率天的天主，還是欲界。兜率天的男女性欲關係，是你看我、我看你，彼此笑一笑就完成了。所以我們是精氣神全體性交，到時分天以上是氣交了，兩個人握手就行，到兜率天以上是神交，只要彼此一笑已經達到快感目的了。兜率天裡分內院外院，外院也有飲食男女，天人看我們吃東西等於我們看豬、狗吃東西一樣，我們覺得魚翅燕窩一桌一萬兩萬，天人看起來都是很髒的，早早避開了，問都不問。人天飲食不同，男女也不同，這都要研究清楚，你才能談修行。兜率天內院是什麼？比方我們的禪堂，彌勒菩薩每天下午到晚上，好像我們現在這幾天一樣，是講修行的，這是兜率天的不同，這還是屬於欲界。

再上去神交的是化樂天，你看這三個字化樂天，精氣神化了，念頭一動就化，剛才X同學的報告講得對，這個不在動作，是心的關係，他念一動就化了，有沒有欲的關係？有，彼此有情意的男女雙方，心念一動，通過眼睛對視已經溝通了，沒有時間空間的障礙，叫化樂天。

化樂天以上是他化自在天，兩性關係通過念頭一動，眼神一接觸就解決了，也有男女的差別，完全是神交，不是精交，也不是氣交。所以《楞嚴經》講：「於橫陳時，味同嚼蠟。」你去研究研究，到這個時候，男女兩個在床上橫著躺倒，看到裸體乃至身體的接觸，好像左手握右手，味同嚼蠟。這樣的欲念淡薄，死後往生化樂天。你們把蠟拿來咬一咬就懂了，澀口不好吃，嚥都不想嚥。可是中國人講男女之間的愛情，加上我的解釋有三個階段，情、愛、欲。化樂天、他化自在天只有情，兜率天到時分天是愛，我們男女之間則更多的是欲。

六欲天是天人境界，現在研究宗教，你相信天主，每一個天都有個中心皇帝，有個總領導，你信的是哪一個天主啊？六欲天、他化自在天到色界初禪天這個交界地方，都屬於大梵天管。什麼叫梵呢？梵行，修行就是梵，清淨。《紅樓夢》描寫的太虛幻境，又清淨又有情愛欲，可是又跳出情愛欲，妙不可言。梵是清淨的意思，他化自在天還是大魔王，所謂魔不是什麼凶神惡煞，有感情、有欲望、有思想就是魔，最大的魔就是自己的感情與思想。所謂天人合一的境界，中國儒家隨便講，成了代號，你講的究竟是哪個天？還沒有搞清楚，佛學給你分析，印度文化配合中國道家文化研究，你說這個是假想，你去想想看，就算是假想、大妄想，能夠分析得那麼清楚，談何容易啊。六欲天的最高的天主還屬於欲界，跳過了這個欲界，是初禪境界了，所謂初禪心一境性，離生喜樂，那不是欲界的事，已經到色界了。色界沒有欲了，男女之欲清淡了，不但沒有欲，也沒有脾氣，心清淨了，不是沒有脾氣，脾氣化成慈悲了，自有大慈大悲心起來，這個是色界初禪了。

所以修禪定達到初禪，已經跳出欲界到色界了，從六欲天到人間再到十八層地獄，都有形體，都有精氣神，不過精氣神一層天一層天慢慢昇華，到色界天初禪境界只有光了。色界又分十八層天，修禪定要配合天人境界，從欲界昇華到色界。佛家講這個地球形成、人種來源不是上帝造的，也不是達爾文進化論講猴子變的，我說那是達爾文的祖宗，不是我的祖宗。以佛學來講，地球原來的人類是光音天人因為貪玩下來，這個地球上很好玩，吃了地球上的飲食，身體變粗重了，光也沒有了，慢慢飛不起來了，留下來變成人種了。光音天還是有情之天，所以欲界天是物質的世界，色界天是物理的世界，這裡邏輯上有個差別，是物質跟物理之別。

超過色界就是四禪八定的四空定，空無邊處定、識無邊處定、無所有處定、非想非非想處定。四空定的果報生四空天，超過了色界，叫無色界，沒有物質的身體，也不屬於物理的身體，完全是精神狀態的世界，那叫作四空天。欲界、色界、無色界合稱三界，我們修道想要成仙成佛，跳出三界外，不在五行中。可是我也常常問學佛的人，你老兄跳出三界外，不在五行中，要跳到哪裡去啊？即便跳出了三界外，還是憐憫三界眾生，還來度人，這是菩薩、佛的境界了，也就是聖賢世界。

# 第四堂

## 法塵分別影事

對於《達摩禪經》，我也常說大小乘的佛法，中心重點之一是在四禪八定，四禪八定不是佛法的究竟，但是基礎，很重要。佛在《楞嚴經》上還批評九次第定，他對阿難只講心物一元的根本，如何明心見性的道理，在這個根本上，佛講了重要的名言：「縱滅一切見聞覺知，內守幽閑，猶為法塵分別影事。」「現前雖成九次第定，不得漏盡成阿羅漢。」佛告訴阿難：你沒有證得本性，現在假使修到了四禪八定，猶是法塵分別影事，其實仍是在第六意識、第七識的境界裡轉，換句話說還是有為法，雖然看著像是無為，還是有為。這句話很嚴重，乃至把目連尊者的大神通都否定了，神通無用，儘管你飛得起來，同孫悟空一樣七十二變，都沒有用，所有的神通敵不過諸行無常。真正的道是明心見性，你真的見到了本性，證得了那個本體，然後反觀父母所生之身，血肉所變出來的這個身體，若存若亡，好像有又好像沒有，你不知道虛空生汝心中，整個的虛空，宇宙太空對於你的心性本體，猶如水上的一個小浮泡一樣。這是《楞嚴經》的說法，但是也有經典主張非修定慧不能證道，因此這幾天我強調要修根本的求證工夫。換句話說，儒家、道家、佛家，乃至東西方文化，現在結合講認知科學、生命科學，不能只是空洞的理論與思想研究，這個生命的大科學，必須要求證，空談無用。

## 小止觀大止觀

C同學也是佛學大家，不過不願意用這一方面出名，他提出來修定修慧同修止觀有何差別。你們還記得我在第一天籠統地答覆，這一方面他提了好幾個問題。關於修定慧與止觀的問題，告訴你也同也不同，有差別。天台宗智者大師著的修禪定的工夫叫小止觀六妙門，由修安那般那數息、隨息、止息、觀、還、淨，大概都討論過。這一次講大止觀，《摩訶止觀》由修定轉到大乘法門，最後到般若空，採用龍樹菩薩的般若法門。龍樹菩薩很偉大的著作是《中論》，智者大師採用《中論》，建立了摩訶止觀的三止三觀，是工夫也是理論。所以天台宗的法門也很偉大，可惜當時沒有全部的佛法，後期的唯識著作都還沒有來。所謂三止三觀，空、假、中，最後取中道，假也是妙有，一切有皆是假有，世界上一切東西都是假有，小乘稱為假有，大乘稱為妙有，妙有也是假有，妙不可言。有也很深，空也很深，非空非有，即有即空，空有是兩邊，即空即有是中道，中也無中，有個中已經落偏了。所以有一本後來的經典，唐以後翻譯的《辨中邊論》，唯識法相宗研究有中沒有中，沒有中，中就是空，徹底的空。

真的大止觀是什麼呢？就是後期的佛學，釋迦牟尼過後，彌勒菩薩這個系統起來的，彌勒佛是未來佛，現在在兜率天作天主，還在享受物欲之樂，不過內院裡沒有物欲了，完全清淨。彌勒菩薩的說法，後來經由無著、世親兩位菩薩的發展，還有陳那、護法、清辨這幾位講究邏輯的大菩薩，他們推動了唯識法相學。換句話什麼叫唯識，令我們現在的觀念，通過縝密的思維邏輯證得佛法，分析一切現象，科學分析到最後，證入佛法，這是法相唯識的道理。法相宗在中國來講六經十一論，實際上六經中有兩部沒有翻譯，藏文藏經裡還有，古代沒有翻譯。唯識宗的重點在《楞伽經》，《解深密經》也很重要，至於《華嚴經》，就很難講」，唯識宗把《華嚴經》也拉進來了。

## 華嚴境界

《華嚴經》是龍樹菩薩的佛法系統，因為龍樹菩薩是中國佛教八宗之祖，他是第二個釋迦牟尼佛，淨土宗他也是祖師，禪宗也是祖師，密宗更是祖師，三論宗、法相宗也離不開他。你研究《龍樹菩薩傳》就知道，他原來自認為超過釋迦牟尼，「我見」傲慢起來了，所以感動了龍王。這個龍王有兩個觀念，一個是宗教性的龍王，一個可以說是南印度有個姓龍的大家族，這個不去討論了。龍王帶他到龍宮去，對他說：你認為超過佛了，還早哩！你所看到的世間流傳下來的佛經很少，其實不止釋迦牟尼佛，還有上古以來，傳承下來的一代一代的佛，人世間流傳的佛的學問只有一點點，像指甲上面的灰塵一樣，更多的佛法在龍宮圖書館裡頭。據說龍王帶他下了龍宮圖書館，讓他走馬看經題，想想這個圖書館有多大！騎在馬上看佛經的題目，三個月還看不完，世界上有那麼多書，天人之際的學問是那麼大，意思是你傲慢個什麼？龍樹菩薩看後完全服了，要求帶一部龍宮的經典出來，龍王說：「不行，我是天龍八部，佛的護法，人世間這些人類的福報、智慧不夠，很多都不准流傳。」所以學中醫的知道，孫思邈的《千金翼方》中有一部分醫方是龍宮裡的龍王送給他的，因為他給龍王醫過病。

後來東說西說，龍王答應《華嚴經》給他帶出去，所以《華嚴經》是龍樹菩薩這裡傳出來的。中國有兩種翻譯，一種是六十卷華嚴，最初的譯者是東晉佛陀跋陀羅，就是譯《達摩禪經》的這位祖師，他不是只講小乘，也講大乘。後來唐代再翻譯為八十華嚴，就是現在用的八十卷《華嚴經》。

《華嚴經》的文字非常好，影響很大，所以你們兩位台灣來的物理博士，要注重華嚴。我提起大家注意，其他佛經都講這個世界是苦，世界上一切宗教有一個共同點，認為人世間是醜陋的，生命是痛苦的，觀世間是悲哀的。華嚴境界不是，而是說一切都是真善美，苦樂一體不二，所以你翻開《華嚴經》第一卷，打開來一看，夜神同樹神出來讚歎如來，每一段讚歎都是科學、哲學、宗教的大問題。神先出現，還不是人先出現，很妙，你們學科學就要研究，《華嚴經》第一卷翻開是夜神、樹神、鬼神來讚歎佛，每一個讚歎都從本體講到現象，講到用，為什麼？後人研究《華嚴經》，認為是釋迦牟尼在色界天說的，而且也不是釋迦牟尼佛的肉身說的。我們修持達到四禪境界，把這個肉體完全轉化了，變色界身，那個是報身佛，全身就是瑠璃光法王子所講的透明瑠璃，壽命也可以永遠存在。我們也是報身，是痛苦受罪的報身，所以《華嚴經》不是在這個世界上說的。

那為什麼夜神出現呢？這要注意了，你看其他經典講佛怎麼帶領弟子啊，一千多人啊，還有多少菩薩來聚會。《華嚴經》開始沒有這樣，是樹神、夜神出現，我現在告訴你們一個話頭，你們學過科學，夜裡的生命比白天還多，一切生命是個共同體。譬如曹洞宗的「夜半正明，天曉不露」，這個話頭你參參看，為什麼說天亮了看不見，夜裡看得見，我們明明是夜裡看不見，天亮了才清楚，夜半正明，天曉不露。《華嚴經》開始夜神、樹神，黑暗也是物理世界，比光明的物理世界還偉大，他的生命力更多、更強。

## 一切種子如瀑流

現在回轉來講我們修定的問題，唯識宗除了採用《華嚴經》以外，《楞伽經》先放在一邊，最重要的是《解深密經》，解最高深、最祕密的法門。講唯識法相時，一定用的偈子就在《解深密經》上，講生命本體的阿賴耶識。

阿陀那識甚深細　一切種子如瀑流
我於凡愚不開演　恐彼分別執為我

阿賴耶識就是阿陀那識，阿賴耶識等於是一個名，還有個別號就是阿陀那，佛說的很要注意，尤其你想要研究唯識，以這個為開頭，因為《解深密經》開始就說阿賴耶識這個體相用的關聯。佛在這裡說阿陀那識非常深、非常祕密，一切的種子、生命的本來，像長江、黃河的流水，善的、惡的、不善不惡的一切的種子，等於中國的唐詩「黃河之水天上來」，挾著泥沙珍珠一起流下來，一切種子都在內，這個道理太深了，不容易懂得，所以佛說面對一般的笨人，我不講。你們不要誤會聽錯了，以為除了人生小我以外，另外有一個大我存在，又搞錯了。給你講本來空，本來無我，又抓一個大我去了，給你說一個法，你又抓一個法去了，又變成不空了，所以佛在這裡說，我於凡愚不開演。

關於這個生命本來，佛在這裡講阿賴耶識、阿陀那識已經完全推翻了印度所有的宗教哲學，認為他們都是瞎說的，一筆抹煞，佛說是無主宰、非自然，性空緣起，緣起性空。不要迷信了，佛法是真破除迷信，反對迷信，佛也真正地反對崇拜偶像，也沒有佛，只有阿賴耶識，徹底地把迷信推翻。所以一切的種子，善、惡、不善不惡，好與壞一切平等，善、惡、無記一切種子嘩嘩流下，不是善的流下去，惡的不流，沒有這個事，善、惡、無記、百千法門無量種子都在一起。那麼為什麼有佛、天人、六道眾生千差萬別的不同？這個因果變化叫異熟，阿賴耶識有等流和異熟的現象作用，因緣成就，緣起性空，無主宰，非自然，因緣成熟時果就形成了，這兩個要點要抓住，等流異熟。阿賴耶識中文翻譯是能藏、所藏、執藏，因為有異熟的作用，變成執藏。

## 〈分別瑜伽品〉

我現在抽出來《解深密經》中的〈分別瑜伽品〉，也是答覆C同學的問題，分別瑜伽就是禪定，心瑜伽。這個分別是什麼？禪定瑜伽，這是大止觀了。〈分別瑜伽品〉講大止觀：

爾時慈氏菩薩摩訶薩白佛言。世尊。菩薩何依何住於大乘中修奢摩他毘缽舍那。

摩訶是大，慈氏是彌勒，彌勒菩薩問：修人乘菩薩依照哪個法門？定在哪個法門上？奢摩他是止，毘缽舍那是觀。彌勒菩薩問佛：菩薩道兩個方向何依何住？修什麼法門？定在什麼境界上？如何修大乘的止觀？

佛告慈氏菩薩曰。善男子。當知菩薩法假安立。及不捨阿耨多羅三藐三菩提願。為依為住於大乘中修奢摩他毘缽舍那。

佛在訓話，你應該知道菩薩法假立，大乘一切學問、一切法門都是假設的。為什麼講這個是假設？騙人的啊！因為自性本體是空的，什麼都沒有，教育法是誘導的，誘導就是假設、假立，所以有時候你懂了這個，有些科學、宗教、發明都是假設。假設是什麼？人類的知識以分別心來建立，什麼叫學問，學問就是這樣假借建立，所以善男子當知菩薩法假安立。為什麼假設呢？有個目的的，假設一個方法，等於我們常常說要驢子跑得快，驢子前面吊一個胡蘿蔔，給驢子看到拚命向前面追。諸佛菩薩要度眾生，假立許多方法，他的目的呢？不捨阿耨多羅三藐三菩提願。希望個個成佛，希望個個眾生大徹大悟，個個有成就，因此假立許多修行的方法，把他帶進來。不捨阿耨多羅三藐三菩提願，這個諸佛菩薩的願力，為依為住。一個真正的教育家，不是現在人辦一個學校，或者當教師為了賺錢、為了興趣，菩薩辦學校講學、講課不是為了這些，是為了他心中的慈悲願。這個願力是要度一切眾生，因此在大乘中假立一個法門，修止觀，修行奢摩他、毘鉢舍那，他說根據什麼，以這個智慧願力為依，以這個智慧願力為住，答覆得很清楚。不過佛經的翻譯你一下看不懂，文字搞不清，佛答覆得很清楚。

慈氏菩薩復白佛言。如世尊說四種所緣境事。一者有分別影像所緣境事。二者無分別影像所緣境事。三者事邊際所緣境事。四者所作成辦所緣境事。於此四中幾是奢摩他所緣境事。幾是毘鉢舍那所緣境事。幾是俱所緣境事。

彌勒菩薩一步一步地問，佛啊！你平常教四眾修定，打坐修行，有四種所緣，抓四種大原則的方法，抓四種大要緊的境界來修行，注意境事兩個字。我們諸位現在坐在太湖大學堂的禪堂，你們大家眼睛轉一圈看看，這個是境，我們禪堂這個境界，也是事實。佛啊，你平常教我們大乘修行，修止觀的法門有四種境事。不等佛說，他已經把佛所教的歸納起來。「一者有分別影像所緣境事。二者無分別影像所緣境事。三者事邊際所緣境事。四者所作成辦所緣境事。於此四中幾是奢摩他所緣境事。幾是毘鉢舍那所緣境事。幾是俱所緣境事。」

你把邏輯都要搞清楚，所以研究唯識是要懂因明邏輯，一個字都不能差。

第一，「有分別影像所緣境事」，有分別心，有分別的影像，分別心是第六意識，就是我們的思想，思想注意有分別的，分別以外注意兩個字影像，有分別影像所緣境事，譬如你們今天念阿彌陀佛，念四臂觀音，念準提咒，有沒有影像？菩薩像有沒有？當然有影像，咒語也有影像，你說這四五天我們在這裡聽老師講課，有沒有這個影像？當然有，第六意識境界，有分別影像所緣，就是抓住這個境界，這件事。

第二，「無分別影像所緣境事」，沒有分別，譬如說你們放下，空了，真放得下嗎？講一句放下空了，你們拚命抓住個放下空了，已經落在分別影像裡，真的無分別影像是一念不生全體現。

第三，「事邊際所緣境事」，我們吃飯、穿衣服，作人做事，分分秒秒隨時隨地在做事。譬如你們教書、辦學校，乃至討飯、找妓女、唱歌，都是事啊，好事壞事都是事。這裡的範圍當然講好事，事有沒有邊際？有邊際，各有各自的範圍，每一件事都有邊際的。所以《楞嚴經》講五陰解脫都有邊際的，邊際就是量的關係，邏輯也是講量。事邊際所緣境事，菩薩的行為都在事邊際裡修。

第四，「所作成辦所緣境事」，是佛菩薩、大菩薩境界，事邊際所緣境事是第七識意根的關係，所作成辦所緣境事是前五識的關係，與眼耳鼻舌身都有關，我們想要成功一件事，離開眼睛、耳朵、鼻子，離開嘴巴、離開身體行嗎？所以前五識很厲害，第六意識也很厲害，但是我們的肉眼只看這裡，佛菩薩修到止觀定慧，修成功可以得天眼通，他肉眼可以看到三千大千世界，這是他的成就，所作成辦。我們所作不一定成辦，所以凡夫做事，我們有本錢做生意，也不一定賺錢，有時是血本無歸，所作不能成辦。所作成辦很難很難，就是心想事成，說做就做到。我們講玄一點，那種智慧成就時，空中就出來個東西。這四種是彌勒菩薩提出來，歸納佛平常所說的。

「於此四中幾是奢摩他所緣境事。幾是毘鉢舍那所緣境事。幾是俱所緣境事。」這四種裡哪些是修止，專門修定的範圍，哪一點算是修觀的範圍，兩個方向了，還有個方向，哪幾個是止觀同時來的範圍，問得很仔細，佛經都是對話錄。所以看佛經有什麼難啊，都是對話。你看佛告訴彌勒菩薩：

善男子。一是奢摩他所緣境事。謂無分別影像。一是毘鉢舍那所緣境事。謂有分別影像。二是俱所緣境事。謂事邊際所作成辦。

佛答覆了，第一個是修止的範圍，就是修定，什麼是修止呢？謂無分別影像，一念不生全體現，或者是一個定境，修安那般那，這個心沒有散亂，心一境性，最後心也空了，統統清楚，呼吸也止了，六妙門達到止、還境界，無分別境界，這是真止，是奢摩他所緣境事，得大止，已經達到第六意識無分別妄念了。無分別心就是沒有妄想心，真心現前，智慧清楚，了了明明，心無所動，就是永嘉禪師講的歷歷分明，既不昏沉，又不散亂，此心不動，這是「奢摩他所緣境事」。

「毘鉢舍那所緣境事，謂有分別影像。」這是修觀，所以你打坐的時候修觀，你要觀察清楚，心有六個作用。觀察心、伺察心、能斷心、決定心等，分析我們起心動念，一念當中有六種作用。毘鉢舍那所緣，有分別影像，心起分別的時候，這幾個作用同時都具足了。譬如我們修安那般那，呼吸有沒有專一？心有沒有散亂？跟息兩個能不能相依？很多作用都在一起，這個身體感受怎麼變化，你都要清楚，即使你不要去求個清楚，你的心本能就有這個本事。換句話，止跟觀分不開的，無分別影像同有分別影像兩個作用幾乎是手心手背一樣。

「二是俱所緣境事，謂事邊際所作成辦。」止與觀兩個合起來，兩個同時的，對付事情，緊急時就是這樣，一定成功，把事辦圓滿。曾子的《大學》：「物有本末，事有終始，知所先后，則近道矣。」一定有本末、有終始，分析得那麼清楚，與作人做事所做成辦有關。

慈氏菩薩復白佛言。世尊。云何菩薩依是四種奢摩他毘鉢舍那所緣境事。能求奢摩他。能善毘鉢舍那。

這是邏輯的分析辯論，很精密的，換句話說，彌勒菩薩說我懂了，「云何」古文兩個字，為什麼這樣講，云就是說話。你們注意，現代簡體字流行講不通了，把天上的雲打成這個云，比如某某云，變成繁體字就變成天上的雲了，中國文化搞那麼無聊的事，為什麼這樣說，古文就兩個字，那麼云何兩個字放在一句的前頭，是外文、梵文翻譯的文法，像我們中文文法裡把問題講完了，下面加兩個云何，意思是你怎麼說，為什麼這四種原則修行的路道能夠達到修止修觀呢？

佛告慈氏菩薩曰。善男子。如我為諸菩薩所說法假安立。所謂契經、應誦、記莂、諷誦、自說、因緣、譬喻、本事、本生、方廣、希法、論議。

這叫作十二部經，三藏十二部，包括十二個部分，所謂「契經」，是佛的對話記錄下來，有的是自說，有的是對話錄，叫經典；「應誦」就是偈頌，等於中國人作的詩詞；「記莂」，給徒弟授記的；「諷誦」，大家唱念的經典或者念咒子；「自說」，有些經典弟子們沒有問，佛自己說的；「因緣」，有些事情是因緣來的，通過某　個故事說了一個經典，還有用譬喻說的；「本事」，是佛說自己的前生，多生的事佛都說過；「本生」，解說自己生命，多生累劫修的什麼，佛經裡都講了；「方廣」，普及的道理；「希法」，有些特別祕密的，譬如《解深密經》這些，也可以說是屬於希法；「論議」，就是大菩薩討論的記錄，佛的弟子們所著的經典都是論。這叫十二部經。

他問為什麼修止修觀對學佛那麼重要，佛告慈氏菩薩，大乘小乘所有的法都是假設的。這個嚴重了，本來沒有而建立，賢劫前面的三尊佛只說了很少的法，只有這一個劫數裡，釋迦牟尼佛才說了那麼多。因為有些劫數裡眾生智慧很高，不需要說那麼多法，有一個表示他就悟道了。我們這個世界上的人智慧很低，宗教、哲學、科學說了又說，爺爺說了還不懂，婆婆再說，爸爸再說，媽媽再說。一切法皆是假說，人為的建立假說，所以教育是誘導性的，菩薩說法是假設安立，人世間的學問都是假設安立，譬如佛說的所有學問，變成三藏十二部。

菩薩於此善聽善受。言善通利。意善尋思。見善通達。即於如所善思惟法。獨處空閑作意思惟。復即於此能思惟心。內心相續作意思惟。如是正行多安住故。起身輕安及心輕安。是名奢摩他。

重點就是這裡，大菩薩的得止，可以從思想進入、學問進入，他先講了三藏十二部，所以你們研究經典，研究佛教教理，一樣可以得定成菩薩。「菩薩於此善聽善受」，有老師教你，聽進去了，接受了，內心得體會，體會什麼？「言善通利」，佛經每一句話，老師所教的，不但能明白，還要通，還得利益。「意善尋思」，老師講的話，佛菩薩講的話，你在內心裡要好好研究，透徹尋思。「見善通達」，思想通了，研究通了，然後你真證到了，科學發明的確是這樣一個事，就是「見善通達」，所以你學佛法，重點就在這個善聽善受，對不對？聽老師的話要思惟，善思惟法，禪定是要思惟的，不是不修，叫你如何修安那般那，知息入、知息出，你一樣要研究清楚，然後你去專修。「獨處空閑」，單獨找個地方閉關，安靜下來把這個道理，用身心求證，那麼這樣再思惟、再求證，一點一點地體會。

「復即於此能思惟心，內心相續作意思惟。」這個時候你反轉來觀你的思想哪裡來的，從腦子裡來呢，從心裡來，這個思想的究竟是什麼？回過來觀心了，這叫作觀心，這叫作參禪。看到自己為什麼有這個思想，能思惟心，好好追這個東西，剛講了前一個念頭跑哪裡去了，後一個念頭還沒有來，怎麼來的，看清楚內心相續，這個心裡思想等於是量子一樣，是一個一個跑的，不連線的，連起來變成一條線。「內心相續作意思惟」，譬如修安那般那，心一境性、心氣相依，就是這兩句話，能思惟心，內心相續作意思惟，隨時照這樣修，境性都安住，你就這樣依這一套修行，累積起來就安住了，定住了。然後你工夫到了，發起身體的輕安，就是我們修安那般那「知息偏身」、「除諸身行」，發起身輕安及心輕安。身輕安了以後起心輕安，影響到無念了，雜念妄想也沒有，達到這個境界是得止。佛都告訴你了。

# 第五堂

## 繼續解深密

釋迦是佛的姓，譯作中文是能仁，牟尼是寂滅，中文稱他釋迦文佛，最大的文化成就、文學成就，所以要讀書，這就是教育，他也告訴你一切教育都是假立。諸法假設安立，教育是誘導使你走向善的路子，所以前面講奢摩他，接下來佛又講毘鉢舍那。

如是菩薩能求奢摩他。彼由獲得身心輕安。為所依故。即於如所善思惟法內三摩地所行影像。觀察勝解捨離心相。即於如是三摩地影像所知義中。能正思擇最極思擇。周徧尋思周徧伺察。若忍若樂若慧若見若觀。是名毘鉢舍那。如是菩薩能善毘鉢舍那。

像這樣做工夫，你就得止了，譬如說修安那般那，你覺得呼吸、氣寧靜了，心沒有妄念，兩個統一了，達到寧定境界，你自然得身輕安心輕安。你以為這樣到家了，還早哩！比如你在修心息相依，或者在修準提法的圓滿次第，心與虛空合一，如如不動，身心就沒有障礙了。「為所依故」，以此為基礎，進一步「即於如所善思惟法內三摩地所行影像」，就是你會的這個法門，在這個裡頭，你說你有心起思惟沒有？雖沒有動妄念，你知道你清淨嗎？所以有些人問我，老師啊，我這兩天很得力，坐起來身心清淨、一念不生，我說你知道嗎？他說知道，我說你知道，不是動念了嗎？還用我說，你再不懂，我只好說好啊好啊，你很用功啊，了不起啊，拿個雞蛋給你吃。

你說你不知道，那是昏沉，也不行，這個裡頭搞清楚，內在的三摩地，為什麼不翻譯作定的境界？有很多的三摩地，我們中文就翻譯成定的境界。那個境界裡所行影像，譬如你念阿彌陀佛，一個佛像呈現了，或者雖然沒有有形的現象，心中有佛，一念清淨，了了常明，既不散亂，又不昏沉，這也是影像，這是心意識所行的影子。至於三摩地當中的所行，行陰這個形象，「觀察」，還要仔細參究，禪宗叫參，「勝解」是透徹了解。什麼是「捨離心相」？因為佛告訴我們一彈指之間心念有九百六十個轉動，叫微細惑，你看不清楚。你以為一念不生現出清淨，清淨中間微細的思想還在轉，智慧最高的看得清楚。「觀察勝解捨離心相」，觀察明白了，都空掉了，就在這樣三摩地的境界裡，「影像所知義中」，這個空、清淨也是個影像，心所發生的影像，你怎麼曉得空？有個空是你意識有個空的觀念來的。譬如我們凡夫普通人，你睡著了什麼影像都沒有，你知道空嗎？Q同學，睡著了還有沒有空？

**Q同學**：沒有。

**師**：既然知道有個空，又變成影像了。「所知義中」，在這個知性裡頭，還要參究，「能正思擇」，所以三十七菩提道品七覺支，有個叫擇法覺支，怎麼正思擇，要善用此心。思想心在佛經這個邏輯分析得多科學多仔細啊！所以西方人講，號稱哈佛大學的認知科學，我說你們不要瞎扯了，這個只有佛經裡有。能夠找出自己能思想的那個程序中心裡頭，「能正思擇」，不向歪理上走。再進一步，「最極思擇」，透到極點，把自己的思想，心意識觀察得透徹又透徹，清清楚楚，清清楚楚到什麼地方呢？這是科學了，認知科學，你們兩個學科學的注意了，「周徧尋思周徧伺察」，這八個字好厲害，不是不用思想，這個時候的思想不是普通的意識，是智慧，慧觀。周徧尋思、周徧伺察，身體內部的心理思想，每一個動念，每一點的感覺、知覺，都看得清清楚楚，有沒有其他的境界？有，這個時候你的身體還活到的，還有感覺，「若忍若樂若慧若見若觀」，有幾個若？（F同學講五個。）這個忍就是堅忍力，你周徧伺察，譬如普通人打坐，坐起來很好，屁股右邊很疼，這要忍得住。你座中還是得忍。「若樂」，左邊肩膀這裡蠻舒服的。「若慧」，智慧明了，我懂了這個道理，雖然還在疼還在樂，有慧，都具備了。「若見」，看到了這個道理，就是這樣，這是空，也是清淨，也是無念。「若觀」，看到了觀察清楚了，是名毘鉢舍那，這是觀。上面講止，這一段講觀，什麼叫止觀？搞清楚了吧。

**問**：這個「若」是什麼意思？

**師**：「若」是假定，有時有，不一定有，上面諸法無常，皆因假立。其他經典上佛也告訴你，諸法無常，皆因假立，說個空說個有都是假的，立假即真，所以教育是誘導，誘導就是騙人，善騙就是道德。諸法無常，皆因假立，立假即真，所以普通人謊話說了一千遍變成真話，也是相反的用。「若忍若樂若慧若見若觀」，統統包含在內，這個叫觀，止觀都答覆了。達到這個修行的境界，做為菩薩道才說你有資格修止觀了，能夠善於修止修觀。

世尊。若諸菩薩緣心為境內思惟心。乃至未得身心輕安。所有作意當名何等。

問得很厲害啊，他問佛，老師啊，有些修大乘的菩薩們緣心為境，當然都是內心上做工夫了，屬於內在的思想方面，但是他達不到定的境界，坐在那裡屁股還搖擺，身體不輕靈啊，心裡不安詳，煩死了，初步工夫也有。所有作意，可是他有信仰決心硬要坐下去，格老子給你痛死去！也有這樣的啊，這樣應當算什麼？

佛告慈氏菩薩曰。善男子。非奢摩他作意。是隨順奢摩他勝解相應作意。

他說這不叫得止，雖然在打坐，你看很多人一邊打坐，看到菜包子來了，就不安了。佛告訴他這人還在辛苦用功，非奢摩他作意，沒有得止，但是不能說他不向好路上走，古文「是」，就是「這個」，是隨順奢摩他勝解相應，向修止這個路上走了。

世尊。若諸菩薩乃至未得身心輕安。於如所思所有諸法內三摩地所緣影像。作意思惟。如是作意當名何等。

他說有些初修的菩薩，菩薩是統稱，不管在家出家，乃至未得身心輕安，生理、心理兩樣都不安詳，「於如所思所有諸法」，佛法的理論也懂，也照著在用功，「三摩地所緣影像」，比如觀阿彌陀佛，觀準提菩薩，觀觀世音菩薩，影像也有，有些專門修觀，念咒也念得好，一邊念咒，一邊想著晚上不知道吃饅頭還是牛肉，這樣他也是修了幾十年，三摩地所緣影像作意思惟，你不能說他不在修啊，他說如是作意，應該叫什麼呢？

善男子。非毘鉢舍那作意。是隨順毘鉢舍那勝解相應作意。

這不是觀了，不是正觀，「是隨順毘鉢舍那勝解相應作意」，接近了，也對，不能說不對。他也夠可憐的，等於我們學跑步，兩個腿都走不好，慢慢跑，也不能說不是跑，你不能說我兩個腿走不好，不算跑步，不合邏輯的，這個叫隨順毘鉢舍那勝解相應。這個大原則答覆了。

慈氏菩薩復白佛言。世尊。奢摩他道與毘鉢舍那道。當言有異當言無異。

問題來了，邏輯的思維，彌勒菩薩就問修止跟修觀這是兩個事情、兩個境界，兩個量、兩個範圍，是同還是不同。

佛告慈氏菩薩曰。善男子。當言非有異非無異。何故非有異。以毘鉢舍那所緣境心為所緣故。何故非無異。有分別影像非所緣故。

佛說不能說是一樣，止與觀不能說是一樣，也不能說兩樣，「何故非有異？」為什麼說非兩樣呢？以毘鉢舍那所緣境心為所緣故，因為修觀的人譬如我觀呼吸粗細，知息長知息短，因為所觀的境界、所緣的境心，你心還在這上面，不過散亂而已，也可以說他有一點止在這個上面，不算大止，有一點像止了。「何故非無異？」為什麼說不是一樣呢？有分別影像非所緣故。

因為他的心還在散亂，還在有分別的影像境界裡頭，所以講不是一樣。兩樣不兩樣他都答覆了，這都是很縝密的邏輯、縝密的文字，所以這些佛經你讀來，你會懂得邏輯了，這叫科學頭腦，思想分析得非常清楚，一點逃不了，你這樣學了可以作大法官了，邏輯分析很清楚。所以真要學邏輯，有個人很清楚，就是毛澤東，我在台灣看到的資料，毛澤東自己的子女，在讀外語學校，有一天回來了，毛澤東問：「你學翻譯看了佛經沒有？」「為什麼要看佛經啊？」毛澤東笑了：「你不看佛經，你還懂得翻譯嗎？」他很清楚佛經的翻譯邏輯都很高明。

慈氏菩薩復白佛言。世尊。諸毘鉢舍那三摩地所行影像。彼與此心當言有異。當言無異。

問題進一層了，他說修行打坐的人，譬如他心中或者觀一個菩薩，或者修道家的人，他修一口氣，在身體裡轉來轉去，或者我們修禪宗的，知息長，知息短，「諸毘鉢舍那三摩地所行影像」，觀氣也好，觀佛像也好，觀咒語也好，都是影像，「彼與此心當言有異，當言無異」，這個影像是人做的嘛，意識心造的，同你心意識一樣還是不一樣？

佛告慈氏菩薩曰。善男子。當言無異。何以故。由彼影像唯是識故。善男子。我說識所緣唯識所現故。

先告訴你不異，一樣，沒有兩樣，什麼理由呢？一切影像不是心，是心起的意上面的識，什麼叫識，唯識的識。注意我手裡這個是什麼？電筒，裡面有沒有電？有電池。整個身心是阿賴耶，中間的電池是意，現在有沒有亮啊？這是識，心意識就是這樣，識是心意的作用。可是世界一切的活動，都是唯識所變。他說之所以心跟影像沒有兩樣，影像是唯識所變，「何以故？由彼影像唯是識故。」所以你打坐做工夫，工夫再好也是識，譬如你練拳，太極拳、少林拳或八段錦，這個氣布滿了全身，那個識一動念，知道氣來了。「善男子。我說識所緣唯識所現故。」各種境界，譬如你們男孩子看到女孩子漂亮，心裡念念不忘，隨時想她、思她，女孩子看到男孩子也是一樣，「我說識所緣唯識所現故」，乃至夢中還夢到。

世尊。若彼所行影像即與此心無有異者。云何此心還見此心。

他問得好，他說你說是一個，那麼我請問，佛啊，所行的影像，譬如我們讀書會背了，背來的是什麼？——影像。對不對？這個影像與心是一個，剛才佛說是一個，為何此心還見此心？你老人家平常說心不見心，心是看不見的，識不見識，為什麼此心還見到此心？心不可見得，心不見心，無相無體。

善男子。此中無有少法能見少法。然即此心如是生時。即有如是影像顯現。善男子。如依善瑩清淨鏡面。以質為緣還見本質。而謂我今見於影像。及謂離質別有所行影像顯現。如是此心生時相似有異。三摩地所行影像顯現。

佛說你問得好，真空妙有，這個影像是心變的，心不能見心，見到影像即見此心。所以這裡我們講點禪宗，百丈禪師剛剛開悟了以後，他的老師馬祖上堂說法，古代那個講經的法臺很高，坐在上面，上面有個竹簾子掛下來，百丈禪師是侍者要把師父這個簾子拉起來，大和尚開始說話了。百丈禪師開悟後，有一天馬祖陞座的時候，百丈過來把簾子一拉，拉到一半嘩啦放下了，馬祖一看不說話，也下座進去了，都不說，沒有罵他不對，因為馬祖曉得他。這個是很精彩的表演，這是禪宗。彌勒菩薩問：既然影像就是心，此心還見此心？我岔過來給你們說，把你們思想引開又歸起來，容易懂。「善男子。此中無有少法能見少法」，即此用離此用，就是這個東西，心跟識。「然即此心如是生時，即有如是影像顯現」。當你念頭一動，影像就出來了，有思想就有影像出來。「善男子。如依善瑩清淨鏡面。以質為緣還見本質」。你說此心還見此心嗎？這個道理就等於你拿一個很漂亮乾淨的鏡子，拿到前面一看，我的面孔進去了，帶質境界，假帶質有這個影像，鏡子裡就出現了，還見本質。

「而謂我今見於影像。及謂離質別有所行影像顯現。如是此心生時相似有異。三摩地所行影像顯現」。所以你要懂得，當你修止觀的時候，這個清淨的影像，或者有分別影像、無分別影像出現的時候，「離質別有所行影像」，離開那個本質以後，有一個獨影境界的，虛無的影像也會出現。所以你要懂，此心生的時候，相似有異，差不多同修定的境界三摩地所行影像相似，所以你修定達到定境，就會呈現出來影像，因此有的打坐看到佛啊、菩薩，因為你心中有這個東西，下意識地呈現，並不是真的什麼鬼啊神啊佛菩薩來看你，你要搞清楚。

世尊。若諸有情自性而住。緣色等心所行影像。彼與此心亦無異耶。

有情包括人與一切眾生，他們自性的本能死死抓住，就是執著了，這個緣色等心所行影像，不是自性本體心，包括身體的、唯物的，色法地水火風空，以及我們頭腦裡頭平常的思想，「彼與此心亦無異耶」，同本體的心也沒有差別嗎？

善男子。亦無有異。而諸愚夫由顛倒覺。於諸影像不能如實知唯是識。作顛倒解。

也沒有兩樣，差不多一樣，這都是唯識所變，心意識所變化的，可是一般凡夫看不清楚，認為有個真實的。有些人乃至做了夢，明明是個夢，常常來跟我說老師啊，我又做了一個夢，你說是什麼意思？我就笑，你太聰明，何必跟我說這個。大家不懂我這一句話，他以為我罵他，有句古文「癡人說夢」，他來問夢，豈不是癡人？一切皆是心意識所變的。我帶領大家讀一段，也講到止觀、大止觀同修定慧的差別，所以這些學問都很深，隨便抽一點出來講，你們趁年輕趕快讀，這裡科學、哲學、宗教的學問多得很，你看佛經的組織非常嚴密，邏輯之清楚，一般人不讀，買來放在那裡給書蟲去讀，多可惜啊。

# 八月八日

# 第一堂

## 普通人的平懷

這幾天下午大家討論這些報告中提到的問題，有人很喜歡，越討論越好，我們慢慢來。你們到太湖大學堂學習，現在有人把這裡稱作「南門」，我始終聲明這些都是宗派觀念，趕快拿掉，我一輩子不喜歡這些，我也沒有什麼了不起，只是個普通人，不過癡長幾歲，讀書多了，把一些經驗告訴大家，既不想作教主，也不想作老師，你們要學的話，有緣來聽聽，學與不學是你們自己的事，同我沒有關係，這是第一點。

我的意思不是有別的意見，我是不喜歡你們看我就像老師，或是一個教主，或者大學問家、大教授，都不是，這是我開始就報告，從二十幾歲到現在一直未改變的心境。但是我也搞了這個地方，也接觸了你們諸位，甚至幾十年接觸過很多人，都是一起玩的朋友。至於發心修行學佛，我都沒有做好，我也沒有看到幾個人做好，也許有哦！在中國、印度，我始終認為有專修很有成就的人，不為名利，隱沒在這個社會人世間，做很多有用的工作，就是大家沒有仔細觀察，並不清楚。我們這裡擺出這個樣子，是有點招搖，我並不喜歡。這一次因為認識大家，看到大家似是而非，蠻可憐的，好朋友約來聽聽，我報告一點意見。至於報告了以後並沒有什麼想法，只希望大家成就啊！但不是希望「南門」有個傳法的人，這些宗派觀念是非常討厭的，我希望你們不要執著。

譬如我搞兒童讀經，搞教育，修鐵路，普通人認為了不起，看我默默無聞，從來也不宣傳自己，因為在我看來這都是不足掛齒的事，雖然在一般人還做不到，即使你有錢也做不到，或者你做到了以後也會宣揚自己，而我呢？至少做到這一點，雖然都是不容易的哦！尤其是修鐵路時，國內將開發未開發，（一九八九年）六四前後我就做了，而且這一件事自始至終，我沒有離開過香港哦！到現在鐵路開通，我去都沒有去過啊！「運籌帷幄之中，決勝千里之外」，在房間裡就把這件事做了，像你們這些有錢有地位的好朋友，也沒有約你們參加，沒有用一個特別了不起的人物，真做完了，一分一毫都不沾。如果講利益，至少每個地方有鐵路站的，旁邊佔一塊地一兩千畝，我為什麼沒有要啊？為什麼能空得了啊！

## 神通又何用

修道也好，做事也好，教書也好，這個道理先要參一參，當然你們也不懂，沒有經歷過，像我一生從二十幾歲的時候帶兵，為了國家抗戰練兵，乃至於神仙、劍仙一類的人物，我在年輕時就看通了，如果有個人告訴我能知過去未來，就馬上與這個人不來往，那不是妖怪就是神經嘛！能知過去未來又怎麼樣？

可是你們還不知道，第二次大戰之後，蘇聯首先發起從蒙古請去許多喇嘛，蘇聯國防部花巨資研究特異功能，有很多的資料，你們都沒有看過。那個時候我剛到台灣，拿到了很祕密的刊物，因為我喜歡這一套，有些同學們通外文，都給我找來，研究發現，蘇聯是拿來做情報用的，花很多錢，想把國際情報用神通拿到，希望有神通的人坐在旁邊手一指，飛機就停在空中動不了了，海上的航空母艦就停住了，都有刊物報導。跟著美國國防部也花了很多錢，直到現在還在研究，前兩年還把學道家的、學密宗的人找去，訓練打坐出陰神。我看了只覺得好笑，那些同學拿來給我看，說不得了，蘇聯、美國這些國家……，我說告訴你結論，一無所成，你看著吧！我這話幾十年前就講過，什麼特異功能？大神通？小事很靈，大事包你不准，而且一定倒楣，這也是告訴你們雖然聽我講課，不要把我看成這一路的啊！學佛與此毫無關係，我也不是老師，只是講經驗給你們聽。

中國文化的中心當然包括修持佛法，這是包括生命科學、認知科學都在內。外國儘管也在研究這類新的科學，主要是心理學、生物醫學的研究，我聽了只好笑笑，研究認知科學，唯識學都沒有讀過，儒釋道三家的著作都沒有讀好，對生命的認知還遠哩。

我這一次講的課題，「傳統身心性命之學的探討」，主要講內聖外王之道，內聖是如何作人？如何修養？外王是作人做事也好，作官也好，做生意也好，如何應用之學。大題目是這個，副題是禪、道、密宗等等。可是從第一天開始到現在，我們由修禪定講起，到現在還沒有講完，這個題目真正展開，大概需要三到五年的課程，但是我真想把平生所學交給後輩，使你們知道這條路，就是這麼一個心願，因為感覺到年紀大了。這幾天講課下來，你們很累，我比你們還累四五倍，很辛苦，因為年紀大了。

## 四種食

對於中國文化的宗旨，你們學唯識注意《解深密經》是非常重要的，昨天是為了回答C同學提出的禪定與止觀的問題，抽出來《解深密經》的重點，這是釋迦牟尼佛講《楞伽經》以後，提出三自性，依他起性、偏計所執性、圓成實性。這個性字不是明心見性的性，邏輯觀念就等於我們現在講做事情要科學性，要開放性、文學性等等。《解深密經》進一步講三自性、止觀，解釋得非常清楚，修大乘菩薩道要通過禪定工夫求證。後面提到飲食問題，佛沒有告訴你不要飲食，飲食是一門大科學，人生就是飲食男女嘛！孔子也講「飲食男女，人之大欲存焉」，這是生命根本的欲望。但是男女關係的戒律也很嚴重，佛經上有很多散在各處的討論，真講男女關係，我常常說你看了佛經就曉得，世界上這個性教育之亂，性行為之亂，都不稀奇，佛經裡都有。不是佛提倡的，是事實上男女之間、人與動物之間等等，什麼亂七八糟的都有。所以我看到這一部分的時候很好笑，假使有人寫一本書，可以說釋迦牟尼佛是性學大師，因為他什麼都知道，他老人家幾千年前比我們現在還清楚，而且現在人類性犯罪的現象，當時統統都有過，沒有什麼稀奇。萬年如一日，古今都一樣，因為都是人嘛！一切眾生都是這個動作行為，所以男女飲食方面是重點。

尤其《解深密經》後面提到飲食與修持相關。飲食分作四種：一、段食，這個段有兩種寫法，一個是摶，因為印度人吃飯，用三根指頭抓來吃，不用筷子，我們用筷子也是把飯、菜摶攏來，夾作一堆，外國人用刀叉也是弄成一堆，所以叫摶食。另一個是分段的段，早晨、中午分段吃飯，世界上無論佛家、道家做工夫修煉，那要少食多餐。我們吃飯是因為肚子餓了，遇到好的吃個兩、三碗，拚命塞下去，這是很危險的，對身體生命很有妨礙。所以中國人自古流傳每餐只吃七分飽，給胃留一點空間好消化。應該少食多餐，餓了就吃一點，乃至吃一口饅頭，幾塊餅乾，或者吃一點水果。我們橫膈膜以下都很髒的，這在佛經分為生臟與熟臟，從口腔、食道下來到胃，橫膈膜以上是生臟，食物進去還沒有消化完，胃以下送到小腸大腸那叫熟臟，食物在裡頭做熟了排出來，都很髒的。但是髒東西有熱能可以發電，將來假使修房子，旁邊做一個自動發電廠，用垃圾就可以發電，那就一舉多得了。

第二是觸食，你說兩性關係是真正的接觸，那不對，兩性關係還是小的接觸，從大的方面講，譬如我們穿衣服就是觸食，這件衣服穿在身上，是熱還是冷，這個環境與空氣好不好，就是昨天講的十種一切入，透過我們生命來去，對於修行做工夫，觸受是最重要的。沒有觸受就是一個死人，就連每個石頭本身也在呼吸，也有觸受，日光、空氣、水彼此的交換，這也就是觸食。假定把一個犯人丟到一個完全不通風的地下室，儘管有悶的空氣，沒有光，人很快就會死掉，所以觸食很重要。有時我們身體生病了，這裡不舒服，那裡不舒服，可能是觸食已經不通了，這些都是維持生命的來源。

有一次一位朋友來這裡打坐，我叫宏忍師慈悲給他扎針，不是普通扎穴道，這個學來非常難得，宏忍師給他腿上扎針，馬上鬆了，這個針是很長的，不是扎穴道，也不是扎到肌肉裡頭，是扎肌束。肌肉有很多一條一條的纖維，綁結起來成一塊肉，其間有多少微細的纖維、血管、氣脈？為什麼有時候會腰痠背痛？當然整骨頭也會輕鬆，但根本原因不在骨頭。我們的骨頭同蓋房子的架子一樣，這個房子的鋼筋水泥外面要加上電線等等，等於說建築裡的電線這些因為搭在鋼筋上面，幾十年用久了，把鋼筋拉歪、拉壞了，雖然你暫時把骨頭治好，是輕鬆一點，但你裡頭的肌束還是拉住，附在骨頭上面凝結了，打坐腰痠背痛，是肌束、神經把你牽住了。所以我叫宏忍師這個針下去要彎轉過來，對到肌束插到裡頭去，把裡頭凝結的肌束結塊打通。所以你們年輕人趕快學會這個方法，教這個法門的老師盧鼎厚七八十歲了，也急得很，有許多人叫他學也不肯學。運動家很容易犯這個病，也不是說能治百病，而且這要高明的醫生才能診斷出來，有的病既不是骨科，也不是傷科，而是肌束的問題，肌肉纖維神經那裡治好了，筋骨、精神也都隨著好了，這些都是觸食，同飲食一樣，對你身體的健康有影響。

第三是思食，意識希求可以資助身體，就像望梅止渴，或者犯罪的人，把他關起來使他失去自由，這個容易，不給他飯吃，當然是很痛苦，但你不曉得，有時候知識份子被禁錮思想，那也是很痛苦的。知識份子沒有書讀，不准他發表言論，那他是非常痛苦，也就是我們普通講的精神食糧，智慧、學問也是生命的飲食之一，這是表面的解釋。

思食很難體會，你們沒有認真研究過，譬如我們知道老虎會吃人，可是豺狼虎豹哪裡有機會碰到人吃啊？只有吃小動物，但是凡是肉食動物，都很難得吃飽一餐，有時老虎一睡好幾天，都在飢餓狀態，隔幾天抓到一個兔子飽餐一回，牠其實不大吃的，對不對？然而食草的牛羊隨時都在吃，怪吧！這就是學問，你學佛法要會觀察研究現象，素食動物的嘴巴隨時在吃，肉食動物碰到才吃，有時好久才吃一餐，吃完以後，牠的力氣很大，這與思食有關，動物也有牠的精神境界。

打坐入定的人，不要說慧持法師一定七百年，就是我們在這裡坐了一天，自然不大想吃，飲食減少了，消耗少了，這是禪悅食，另外還有食氣，所以生命活到可不是只有飲食。

第四是識食，更高深了，那是天人境界。佛經上講每一層天人的飲食男女、福報都有不同，無色界天人以識維持生命。現在人類科學發明進步了，給狗配製高級狗糧，以前狗吃大便活得很好啊！現在狗被人寵養、服侍得比祖宗還好，這已經不是狗性了，狗已經見不到狗性了，人為把牠改變了，很可憐。而地獄眾生的生命漫長，因為坐牢痛苦就覺得光陰太長，時間是相對的，他能夠熬得住那也是識食、思食的關係。包括冬眠的龜蛇蛤蟆，在冬天一百天裡不需要吃東西，那牠真沒有吃嗎？有，也是思食同識食。這是生命的科學，佛經經常提的四種飲食，另外還有「九種食」之分，一般人不注意，修止觀禪定，你一定要知道飲食的重要。

# 第二堂

## 再說觸食

剛才講到四種食，我再補充一點，觸食與環境有重要的關係，這裡的禪堂和講堂，是我們自己設計的，以前有些傳統的禪堂，不透空氣，又沒有光線，在裡面打坐會很難受，把日光、空氣一起安排好，就很舒服，這是觸食。

大家要學佛修道，就不要被思想觀念騙住了，要學會融會貫通。不要教你們安那般那，就只知道呼吸，然後又教你看光、十種一切入，真證到就是與光明接觸了，一個人定在光中，當然是很好的觸食，這裡又有思食，又有識食，可以使生命健康起來。為什麼打坐、練氣？這些都是生命科學啊！所以你們讀書做學問，不是只會認字讀書、吹吹牛就可以了，那要融會貫通，拿到一點就透一切，一通百通，這是智慧的成就。包括你們自己的房間，環境佈置得好，就得觸食，一個人在不好的環境中容易得病，也包括現在的自然環保科學，離不開觸食的道理，良好的自然環境引發良好的觸食、思食，每一門學問都是相通的。很多人寫信給我，都是些不相干的問題，堆積如山啊！所以我說你要學佛學道有個條件，首先要通一經一論，通了還不止是會哦！你們練拳學武術，要好好讀《老子》《莊子》，拳術不過是運動之一，也是觸食的一種，將來再慢慢告訴你們。

## 何處覓心安

達摩祖師到中國傳授禪宗，工夫是用《達摩禪經》的這個路線，達摩祖師初見神光，開始就講「外息諸緣，內心無喘，心如牆壁，可以入道。」一學理都要真知道，然後放下，做到內心無喘就是十六特勝的禪定工夫，身心都寂靜下來，達到三摩地的境界。所以禪宗不是口頭上講來講去，那有什麼用？要做工夫，做到內心無喘，心如牆壁，那才可以得定，可以入門參禪了。你看神光說此心不安，求師安心，達摩祖師說拿心來我給你安。停了半天，他找不到心，本來沒有心。祖師說那好了，安完了嘛！大家為什麼學佛修道？為什麼做工夫？為什麼求名求利？都是此心不安嘛！心安了就沒有事了嘛！哪個人心安啊？人們常常說要了生死，我說你放下吧！老子講功成、名遂、身退，天之道也。你說我的功還沒有成，要到什麼程度呢？這是沒有標準的。有人說，哎呀！自己年紀也到了，就是還有點事沒有了，再過幾年這個事情了了，就專心修行。我說世界上哪一個人是把事情了了才走路的呀？從來沒有一個人，包括堯、舜，包括釋迦牟尼佛，包括孔子、耶穌，哪個是辦完了事才走的？哪個英雄人物辦完了事情？辦完了事再修行，那是空話，騙自己的話，所以「欲待了時無了時，即今休去便休去」，其實都是你自己的心不安，現在要放下就放下了，世事沒有了的時候。

## 印心以《楞伽》

見地方面，達摩祖師是以《楞伽經》印心，現在一般學禪的人卻沒有摸過《楞伽經》。《楞伽經》有三種翻譯，我們採用的是原始的一種，另兩種都可以做參考。《金剛經》有五種翻譯，玄奘法師也另外翻過《金剛經》。《心經》有七種翻譯，各有各的好處。《楞伽經》同禪宗一樣都是疑問，開頭就提出一百零八個問題，有宗教的，有哲學的，有科學的，一串念珠一百零八顆就是根據《楞伽經》來的，還加四顆別的顏色放在中間，這四顆叫隔珠，為了分段，這是後人加上的花樣，念珠是計數字用，等於計算機。這一百零八個問題提得非常奇妙，佛一個一個都否定了，最後歸到唯心法門，一切問題都是心意識的問題。我們現在使用「乾隆藏」的濃縮本，乾隆他不像父親，他父親雍正是真正的禪宗大師，自己有著作，乾隆從學其父，總算把《大藏經》重新印過了，就是現在流行的「龍藏」。

爾時大慧菩薩摩訶薩復白佛言，世尊，諸識有幾種生住滅。佛告大慧，諸識有二種生住滅，非思量所知。諸識有二種生，謂流注生，及相生。有二種住，謂流注住，及相住。有二種滅，謂流注滅，及相滅。

這是第一個問題，唯識用心代表本體，東方文化的唯心，是本體論，包括了形上形下，不是西方哲學的唯心。西方哲學所講的唯心是思想意識，現在東西文化的衝突常常搞不清楚這個區別，以為東方文化講的唯心就是西方哲學所講的唯心，這是兩回事。西方的唯心只限於意識思想，佛家道家講唯心是本體的心，包括形上形下，是個代號。有時用性，性也是個代號。中國上古周秦以前講性，秦漢以後講心，時代不同，代號不同，雖有變化但沒有多大關係。《楞伽經》由認識論開始，研究心的起用，就是識。比方說吧，我現在手裡拿的電筒，這個電筒假定代表全體的心，把它分析開來講，心——這整個的電筒的形態，是第八阿賴耶識，這個電筒有電池，比方是第七識，而它的功能一按發亮，起作用發光，這是第六識。甚至別的經典分作九識，還有些經典分做十一個識，都是科學的分析論。

你注意大慧菩薩問佛「諸識」，一切識的起用，他並沒有提八識、九識，有時分析起來可以講到十識、十一識，通常法相唯識學講八識，一切識的現象包括生、住、滅，那到底有幾種生住滅？有的佛經講生、住、異、滅。「生」，生起，一個事物現象開始出現。「住」，存在。「異」，存在就會變化，生住其實就是變異變化。「滅」，最後沒有了。那麼人的生命呢？生老病死。照《楞伽經》分析，生、老、死，老的現象包含了病。大慧菩薩問諸識有幾種生住滅？這是一個大問題。

佛說一切識有兩種生住滅，流注生，相生；流注住，相注；流注滅，相滅。注意為什麼說「流注」呢？阿賴耶識，心的本體功能，永遠跟宇宙一體的。我們借用中國《易經》的乾卦來說，「天行健」就是流注，永遠在動，這個本體的功能永遠在轉動，轉動的生命像水一樣，所以稱為流注。《易經》上第一句話就是「天行健」三個字，周公注解這三個字「君子以自強不息」，所以我們要學天地一樣永遠永遠向前面推進，君子要效法天地的功能，自強不息，不斷前進。拿現在講就是發展，要不斷開放發展。佛說諸識的流注生，因為這個生命的功能，心的功能是永遠不斷的，道家講「生生不已」，永遠向前，流注生然後有相生，因為有動力流注，構成了一切現象。

第二句流注住、相住。這個世界的萬物怎麼存在？因為流注住、相住。父母交媾變成我們這個身體，現在活到是流注住，這個生命生生不已，後面跟著前面就有相住，這個流注不動，流注滅了就是相滅。阿賴耶識有兩個作用等流、異熟，譬如黃河之水、長江之水、恆河之水，永遠在動，海洋的水也在流注，一切都在流注。《解深密經》上佛說：「阿陀那識甚深細，一切種子如瀑流」，就是拿這個比方，阿賴耶識的一切種子如瀑流，《解深密經》與《楞伽經》是一個體系。那麼何以有這個等流之果？我們跟萬物的本性功能，都是唯心所造，在等流裡一切種子流下來，這個時候無論善、惡、非善非惡，一切種子都在流注之中，時間空間一切是平等一體的推動。

那麼為什麼會變成山河大地？為什麼變成天、人、畜生、地獄之間巨大的差別萬相呢？這是等流的功能裡有異熟，就是因果關係了。譬如黃河之水天上來，從黃河的源頭，珍珠寶貝與泥沙石頭一齊下來，其中一塊石頭可能到龍門那裡不動了，它變成等流裡的一顆異熟果，或者有一個木頭、一個珠寶，在這個等流裡流到洛陽，被人挖上來了，那是它等流裡生命的異熟。異就是變化，個個變化不同，中國道家的《老子》《莊子》非常注重這個變化的道理。所以我常常勸你們看道家的書，道家不只是練氣功、練太極拳，那是小技而已，道家根源於中國的《易經》，《易經》與佛法一樣，偏重於研究變異這個階段。因流注而有相，譬如你們白手起家，創了一個大公司，公司、事業和人一樣也會衰老，包括政權、歷史沒有不變的。

諸識有三種相，謂轉相、業相、真相。

第二個問題，諸識有幾種相呢？有三種相，「轉相、業相、真相」。萬物萬象從形而上本體到形而下來講分為三種，總體講是轉相，都是變化來的，萬物隨時隨地都在變異，全體都在等流轉變，所以佛學叫無常，沒有永恆。無常是講現象，變化是講作用。中國傳統文化《易經》《老子》《莊子》等等，統統在談變化，這是轉相。業相就是如來藏的各種造作，在這個千變萬化裡，那個始終不變的本體功能、如來藏性是真相。各種現象變化，其中有一個不變的，也就是中國人常講的「以不變應萬變」，萬變變完了有一個始終不變的，所謂真相，即是真如自性的本相，也叫作成佛，這是《易經》的道理，也是佛法的道理。

佛告訴大慧菩薩這個轉相的道理，你研究唯識要注意，前七識是八識轉來的。佛告訴大慧菩薩簡單的說有三種相，廣說八相，就是八識，簡單就是原始濃縮來講，分析起來有八個識，再分析可以分成九個識、十個識，後來歸到八識裡也就夠了。

略說有三種識，廣說有八相，何等為三，謂真識，現識，及分別事識。

拋開八識，只注意三種識也就夠了，「真識、現識、分別事識」。

「真識」，就是真如自性，成佛的境界。我們的見聞覺知生來自然就清楚，不要分別，自然能聽見、能看見，那是真識的作用，能夠應變，變而不變，不變而變，這是真識的作用。

「現識」，生來眼睛能夠看東西，耳朵能夠聽聲音，自然的功能，這就是現識了。現識從真識來，後世講唯識加上一個邏輯範圍叫現量，有現識作用就有現量，這個量與非量，等於現在科學研究的量子力學，量與非量是人為加上的範圍，不加這個範圍就是現識。現識現出有量，譬如我們眼睛看東西就有範圍，看到有多少寬？多少大？每個人的現量不同，耳朵好的聽得遠，耳朵差聽得近。

「分別事識」，就是思想，就是第六意識。前五識眼耳鼻舌身是心意識的現量、現識，修行要轉前五識變成五通的功能，轉第八阿賴耶識成大圓鏡智，六祖講「六七因上轉，五八果上圓」，開始做工夫從第六識和第七識入手，這一方面先轉，前五識和第八識完全轉了，整個身心改變了，才是證果。

大慧，譬如明鏡，持諸色像，現識處現，亦復如是。大慧，現識及分別事識，此二壞不壞，相展轉因。

接著佛說大慧啊！什麼叫作現識？佛說譬如一個鏡子，你拿來就看到自己嘛！這就是現識的作用，對境無心，你說我見而不見，聞而不聞，那正是現識的平靜面，鏡子沒有照而已，你不能說沒有鏡子啊！呂洞賓的詩「對境無心莫問禪」，有的人因此以為見而不見、聞而不聞就是道，這是你無心嘛！你不起反應嘛！《大學》講如果心裡有事，視而不見，聽而不聞，不是沒有鏡子，現識還是有的。

我們通俗地講，現在常說作人很現實，你很現實，我很現實，就是現識的這個作用。不過對事而言換個名稱，現識就是當下哦！「現識及分別事識，此二壞不壞，相展轉因」，古文翻得簡化，現識及分別事識，現象一來，我們的心就知道了，馬上曉得這是什麼，臉對鏡子一照就現了，我曉得這是我，或者這是我的眼睛，這是我的鼻子。當我知道是這個現象的時候，現象這個觀念，這個作用也等於過去了，這兩種存在不存在，這裡討論起來唯物唯心的科學、哲學問題太多了。佛答覆這兩種不能說壞與不壞，「相展轉因」，互相為因果。換句話你有第六意識分別思想，每一個分別思想都有一個現識的現象出來，又產生一個觀念，這個觀念就是從分別現象來，互相為因果，這是提到不思議的問題。譬如像我們才生下來時，嬰兒看得見，聽得到，餓了就想吃，這很現實，那麼你說嬰兒完全沒有分別意識嗎？有啊！成分輕微，他曉得餓嘛！他還是要吃好的，你打他他也知道痛，輕微的他不覺得難受，他的身體細胞氣脈比較完備，你打重一點他就痛得哭了，這就是相展轉因啊！

大慧，不思議熏及不思議變，是現識因。

這句很重要。我們這個生命現識，生來眼睛能夠看，耳朵能夠聽，能夠感覺，這個作用是從哪裡來的？人天生本來就有的，阿賴耶識種子帶來的。不思議熏、不思議變從哪裡來？等流裡來，異熟本來具備的，但是我們習慣了，從無始以來不思議熏把你污染了。這個熏很厲害，本來一張白紙把你們熏成各種顏色，所以每個人的個性不同。你看我們坐在這裡的學者很多，每個學者的思想個性都不同，那是無始以來帶來的種子，這個種子是不思議的熏染污來的。不思議熏，不思議變，再加上很多因素，所以變成每個人的各種各樣，個性不同、習慣不同，一切不同。譬如我們同樣看一個顏色，每個人的感覺不同，每個人聽聲音的感覺不同，這是無始以來不思議熏、不思議變的結果。所以我們致力於教育，乃至宗教，都是塑造性的，就是不思議熏、不思議變，這是現識的因。

大慧，取種種塵，及無始妄想熏，是分別事識因。

第六意識的分別作用，也是無始以來帶來的，就是十二因緣的無明緣行，行緣識，無始以來物理世界的習慣及無始以來的妄想，喜歡抓取種種塵緣，喜歡去研究，喜歡去追尋。《解深密經》也是這樣的道理，無始以來妄想的習慣，自然會去分析，會去思想。

# 第三堂

## 譚峭的拄杖

諸位，這幾天講《解深密經》《楞伽經》，都是提了一些濃縮的要點，都是與做工夫有關，你們聽了不要變成思想了，自己不能融會貫通，我也沒有辦法，有智慧就把這些融會到修證方面了。

「不思議熏，不思議變」，特別重要，中國道家、儒家文化也非常注重變化無常的道理。唐朝才子譚峭著的《化書》，你們大概都沒有看過，是道家的經典，《四庫全書》有收錄，我在台灣時特別印了這本書。譚峭是唐朝的高幹子弟，他的父親是國子祭酒，唯一的國家大學校長。譚峭出家修道成為神仙，他的《化書》中最有名的一句「摶空為塊，見塊而不見空；粉塊為空，見空而不見塊」，把「不思議熏，不思議變」用物理道理講得清清楚楚。「摶空」，把虛空揑成一塊，世界為什麼變成有山有水，有人物，有樹木等等，都是摶攏來變成一塊，一切眾生看到塊，看到物質，就看不到空了。「粉塊為空」，把這一塊物質打散了，把夸克、原子都分散了，最後是空的，這時眾生見空而不見塊。這是變化的道理，非常深刻，「摶空為塊，見塊而不見空；粉塊為空，見空而不見塊」，都是《莊子》一樣的文章，佛家道家的道理是相通的。譚峭的詩也非常好。

線作長江扇作天　靸鞋拋向海東邊
蓬萊此去無多路　只在譚生拄杖前

靸鞋就是拖鞋，他修道家神仙，吊兒郎當，穿個鞋子拖起來走，若問極樂世界同蓬萊仙境在哪裡，就在我這裡，他告訴你，但你沒有看到，他的本事很大，「線作長江扇作天，靸鞋拋向海東邊」，氣派多大啊！這是少年神仙，同韓湘子一樣。

## 韓愈的命運

韓湘子成道後回家度韓愈，但是韓愈素來反對佛道，因為韓湘子出家，韓愈很是難過，結果韓愈生日的那天韓湘子回來了，那個時候韓愈正是春風得意，官作得很好，皇帝對他很信任。韓愈說你回來了，好像很不高興，在外面幹什麼啊？回來幹什麼？韓湘子說回來給你做壽啊！我送個禮物給你，這麼一比劃，就有一瓶花出現在前面，這個花上還會放煙火，贏得滿堂喝彩。更奇的是煙火上面還有兩句詩：「雲橫秦嶺家何在，雪擁藍關馬不前」，這是很好的句子。當時韓愈住在京城長安，他怎麼寫這兩句啊？後來因為韓愈上了一個奏本，反對把佛骨請到長安，韓愈的報告分析了財政問題、國家民族問題，對佛道、和尚道士臭罵一頓，所以唐憲宗生氣了，把他貶到廣東潮州。那年冬天下著雪，韓愈路過秦嶺，做了一首詩：

一封朝奏九重天　夕貶潮陽路八千
欲為聖明除弊政　肯將衰朽惜殘年
雲橫秦嶺家何在　雪擁藍關馬不前
知汝遠來應有意　好收吾骨瘴江邊

自己上午寫一封報告給皇帝，等於說你不要辦奧運會，反對辦奧運會，皇帝發了脾氣，把他下放到廣東潮州做市長去，「欲為聖明除弊政」，他的動機是為了國家，為了老百姓，「肯將衰朽惜殘年」，他也老了，五十多歲了，皇帝就是殺了我，我也願意，我是為國家、為百姓死都願意。韓愈騎在馬上作詩，由長安走秦嶺漢中這一條路，再下來到湖北、湖南，慢慢轉到廣東，冬天下雪，秦嶺的路很危險難走，詩也作不下去了。他忽然想起來韓湘子早就提醒過了，啊！「雲橫秦嶺家何在，雪擁藍關馬不前」，他想起了侄子，把侄子的兩句詩湊起來，正是他想要的句子，同時他看到前面的遠處韓湘子在給他帶路，所以他的詩接下去了，「知汝遠來應有意」，我知道你得道變成神仙了，不願意見我，只露個影子給我，你一定是有意來給我開路，保護我。「好收吾骨瘴江邊」，他說我萬一死在廣東，你替我埋骨於江邊。廣東潮州文化是從韓愈開始，柳宗元是貶到廣西，這是兩廣文化的因緣，到宋朝蘇東坡又被貶到海南島，這三個大學者開創了嶺南文化。

這是八仙之一的韓湘子與他叔叔的故事，事先就告訴韓愈不要作官了，辭職跟他去修仙學道，韓愈不幹，韓湘子早就知道韓愈的命運，「雲橫秦嶺家何在，雪擁藍關馬不前」，會有這個人生境界。

## 再講《楞伽經》

《楞伽經》是整部唯識學的綱要，五法、三白性、八識、二無我，整部唯識講完了。什麼是五法？名、相、分別、正智、如如，包括了一切的學問、一切的佛法。名是理念，道理。所以周秦以前的中國文化有沒有邏輯學？有，大家不知道，那叫「名學」，古代的邏輯學叫名學，孔子講正名，就是邏輯觀念要清楚。世界上的道理有名有相，名相分別就是分析思想，所以一切學者學佛修道不能成功，都是被學問騙住了，四個字「循名執相」。學者修道不容易成功，都在理論上拚命研究，學者不能做事、不能成功事業也是因為犯這個毛病，就是「循名執相」。

名相怎麼來的呢？分別意識思想來的，統統在搞思想。譬如我們現在爭論走社會主義還是走資本主義？清末到現在一百多年來一切的爭論都是「循名執相」，這是名相分別，也都是妄想。去掉分別心，自己才能寧靜下來，得到禪定的正智，真的智慧自然發起就成道了，同佛一樣，如如不動。如如是成佛證果的境界，我說梵文譯得最好的就是這個如來、如如，成佛得道的境界譯成如如兩字，絕了！無為清淨得道，也無道可得，不可得中就是這樣得，如如不動。你們學《楞伽經》不要被學問騙了，「循名執相」就錯誤了，那都是第六識的分別妄想，分別妄想不動了，那個天然，就是《中庸》所講的「不思而得，不勉而中」，天然智慧發起了，就是得道了，才叫如如不動。

什麼是三自性呢？唯識也稱三無性，學唯識法相的人，常常笑禪宗講明心見性，唯識講三無性嘛！他不曉得法相宗這個性字代表一個事物的性質、性能，是邏輯的範圍，而禪宗講明心見性，這個性字代表本體。同是一個中文字，代表兩個不同的觀念，這在中國文字學叫借用。《楞伽經》提出來三自性，《解深密經》也有詳細的論述，心意識都是因外境引起，稱為依他起。譬如我們這一百多年來很多思想都是受外國影響，變成今天的中國文化，這也是依他起。我們的思想感情是因為受到物理世界的影響引發，譬如我們打坐很想心念清淨，但為什麼清淨不了？身體裡面生理在動，這個動相變化是依他起，心就散亂了，也是依他起。依他起性的這個作用呢？無自性，它是「不思議熏，不思議變」來的，沒有自己固定的性能存在，都是依他起。譬如牛頓看到蘋果落地，打開了智慧，發現了萬有引力，也是依他起。

偏計所執，一切眾生的思想、情感、生命都是依他起來的，然後自己呢？十二因緣愛與取抓得很牢，這是偏計，普偏存在，感情、思想都受物的影響，計就是計較，心裡有個分別計較，思想就是計較，感情也是計較，同時抓得很牢，把假象當成真實。名、相、分別都是依他起、偏計所執來的。如果依他不起，不偏計所執就是圓成實相，本來是圓滿的，本來個個是佛，個個成道，只要放下，不依他起，不偏計所執就是禪。

譬如禪宗的洞山祖師，那是我們浙江人，他在浙江出家，洞山悟道。洞山良价幾十年辛苦用功打坐，後來走到江西洞山，山上有一條溪水流下來，他脫鞋過溪，看到水裡的那個影子，悟了，他有名的悟道偈：

切忌從他覓　迢迢與我疏
我今獨自往　處處得逢渠
渠今正是我　我今不是渠
應須恁麼會　方得契如如

「切忌從他覓」，你不要依他起，你在身體上或用太極拳，或用瑜珈，或用氣功，或用禪定，以身體來修道都不是。「迢迢與我疏」，越求越遠，這是一般人學道不能悟道得道的原因。因為洞山祖師過溪看到影子，「我今獨自往，處處得逢渠」。渠是廣東話，就是他，生命的究竟時時處處都在啊！「渠今正是我」，我們現在活著好像這個身體就是我，其實不是，不要在那裡找。「我今不是渠」，我現在不在這個肉體上，肉體同河裡的影子有什麼區別？「應須恁麼會」，恁麼也是唐宋時的白話，你應該這樣去理解，「方得契如如」，剛才講到如如，他說這樣你就差不多了，禪宗是從這個理路進去，你的工夫做到定慧等持就可以到家了。這是曹洞宗開山祖師的偈子，你們不要在學問上找了。

你們把唯識研究完了，教理通達了，做工夫就是為了證到人無我與法無我，所以我教你們修安那般那，先證到身空以後，才是人空，只證到身空、人空，還算是小乘羅漢果，然後轉向大乘證到法空才算徹底。

# 八月九日

# 第一堂

## 生死繫喉輪

中午大家開始唸佛唸咒，音聲方面都有問題，很多人都是脈輪喉脈不通，連帶肺部呼吸器官都沒有展開，這與健康也很有關係。三脈七輪的理論不是空洞的，這是印度的原始醫學，與學佛修持有重要的關係。喉輪也稱受用輪，飲食的接受，身體營養與這一部份有關，喉輪氣脈的修持也屬於觀音法門。道家認為喉部這裡是生死關，男女都一樣，尤其男性的喉結很明顯，女性沒有喉結。喉輪這裡打開了，生死來去自由，乃至少病少惱，死得痛快，氣脈打開是一個生理作用。

所以要唸誦也要配合安那般那和白骨觀，每次在現場聽到報告都想告訴你們，沒有辦法每個人個別指導，除非有單獨機會在一起，要看住你怎麼發音，氣怎麼調整，你們也沒有好好問。你看佛經都是有問有答，一句話「學人不開口，諸佛難下手」，佛經就是問答，後世祖師們的論著就不是問答了，等於現在寫的論文、筆記。

## 一讀《楞嚴》後

這幾天講的重點是內在心性修養之學，你們這幾天在這裡受罪，盤腿修持，你不要看到只有這幾天，你們拿到這一點的基礎，入世到社會上去用，會很有用處的，每天早晚自己能夠多靜坐幾次，至少可以少病少痛，或者老了要走也痛快一點。昨天講了定慧止觀，等於答覆C同學的問題，今天再補充一點作為結論，不管唯識法相、密宗、禪宗等等，大家不要忘記《楞嚴經》最後的四句話「理則頓悟，乘悟併銷，事非頓除，因次第盡」，這是講修持的重要。《楞嚴經》開始講大道理，七處徵心，八還辨見，這個最重要的道理包括各宗各派，乃至法相、密宗、禪宗都在內了。然後講到心物關係，物理世界由四大到七大都是心物一元的，佛講物理世界的四大也是不生不滅的，心物是同源來的，這是《楞嚴經》很特別之處，別的經典都沒有這麼清楚地論述。因此講到世界萬有的來源，就是文殊菩薩的偈子「覺海性澄圓，圓澄覺元妙，元明照生所，所立照性亡」，這個虛空是怎麼形成的？物理世界又怎麼形成？非常簡化的表述，但裡面的內容很多，然後才引出來二十五位菩薩圓通，隨便你從哪一個法門進入，專心一致都可以到達中心。這時文殊菩薩作總結論，非常推崇觀音法門，不止是推崇音聲法門，而是大慈大悲觀世音菩薩代表了學佛作人的基本。沒有慈悲心，什麼都談不上，學佛的基本只有四個字慈悲喜捨，很難很難，作人做事都做不到的。慈悲大家聽起來很容易，幾乎都做不到，下面喜捨兩個字更難，你看每一個人的面孔上、心理上，都沒有喜悅的表現，喜悅是很難很難，對人的態度喜悅，內在真的開心是非常難得。

# 叢林飯如山

所以我常說，中國的佛教叢林已經把佛法說明了，現在沒有一個真的叢林建築了，好像寧波天童寺也差一點了，有兩個傳統的叢林已經沒有了，大陸內地還有哪裡有我不知道。人叢林進去在山門外面遠遠先看到哼哈二將，哼就是用鼻子，哈是用嘴巴，就是呵、哈，哼哈就是呼吸法門。哼哈二將過了以後是四大金剛，都是代表修法，見聞覺知就是四大金剛。然後進入正門，中間一尊大肚子的彌勒菩薩，在那裡哈哈大笑，這在中國禪宗叫泗州大聖。唐代的禪宗祖師布袋和尚，是個大肚子和尚背個布袋，不住廟子雲遊四海，常在安徽、浙江之間來來往往，背個布袋整天笑嘻嘻的，見人也不說話。人家問他佛法是什麼？他就站在那裡哈哈一笑，把布袋一放，合掌看你，懂了嗎？不懂，他背起布袋就走了。這是開口常笑的布袋和尚，就是喜捨的表法，我們的身體也是一個大布袋，很重，放下布袋你就輕鬆了。布袋裡裝的什麼東西？不知道。有一副很有名的對聯寫彌勒菩薩，「大肚能容，容天下難容之事；開口常笑，笑世間可笑之人。」因為他是大肚子，代表氣度，人的風度器量大，包容萬象，這副對聯妙極了，我們年輕的時候看到彌勒菩薩殿的這副對聯，真是把作人與佛法全都說完了，有幾個人能真正做到？慈悲就是器量大，愛一切人、物。

由彌勒菩薩轉身進來，就是韋陀菩薩了，韋陀菩薩是這一個劫數的大護法，韋陀菩薩於此劫最後成佛，他發願要為九百九十九個佛護法，最後成佛，叫樓至佛。韋陀菩薩看著大雄寶殿，面對著佛，你看一個廟裡的韋陀菩薩，手裡拿著降魔杵杵在地上，表示那是子孫叢林，不可以掛單，等於說是比較小的團體。如果韋陀菩薩合掌把降魔杵橫在兩個手臂上，這叫十方叢林，誰都可以掛單住下。出家在家的修行人如果不好好修行，韋陀菩薩會很嚴厲地處罰你，一棒打死算了。所以中國叢林裡的韋陀菩薩都是面對著釋迦牟尼佛，這是不看僧面看佛面。相傳過去韋陀菩薩太嚴厲了，尤其看到出家僧人不守規矩戒律，一個降魔杵就把他打死了，所以釋迦牟尼佛開口了，不要這樣，你不看僧面，看佛面嘛！看我的面子包容一點，不要那麼嚴格要求，所以後世塑的韋陀菩薩轉身對著佛，這個故事也許是編的，但很有道理。

然後大殿上一尊釋迦牟尼佛，或者三尊同樣的佛，為什麼三尊同樣？代表法報化三身。其實不止佛，我們的生命也是一樣，普通人的生命也有三身，現在的肉體是報身，受報應來的，一切的遭遇、痛苦都是受報。而你明心見性知道生命來去，不生不死的本性那是法身。我們現在的身體也是化身，從兒時到中年、到老年，都在變化，男女兩個抱在一起又化生出來一個，生生不已，都是化身。真正的佛是誰？在這個劫數裡，色界天的盧舍那佛是報身佛，出家人受的四十八條菩薩戒，是盧舍那佛在色界天講的戒律，我們修持到「除諸身行」，身體轉化變成瑠璃光體，這是真的報身成就，所以一切所有的佛，包括阿彌陀佛、釋迦牟尼佛，都是毗盧遮那佛的化身，十方世界一切諸佛，皆是一體化出來的，法報化三身是這個意思。這也說明科學也好，哲學也好，一切事物都有體相用三個方面。毗盧遮那法身佛，代表萬事萬物之體，盧舍那報身佛，是真正的相，這個欲界肉體的報身相並不好，色界天盧舍那佛那個相是百千萬億光明。所有一切眾生，四生六道，包括我們，乃至螻蟲螞蟻，乃至地獄，一切皆是化身，法報化三身是這個道理。所以大叢林的中央大殿上供法報化三身，三十二相八十種好，光明圓滿，佛教不是崇拜偶像哦！基督教、天主教說佛教崇拜偶像，那是佛教傳到中國後，這個理念漸漸通過佛像變成了一種標誌。

中國佛教就是那麼清清楚楚，你看寺廟的結構就懂了，至於有的旁邊還有十八羅漢、五百羅漢、四大菩薩、二十八天人，那都是表法的配置，與這個寺廟傳承的修法有關。

## 依何建壇城

《楞嚴經》講了二十五位圓通，到這裡有一半了，然後呢？阿難提出來問一個普通人開始怎麼修持？佛先從生死方面說起，先要懂得地獄果報，人生千奇百怪，身體也不一樣，以及地獄、餓鬼、畜生與人、天的關係。佛說修持先要佈置一個壇場，密宗叫壇城，就是場地，一個修持的環境。照《楞嚴經》上說，這個壇場要用喜馬拉雅雪山上有力白牛的糞便，拿來蓋一個壇場，然後在裡面唸楞嚴咒。你們現在去哪個地方找雪山的白牛糞？那是當年在印度還沒有石灰水泥時的狀況，喜馬拉雅山頂上的白牛，吃的草也乾淨，所以蒙古、西藏、印度的人們都拿牛糞做燃料，也可以蓋房子，現在的寺廟就是壇場嘛！不要執著了，還非得弄些牛糞塗上，才以為是壇城，那不是笑話嗎？太著相了。

我在峨嵋山閉關的地方，另外有一條小路，剛到那裡時，我告訴當家師你們這裡有個後門，那個當家師愣了半天不說話，你怎麼知道？我說我來過啊！我夢中來過三次。他說真有這一條路，從來不准打開。我說我知道在哪裡，把門打開，那邊非常漂亮，一條小路很窄，人踏在上面啊！就像在沙發上走，比沙發還要舒服，腳一踩下去，香氣撲鼻，身體內外都是清香，多年的那個花啊！樹啊！落下堆積起來，清香無比。過了這一條路，下面懸空一條是萬丈懸崖啊！所以寺裡不准打開，我說我來過的。然後轉一個彎就到另外一個山頂，那裡四面都是山，像一朵蓮花，人坐在蓮花的中心看外面世界，所以我說我一輩子的福氣都在峨嵋山上享受完了，在世間當官發財是洪福，這是清福。

## 照見五蘊空

《楞嚴經》然後告訴你修行有五十種陰魔，是做工夫的障礙，會走岔路。五陰是色受想行識，「色」是生理的，完全是物理的範疇。「受」有一半心理，一半物理。「想」是心理的思想。「行」包括心物一元的動力。「識」完全是心理的、精神的，就是講唯識這個識，這是五陰。《心經》稱為五蘊，「觀自在菩薩，行深般若波羅蜜多時，照見五蘊皆空」，《心經》的修法是隨時反觀，反省觀照自己。幾十年前印度的冥想在美國、日本興起，現在叫內觀，就是通過禪定反觀自己，打開智慧，照這個修行，反照久了，自然智慧打開，身心解脫，「照見五蘊皆空」，一切都空了，從五陰中跳出來了。

《心經》只有二百六十個字，是《大般若經》的一篇，舍利子問成佛之路怎麼修？佛說你去問這位大菩薩觀自在，通過般若智慧入手來修，不走任何一條路，透過智慧一直進去。還有一本佛經《自在王菩薩經》，修成功了就是大自在，一切自在，這一本經很有意思，講當年釋迦牟尼佛在燃燈佛那裡怎麼悟道、得道，後來怎麼成佛，也是鳩摩羅什法師翻譯的，這些佛經都深深影響了中國南北朝時期的文化思想。

# 第二堂

## 《心經》從頭論

我剛才講到《楞嚴經》的五陰解脫，就牽涉到《心經》基本的般若正觀的修行路線，這就是大止觀。第一句話「觀自在菩薩」的名號就代表了一個修法，隨時反觀自己，你是誰？你在哪裡？內觀這個法門，在佛法沒有傳入中國之前，中國文化的黃帝時代就懂內觀，這在中國的古書上叫「內視之學」。「觀自在菩薩」的這個名號已經包含了方法，他告訴舍利子，「行深般若波羅蜜多時」，反觀久了，你的智慧開發了，然後不是觀是「照」。我常常給大家比方什麼是觀？我手裡拿著手電筒到處找東西，這是觀，照呢？電燈一打開，或者太陽一出來，不用著力，不尋不伺，自然而然，一剎那之間整個的地球萬物統統看見了，一點都不用力，這是照的功用。觀是尋找，就是有尋有伺，有覺有觀，「照見五蘊皆空，度一切苦厄」，你跳出了五蘊，佛法也沒有了，都空了，這是禪宗。觀自在菩薩告訴舍利子不要多問了，你好好去修煉，反觀自己生理心理的五蘊，一切都是空的。可是舍利子還站在那裡等，觀自在菩薩又指導，舍利子啊！我告訴你「色不異空，空不異色，色即是空，空即是色」。色法就是物質的，物理的，本身無論聲、光、電、化，分析到最後都是空的，愛因斯坦對於物理的空一點辦法都沒有，所以愛因斯坦最後還是要皈依上帝，因為科學解決不了空的問題。在佛法來講，色的本身就是空，萬有的物質存在正因為本身是空的才生一切色，緣起性空，性空緣起，無主宰，非自然，本來空，因為空才起一切的作用。

昨天講到道家譚峭的《化書》，「摶空為塊，見塊而不見空；粉塊為空，見空而不見塊」，觀自在菩薩說的跟譚峭說的一樣，只是表達邏輯不同。色法本身就是空，因為緣起性空，所以能夠建立物理世界。你說你懂了嗎？還沒有懂，進一步「空不異色」，物理本身的空本來就存在，可是你同樣會被空的現象困住。色與空不一也不異，就是一個東西，是你的智慧沒有看清楚。普通人不是著有就是著空，再不然就非空非有、即空即有，這四種見都去掉了，叫「離四句，絕百非」，你所有的見解都是錯誤的，你問對了也是錯，哪裡有個對啊？有個對就是錯，有個錯更錯，這是禪宗的「離四句，絕百非」。

觀自在菩薩告訴舍利子，「色不異空，空不異色，色即是空，空即是色」，接著「受想行識，亦復如是」。玄奘法師回國翻譯佛經之初，他也想學鳩摩羅什那樣使用中國文學的邏輯，因此燃香拜佛祈求指示，結果玄奘法師夜裡做夢，夢裡境界很威嚴地告訴他翻譯的三個原則「信、達、雅」，這是玄奘法師的創始。千年來從事中外文的翻譯第一要信實，同文字本身的原意要一樣，而且文學要高明，字句要通達，不光使人能看懂，還要有文學氣味。近一百年來所有的外文翻譯，包括馬克思的《資本論》都做不到高度的「信、達、雅」，所以玄奘法師說翻譯很困難，有些經典經過翻譯就變了味道。你們大概沒有經驗過，像我們小的時候沒有牛奶，媽媽把飯菜放在自己嘴裡嚼得很細，再嘴對嘴吐給我們吃，古人是這樣養兒啊！我們是這樣長大的，這是父母之恩。玄奘法師說翻譯就像母親嚼了飯菜再吐給孩子吃，真正的營養是母親自己吃下去了，翻譯就有那麼的困難，文言翻白話、白話翻文言就有這麼困難，更何況外文翻中文、中文翻外文。

玄奘法師的翻譯做到了信達雅，「舍利子，色不異空，空不異色，色即是空，空即是色，受想行識，亦復如是。」四個字解決了，其他四蘊同色法一樣。如果五蘊完全翻成「舍利子，色不異空，空不異色，色即是空，空即是色。受不異空，空不異受，受即是空，空即是受。想不異空，空不異想，想即是空，空即是想。行不異空，空不異行，行即是空，空即是行。識不異空，空不異識，識即是空，空即是識」，這是絕對的「信」，中國這個民族的個性、智慧與印度不同，文學喜歡簡化，中國的一個方塊字概括了很多內容，所以《心經》只有二百多字，把全部的般若佛法都講完了。

乙同學原來不信這一套，有一次他到普陀山，回頭一看，寺廟的牆上有一篇《心經》，他只看了一眼就會背了，從此對佛法生起恭敬心。

然後「舍利子，是諸法空相」，觀自在菩薩最後補一句，舍利子，你懂了嗎？五蘊皆空，「空」跟「有」之間是這樣的關係，是諸法空相，他說你要知道，一切皆空，畢竟空，你不要再去找什麼東西了，一切道理、思想都沒有，徹底空了，你都放下了，都棄捨了，就到家了，「舍利子，是諸法空相」，佛法講完了。

但是觀自在菩薩一看，舍利子還站在前面，聽到一切皆空，放下就是了，又怕他搞錯了，這個空不是沒有，不是世俗觀念切斷了、沒有了，不是這個意思，這個空性、本性是「不生不滅，不垢不淨，不增不減」。換句話不老也不死，也不髒，也不乾淨，也不臭，也不香，也不來，也不去，也不出，也不進，這一路下去太多了，所有相對的都去完了，你說有個絕對，那也錯了，也沒有絕對。你見了空性，了了生死，不生也不死，不垢也不淨，這是本體實相般若，觀自在菩薩說你不要落在空中，以為空了什麼都沒有，以為這就是佛法，那你又錯了，不生不滅，不垢不淨，不增不滅。

那麼為什麼是徹底空啊？「是故空中無色，無受想行識」，一路都無，否定到最後，五陰、六根、六塵、十八界、十二因緣一切都否定完了，最後告訴你什麼是正智，「無智亦無得」，還有個智慧存在，有個我存在都不是哦！真的有個道可得嗎？我從年輕時起，就有人問：你得道了？我說有啊，上有食道，下有尿道，另外哪裡有個道？「無智亦無得」嘛！達到了無所得，「菩提薩埵」，這是大乘菩薩道，你說《心經》簡單，真正大小乘的佛法畢竟空，空不是沒有哦！「以無所得故，菩提薩埵」。

然後觀自在菩薩又告訴舍利子，「依般若波羅蜜多故」，你見到空以後，悟後起修，隨時可以在作人做事中修行了，「依般若波羅蜜多故，心無罣礙，無罣礙故，無有恐怖，遠離顛倒夢想，究竟涅槃」，達到畢竟的清淨。修行最終是智慧成就，不是工夫，好壞都是相。「三世諸佛依般若波羅蜜多故，得阿耨多羅三藐三菩提。」首先見到空性，真修密宗先要問你有沒有見空性，你懂了諸法皆空的道理，過去、現在、未來諸佛都是從這個路線大徹大悟而成佛的，得阿耨多羅三藐三菩提，成佛得道是智慧成就，而不是工夫與名相。

最後觀自在菩薩吩咐打坐、唸咒都不是，也都是，「故知般若波羅蜜多」，智慧成就「是大神咒」，這就是真正的咒語祕密，「是大明咒，是無上咒，是無等等咒」，你不要迷信了，佛法就是破除迷信的，這些都不是，只有證得大智慧，自性的成就才是究竟的。他說你要學咒語嗎？要問祕密嗎？「即說咒曰」，因此我告訴你一個咒，「揭諦，揭諦，波羅揭諦，波羅僧揭諦，菩提薩婆訶」，你去唸吧！玄奘法師有那麼大的氣派，這個咒語他並不翻譯，很高明，意思是快啊！快啊！你要快快自己用功，自己反省，自度了再去教化別人，度一切眾生，快快回去吧！

## 五陰解脱

我們為什麼講到《心經》呢？這是因為講到《楞嚴經》的五十種陰魔境界，叫你們徹底了解五蘊皆空的道理，因此講到《心經》。《楞嚴經》則不同，佛用很切實的、科學的方法稱這個世界為五濁惡世。什麼叫五濁呢？劫濁、見濁、煩惱濁、眾生濁、命濁，這個世界是很可惡的世界。現在這個世界人類的劫數叫賢聖劫，這一段歷史不止是幾千萬年，釋迦牟尼佛是這個劫數裡的第四尊佛，我們地球不曉得要經過幾個冰河時期，有一千尊佛大徹大悟出來教化眾生，將要來的第五尊佛是彌勒菩薩。

中國、印度的文化有一個共同觀念，都認為我們的文化已經經過兩、三百萬年的歷史了，而且是代代傳承不斷，釋迦牟尼佛是接受這個傳承的第四位佛。這個劫數有五濁，第一是劫濁，這個時代有好有壞，是混雜的。第二是見濁，這個世界一切眾生的觀點不同，觀念思想搞不清楚，善惡的分歧不清楚。第三是煩惱濁，佛經翻譯的「煩惱」是非常高明，煩惱不是痛苦哦！但隨時纏繞在我們心中的思想情緒，搞不清楚原因，有時氣候不好也會難過，每一樣煩惱都有不同的原因。第四是眾生濁，眾生的生命都是不乾淨的，生命靠欲望產生，通過男女兩性的關係產生出來。第五是命濁，我們整個的生命，物質生命與精神生命都很不乾淨，真清淨無為就成佛得道了。

《楞嚴經》叫你觀察分析，五陰是心的一念作用，心、物是凝結在一起的，也就是譚峭講的「摶空為塊，見塊而不見空」，物質物理的形成是堅固妄想的作用，因為我們死死抓住妄想。《楞嚴經》中文殊菩薩總結「元明照生所」，一念抓住堅固妄想，因為心物一元的作用，形成色陰境界的劫濁。受陰境界呢？我們身體上的一切感覺，叫虛明妄想。同一個妄想，一念裡有五個現象，等於一個玻璃窗裡有五個彩珠，第一個是堅固妄想，形成了物質世界，變成劫濁。

第二個是虛明妄想，變成我們的感覺作用，感覺是虛明的哦！所以你打坐難受，你忘記了「受不異空，空不異受，受即是空，空即是受」，你把它看破了，就輕鬆了，這是個賊啊！一個賊進來，抓住一看，他媽的，你偷我幹什麼？「受不異空，空不異受，受即是空，空即是受」。

第三個是融通妄想。思想妄念是怎麼來的？你們看一些大學問家多了不起，因為融通妄想厲害，一通百通哦，像我們的乙同學，開口頭頭是道，無所不通，想陰是這樣來的，融通妄想是一念的中心。

第四個是幽隱妄想，這個宇宙、包括生命永遠有個動力在轉動，你也搞不清楚，到底是什麼。這是陰暗的一面，很難看清楚它，所以稱為幽隱妄想，這是科學的分析探討。

第五個是顛倒妄想，唯識法相學分析心、意、識，意識是怎麼來的？識陰是什麼樣子？佛在《楞伽經》講五法，名、相、分別、正智、如如，你困在名相分別，被它顛倒了，不能證得正智，翻過來那就對了，一念清淨就到家了。

我現在把《楞嚴經》的大義濃縮，你不要看我幾十分鐘以內給你們梳理得清清楚楚，我可是花了幾十年的功力啊！你們聽了千萬注意「莫將容易得，反作等閒看」，那是有罪過的啊！

這是五濁與五陰的關係，心念一動包括五陰，精神世界關聯物理世界，演變成五濁。做科學的分析，五陰有沒有邊際呢？色陰的邊際作用在哪裡？色的邊際是色與空。受陰的邊際在哪裡？觸與離，有接觸就有分離，你有智慧就知道捨離。我沒有學佛以前就曉得練拳，練到最痛苦的時候，體能疲勞到極點了，最後一步上不去，他媽的我不管了，要死就死。我把這個觀念放開了，受陰的邊際是觸與離，脫開就空了。

想陰的邊際是什麼？記與忘，你們常說我的記憶好，因為我專注，就記住了，你把思想放開，觀自在菩薩，要空就空了嘛！行陰的邊際是生與滅，前念已滅，後念未生，你中間不去接，能生能滅是本體，現象是生與滅。識陰的作用就難懂了，唯識講「湛入合湛」，你看房融的中文翻譯，也是用極了本事，再也找不出第二個辭了，「湛入合湛」是什麼？清水倒在清水裡，本來清淨，中文的翻譯已經到了極點，很佩服啊！

房融在唐朝也作過尚書，後來流放到廣州去，與般剌密諦法師翻譯《楞嚴經》。《楞嚴經》當時在印度是國寶，不准流傳出來，般剌密諦法師為了救度眾生，把《楞嚴經》寫成很小很小的字，把自己兩肋的皮肉割開，縫在皮肉裡，這樣才帶到中國。中國後世的學者居然說《楞嚴經》是假造的，這個孽造得嚴重。所以佛教說《楞嚴經》最後傳到中國，將來在中國文化斷滅的時候也是最早失傳的。

五陰解脫的原理都是科學性的，《楞嚴經》最後的結論，也是今天我要跟你們交待的最後四句話，「理則頓悟，乘悟併銷，事非頓除，因次第盡。」你們學佛，包括研究科學、宗教，道理是要頓悟，你一下悟了，但工夫沒到不行，你懂了生命的科學，好像自己一下就空了一樣，其實你那個道理也沒有用，這個空的道理，是要好好修禪定、做工夫，所以修安那般那、白骨觀，是一步一步的工夫，四禪八定你逃不了的。

# 第三堂

## 嗡嘛呢唄咪「牛」

H同學：老師您以前告訴我唸揭（噶）諦，「揭諦，揭諦，波羅揭諦，波羅僧揭諦，菩提薩婆訶。」

師：都可以，唸成揭（音接）諦也一樣靈光。這個故事你聽過沒有？當年我在四川成都學密宗的那個階段，有一個白教的喇嘛，他告訴我一件真實的故事。他說那個時候到漢地來，出川很不容易啊！他在山上走，年紀也很大了，很餓很辛苦，看到有個山頭下面的茅蓬有煙火起來，好像有人煮飯的煙火，再仔細一看，發現那個茅蓬上有彩色的雲氣顯現，他說這裡有修行人，就下來找，結果看到是一個住茅蓬的老太婆，一個人很可憐，很窮苦，老公也死掉了，兒子也沒有，他一看很憐憫，就問：「老阿婆啊！妳平常做什麼？」她說：「我啊！就靠佛菩薩保佑。」「那妳怎麼樣學佛呢？」「我就唸一句咒子，嗡嘛呢唄咪牛、嗡嘛呢唄咪牛，這樣唸了幾十年，心裡很安。」這個喇嘛想：「怪不得我在山頂看到這個地方有彩雲，原來是這個功德啊！」他又告訴這個阿婆：「很好啊！妳有功德，但是妳唸錯了。」她說：「怎麼錯了？」「嗡嘛呢唄咪吽，是吽不是牛。」「哎唷！我幾十年唸錯了。」她就改了，然後喇嘛在那裡吃了飯，又從這個山路走到山頂，回頭一看，那個彩光沒有了。啊！他馬上反省到：「我錯了，不是老太婆的錯。」他馬上就回來找阿婆，說：「我在妳這裡吃一餐飯，我告訴妳唸這個嗡嘛呢唄咪牛，還是對的，剛才我給妳開玩笑，妳還是照妳那個老唸法。」這個老太婆說：「師父啊！你不要開玩笑嘛！我唸了幾十年。」她還是照舊唸嗡嘛呢唄咪牛。結果喇嘛再回到山頂，站在那裡一看，還是一片祥光。所以你管它揭（音噶）諦、揭（音接）諦，專心了都一樣，這個道理就是中國文化的三個字「誠則靈」，《大學》講的「此所謂誠其意也」。

## 億萬年的傳承

現在這幾天講內聖之學的修證法門，我特別給大家講東方文化，姑且不包括埃及，埃及文化是東方，希臘文化是西方，印度文化與中國文化一樣都是有幾萬年，甚至更久遠的傳承，所以大家講佛教是釋迦牟尼創的，那是錯誤的，他老人家一直講，我的文化傳承自上古，他是在這個劫數裡成佛作教主，負責教化眾生，禪宗講七佛，前面的三位佛是上一個劫數，釋迦牟尼是賢劫第四尊佛。

這些資料都擺在那裡，我現在不想做了，本來H同學可以做的，H同學也年紀大了，很辛苦，本來杭紀東答應要給我交卷的，六十年了還沒有交卷，我也不希望了。研究人類文化，以一百年為一個基礎，現在二十世紀到二十一世紀這一百年當中，你看東方、西方發生的事情幾乎一樣，人物也一樣。從十九世紀末到二十世紀的這些人物，陰氣很盛，都是老太婆們治天下，英國的伊莉莎白，中國的慈禧太后，印度、韓國都是女人執政。這一代的英雄人物也很少有鬍子，除了蔣老頭子還有一點鬍子，像何應欽、顧祝同這些大將都是光的，當然因為我有鬍子，看到他們就笑，你們真是乾淨啊！這一百年中，隨著墨索里尼、希特勒起來，西方有邱吉爾，中國有蔣介石，毛澤東等等，日本有東條英機，都是一路的英雄啊！你再看二千五百年前東西方的聖人，老子、孔子、釋迦牟尼、蘇格拉底，都生在那個階段，相差不過一、兩百年。學術思想的潮流也是一樣，很奇怪，現在這一代人沒有真的做學問，包括東方和西方，都搞技術和利益去了。

你們沒有研究過，為什麼印度釋迦牟尼起來批駁了一些宗教？他第一個對象，最難推翻的就是婆羅門教。婆羅門教比佛教還淵源深厚，包括《四韋馱典》《奧義書》，現在中文也有翻譯。婆羅門教是講神我，有神有我，那個學問也很深，如果深入研究，可以說世界上大多宗教的來源地都是印度，在婆羅門教以前就有佛教，那是過去很多劫數之前的佛教文化傳承。釋迦牟尼佛在印度傳揚佛教，等於孔子在中國整理了上古的傳統文化。如果再研究《元命苞》《路史》，可以發現東西方這兩個文化的源流與分化，隨地域演變成東西方文化的不同，這是個大學問，今天還沒有人向這一方面做專門研究，溝通東西文化的真正中心工作還沒有人做過，想都沒有想過。

## 印度的傳統

釋迦牟尼佛時代的印度有四個階級，直到現在印度的階級還是一樣，我們講階級鬥爭，那在印度更嚴重。中國的階級鬥爭借用了西方馬克思的思想，並不完全合乎邏輯。印度階級森嚴，現在還是這樣，我有個印度的朋友，我跟他交往十分小心，等於我跟猶太人交往也特別小心，有時候忌諱的話不能講。你們作外交官要注意，中國人說是不是，是就點頭，不是就搖頭，你到印度去這樣做，完全錯了，印度人說是就搖頭，不是就點頭，完全相反。

我這個印度朋友來了，我不敢多問，很熟了才問。我們要懂得外交禮貌，你先說對不起，我不懂你不要見怪，對不起啊！你究竟是什麼階級啊？

印度有婆羅門、剎帝利、吠舍、首陀羅四個階級。那個印度朋友，是在美國留學的年輕人，他說他是婆羅門。我說：「你每次在這裡，我都不敢留你吃飯。」還有個朋友在印度作過外交官，他說：「老師啊！印度的階級差別真嚴重，印度政府派給外交官的傭人，都是狗一樣的，走路都是跪在地下走的，看都不敢看你。」他說看他們很可憐，就對他們打招呼：「喂！你不要客氣嘛！隨便一點。」哎唷！他們嚇死了。他們在吃飯，看到傭人進來，又那麼辛苦，就拿東西給他吃，他嚇死了。那要怎麼樣？要把食物丟在地下，他爬過來撿去才吃。他們婆羅門教穿白衣服，手上挾一個掃把，等於我們中國道士用的拂塵，他到任何地方，先要打掃乾淨，唸了咒才坐下，不然都是髒的。所以我告訴他，不敢請你吃飯。他也懂我的意思，說你非常講禮，太客氣了。

因為我這樣講了以後，那個印度朋友當天晚上在我這裡吃飯，他說他到美國留學研究民主自由，在外國接受了西方文化，現在他要對奴隸好，奴隸反而不願意，很是痛苦。他說幾千年形成了這樣一個民族的風氣習慣，沒有辦法改變。我說有道理，問題出在你們同中國不一樣，文化沒統一，言語文字沒有統一。釋迦牟尼佛的時代，印度有六十多種語言，梵文只是印度古文字的一種，現在也有人學梵文，有些咒語是梵文。古印度分為五印，釋迦牟尼是北印度人，靠中國這一邊。印度現在還有多種語言，許多邊區的街道上，一條街的門牌有十幾個，有英文還有其他文字，路都認不清了。

佛經上有時候說聽眾八萬四千、十萬八千都得道了，你給他打打折扣，我說印度人講八萬四千，就像杭州話一樣，那邊有多少人？噢！「木老老」，多得很，有多少不知道。八萬四千就是木老老，可是印度人的數學頭腦又是最高，奇怪得很，原來中國的數學個、十、百、千、萬、億、兆、京、垓到九位，而印度的數學到六十三位。

印度人的歷史觀念很薄弱，佛經記載都是「一時」，沒有過去，沒有現在未來，今天世界上研究印度史，是從十七世紀東印度公司以後，外國人開始研究編寫的。而真正的印度史、文化史，都在我們中國的《大藏經》裡。印度上古的傳統文化，是以出世修行為主，印度是繼承了這方面的文化。到釋迦牟尼出來又否定宗教，否定迷信，不崇拜偶像，跟中國文化的精神一致。我常說你們這個時代知識分子的任務太難了，現在還沒有人真挑起來，把古今中外的學問用一個十字架結合起來，那太難了。有人要發心做這個事度眾生，算了吧，你先度自己，自己修好五臟廟，把肚子吃飽了再說。印度文化最高明的是釋迦牟尼佛，我常常問一些印度朋友，你們的文化出了一個聖人，提到釋迦牟尼佛他們也很恭敬，我問釋迦牟尼佛講些什麼？他們根本一點影子都不知道。我說我希望你們好好學中文啊！你們祖宗真正的文化財富都在中國，太高明了，你們要拿回去。那些年輕人說我們也是那麼想啊！可是中文很難學啊！因為現在印度人通常使用英文，從十七世紀以後，印度整個被英國統治了，英國又從印度運來鴉片侵略中國經濟，我們現在數學用的阿拉伯數字１２３４，其實是印度字，阿拉伯人學了印度文化，輾轉又傳到中國和西方了。

可是釋迦牟尼有政治思想嗎？有啊！他重視政治思想的教育，主張施行道德政治，只有走佛法的十善業道才對。印度文化有特別了不起的思想，認為一個人可以通過內在修養超凡入聖，跳出三界外，這是非常特別的。中國一樣有，是與齊家治國平天下的儒家思想連在一起的神仙道統。中國道家把神仙分做五種，普通打坐做工夫，難以修成神仙，但能修到祛病延年、長生不老，這也算是人中之仙。如果這一生沒有修好，也不會投胎變畜生。有許多人通靈，有特異功能，仔細一看，那是有鬼仙跟著他，他自己也不知道。在還有天仙、神仙，其中最高級是大羅金仙，所以《華嚴經》稱佛是金仙。在中國文化裡世代都有高士、隱士，也是神仙的一種，出世修行，漢朝稱高士，唐代稱隱士，宋朝以後稱處士，屬於道家文化，可以入世，也可以出世。這是中印兩國民族文化很特別的部分。

# 第四堂

## 內聖外王古來稀

中印幾千年流傳的文化精華，認為人可以超凡入聖，無論是理想也好，幻想也好，借用現在的名稱來講，就是生命科學與認知科學。你真要研究就要有真工夫，但是「學道者如牛毛，成道者如麟角」，成功很難，幾乎沒有，像麒麟頭上的角一樣，麒麟從來沒有見過，何況是麒麟頭上的角。

東方文化是內聖外王之學，這一句話出自《莊子》，後來儒家借用了，儒家就是用世之學，以聖人之道做入世之德，使世界太平，眾生永遠安樂。這是東方傳統文化的理想，但是誰也沒有做到，即使佛也沒有做到，老子、孔子都沒有做到。

印度文化的聖者稱作佛，中國文化稱為聖人，但聖人只有個名稱，幾乎見不到。儒道兩家所標榜的聖人，只有堯舜禹三代，三代以下的夏商周是帝王政治，大禹以後由公天下變成私天下，一家一姓的天下，是從大禹的兒子開始，公天下是堯舜禹三代，有道有德，做到了內聖外王。這個傳統下來，與後世的中國佛學思想是一致的。《心經》講到達了般若智慧成就，「無智亦無得，以無所得故，菩提薩埵」，這是內聖階段。「依般若波羅蜜多故，心無罣礙，無罣礙故，無有恐怖，遠離顛倒夢想」，這是內聖到外用的階段。

## 卻笑如來苦自忙

我二十六歲明白了這個道理，碰到袁先生以後一切改變了，英雄事業一齊放掉了。我講英雄事業，那是手裡拿著槍桿，準備闖天下、打天下。為了求證這個道理，我用三年時間在峨嵋山閉關，一方面融通學理，一方面真實求證。從山上下來，我們也知道抗戰就要勝利了，因為我在峨嵋山雖然閉關，跡象看得很清楚。在我住的下面有一個很大的廟子，叫洪椿坪，當時的國家主席林森就住在那裡。有一次他要上來看我，我說不行，你是主席呀！我下去看你。現在台灣故宮博物院裡的文物，當時全部藏在峨嵋山腳下，有一連兵在那裡看守，他們經常上山來看看我，怕出問題，所以我們消息很靈通，知道抗戰會勝利，接著問題來了。

那個時候我個人就思考，以後到底出家不出家？剃了光頭出家，當大和尚也蠻好。可是我曉得時事要亂了，那怎麼辦？目的也就是現在你們年輕人懷抱的理想，救世救人，我們也是這樣的思想，但是又感到「佛也此時難救世」，這是明朝末年蒼雪大師的名詩。在這個時候就是釋迦牟尼佛出來，這個社會也救不起來，我有這個感覺。當時在峨嵋山上因為我碰到那個機會，山下一定有傳言，峨嵋山大坪寺有大神通菩薩在，甚至傳言有大坪五通，因為我們的法名都是通字輩，現在通永師兄還在，快到一百歲了。我們當時想在這個山上找個山洞，轉到很多山頭，深山中弔一條繩子，繩子前面有一個鈎，還帶著一把砍樹用的彎刀，有時候在山上沒有路，就把那個繩子一甩，掛在樹上轉個圈，人就拉著上去。我們想找個山洞，萬一這個世界社會有什麼變化，就在峨嵋山上躲他幾十年。通永他們這幾個師兄弟還親自去找，找了很多，都不夠理想。我就感到不對，最後我決定考慮世間法，把這個學問修養同世間法連起來，當時我有一首詩表達出關的心情。

轉身冰雪清涼界　萬水千山自在飛
淺度危磯斜照遠　蘆花明月任高棲

所以後來我就到昆明，有一個感想，「轉身冰雪清涼界，萬水千山自在飛」，在山上閉關修道，冰雪清涼的世界是一念不生，就是形容定力到達那個境界，可是準備出關下山了，面對時代變化怎麼辦？共產黨國民黨之間的戰爭馬上爆發，要入世走中國文化內聖外王的路線，自己像一隻孤單的雁，等於京劇的《四郎探母》，「我好比籠中鳥，有翅難展」，就是這樣一個感慨。下山不碰現實政治，也不做生意，碰了現實滾進去就很難跳出來，害怕沒有這個本事，也是不大想這一套。所以準備「淺度危機斜照遠」，看到時代要發生問題，抗戰結束，自己內部的戰爭也要起來了，社會的變亂要爆發了，這是很危險的，那個時候我還不到三十歲，出關到哪裡去？「蘆花明月任高棲」，看起來很美的詩句，實際上是很淒涼，沒有歸宿的地方。我還記得在去昆明的途中也寫過一首詩：

今古英雄丑末妝　歌場舞榭少年狂
漫過聖域賢關外　卻笑如來苦自忙
為底事　試思量　無端飛渡水雲鄉
晴空萬里昆明海　回首巴山夭那方

「漫過聖域賢關外」，自己吹牛，自認為聖人境界、菩薩境界都摸過一下，不敢說完全到了，有經驗了。「卻笑如來苦自忙」，佛還要度盡一切眾生，到底度了誰啊！「為底事，試思量」，為了什麼？「無端飛渡水雲鄉」，飛到昆明。「晴空萬里昆明海，回首巴山天那方」，一看四川，住了九年，已在天那一邊了，那個心境是很難受、很矛盾的。

我常常說你們這一代朋友注意哦！這二三十年是中國歷史上幾千年來從沒有過的太平啊！你們沒有好好讀過歷史，沒有研究過歷史的治亂階段，我差不多從十幾歲起沒有一日安定過，所以看到都是「今古英雄丑末妝」，歷代英雄平天下，漢高祖、唐太宗、朱元璋這些英雄人物，都是唱戲的粉末花臉。「歌場舞榭少年狂」，也經過了繁華。「漫過聖域賢關外」，也修證過了，就是「卻笑如來苦自忙」這個道理。

腸空轉事難全　又入閻浮欲界天
樽前酒醒荒唐夢　君向潼南我向滇

這一首講自己準備又跳進塵俗中來，當時寫給潼南的一個朋友田肇圃，

「樽前酒醒荒唐夢，君向潼南我向滇」，你回去潼南吧，我去雲南，這個社會已經開始要變亂了，國共兩黨開始動手了。

我在昆明的這個階段，再研究中國戰亂中的新舊文化，到現在我得出一個結論，中國自太平天國開始，歷經義和團、鴉片戰爭，喪權辱國，又和日本人打仗，我們受了一百多年罪，處處都不及人家，連一條像樣的槍都沒有。漢陽兵工廠造出來的槍都不行，但是今天我們國家的軍事武力為什麼強？就因為這幾個災難，外國侵略刺激我們的軍隊強起來，等於說這一次地震的災難，因禍得福，使我們進步那麼快，其間的因緣很是巧妙，不然這一百多年要我們自己發展軍事武器，要達到今天這個程度那是很有困難的。

回過來再說台灣，我三十一歲到台灣，十年當中生活在白色恐怖裡，你們不知道，台灣的白色恐怖非常嚴重，也不敢說一定能活下去，朝不保夕，知識份子在台灣受冤枉死掉的，我可以肯定的講不計其數哦！包括我在內都很害怕。台灣的政治慢慢到十幾、二十年以後才轉過來，我為什麼講這些經歷呢？這就是讀書人的救世用心，要救這個社會的民族文化，這一次發給大家的通知是身心性命修養之道，重點在對內修外用的檢討。有些人提到中國文化就說儒家，我說不對，儒家只是其中的一部分。還有些學佛的人認為要想國家太平，除非用佛法來統治，我說那也不對，釋迦牟尼佛講過政治嗎？他只講十善業道、因果報應，假使用佛家思想搞政治，那這個國家完了，要使國家社會能夠平安有序，不只需要儒家、佛家、道家，諸子百家的學問都同樣重要。

## 三代以上

中國文化推到三代以上只有一個道字，同印度文化的佛一樣是個代號，譬如佛有十個名號，最後大徹大悟叫作成佛，中國就叫作得道，得道了就尊為聖人。諸子百家同宗一個道，中國文化從開始以來就沒有宗教，如果勉強拿西方人的研究標準，中國上古有沒有宗教？有啊！西方人一定講中國上古是泛神論的宗教，什麼人都信，鬼也拜、妖精也拜，狗精、貓精、狐狸精都有，其實也不是泛神論，最高的道也不是唯心的，是心物一元的。中國文化對於生死有一個看法，《易經》講「明乎晝夜之道而知」，我後來常常加兩個字，「明乎晝夜之道而知生死」。我們姑且把《易經》當作一切中國文化的源頭，所謂群經之首。文化的起源在文字，《易經》是由圖案變成文字的開始，印度唯識學講第八識為心之體，跟宇宙萬物溝通，《易經》早講過了，其實大家不懂，沒有深入研究《易經》的理。《易經》包含五方面的學問，理、象、數、通、變，包括了哲學、物理、數學，還要通達變化。拿《易經》來講，乾卦就是第八阿賴耶識，坤卦就是第七識，震卦就是第六識，離卦是眼識，坎卦是耳識，巽卦是鼻識，艮卦是身識，兌卦是舌識，因為大家沒有深入研究《易經》的道理，所以不太了解。

中國上古聖人的生死，我們知道堯活到一百多歲，《神仙傳》上說堯把政權交給舜以後，自己修道成仙去了。我們都曉得大舜把政權交給大禹以後也走了，到哪裡？他渡過長江來到湖南一帶的九嶷山，後來他的兩個太太，堯的兩個女兒，為了找大舜跑到湖南，直到九嶷山還沒有找到，傷心痛苦而死，所以變成湘君、湘妃。道書上寫大舜也是成仙走的，他們成仙叫作乘化，中國文化對於生死的看法，認為本來有生就有死，生死在古人覺得只是變化，沒有什麼關係。所以三代的聖人可以入世，他了生死不像道家、佛家，是乘化。你們讀陶淵明的〈歸去來兮辭〉，「聊乘化以歸盡，樂乎天命復奚疑」，他說生來一定要死，「死」在中國傳統文化裡是回家，所以活著也是快快樂樂，死的時候也快快樂樂，高興的去死，這是中國傳統文化的看法。「生者寄也，死者歸也」，這是很明顯的，活著是在這個世界上作客人、住旅館，死是回家，沒有什麼！看得很清楚。不像道家、佛家拚命要修行了生死，所以「生者寄也，死者歸也」，回去而已。還有李白的文章，「夫萬物者，天地之逆旅，光陰者，百代之過客，浮生若夢，為歡幾何」，都是這個文化傳統的思想。

因此你懂了《易經》的八卦，再看後世佛家的八識，在《易經》來講都是卦象，很容易，同心理行為有關聯。《易經》講「明乎晝夜之道而知」，你明白了，悟了天地的法則有白天有黑夜，有春夏秋冬的變化，生與死就像白天黑夜一樣，睡覺而已。但是也承認生命是永恆連續的，不過現在的生死是片段，一段一段的，整個生命是連續的。所以我後來常常加兩個字，「明乎晝夜之道而知生死」，就是這麼一回事。

現在你們年輕人又要成佛，又想入世，講治世之道不要先研究儒家、道家，要先研究《管子》。《管子》是上古道家的文化傳統，孔子很佩服管仲，可惜我們現在的國家，到今天還沒有完備的體制，因為不懂得《禮記》，不懂得《管子》，管子治理國家講發展經濟，而且管子懂得修道，有他自己中心的修養。

**H同學**：老師有個問題，老師剛才講乾卦是第八識，怎麼講？

**師**：如果詳細講啊！那又是兩三個月的課。

**H同學**：只講一個乾卦，後面就懂了。

**師**：乾卦，乾元統天，天行健嘛！整個的本體，乃至起用都是乾卦來的，所以叫乾元統天，這一句話當然不大容易明白。坤卦是由乾卦變出來的，後面的卦都從乾卦來。乾卦從哪裡來？從一爻來。一爻又從哪裡來？從零來的。零從哪裡來？無所從來，無所從去，零又變成太極，太極是圓圈的輪迴，這個慢慢有機會研究進去了以後，包括了數學、政治、經濟的原則，所以古人說：「不讀《易》不可為將相。」

# 第五堂

## 管子的修養

我特別抽出這本《管子》，尤其是諸位大教授要注意，想對這個時代真有貢獻，要好好研究這本書，內聖外王都有，雖然達不到成佛成仙的境界，但基本的修養都在內。我現在給你們印的是中華書局的《四部備要》本，在台灣可以買到，本子很好。我們用的注解，是唐太宗的宰相房玄齡的注解。房玄齡、虞世南、杜如晦都是輔佐唐太宗開國的元勳，史稱「房謀杜斷」。唐太宗決定天下大事一定找房玄齡、杜如晦，虞世南是唐太宗的祕書長，這幾位都是王通的學生，所以不學孔子，最好學王通。王通生於隋朝，開始他想出來作帝王打天下，後來同我的觀念想法一樣，走這個路線，不打天下，不作英雄，而是講學於河西，到山西去辦書院培養青年人。他培養出來很多人才，唐朝開國的很多將相都是他的弟子。

中國的國家體制，由周朝開始封建共和，土地國有，到了管仲的時候，比孔子還早一百多年，他提出來重新建立經濟政治體制，他說「倉廩實知禮節，衣食足知榮辱。」他以發展經濟為基礎，在那個亂世，使齊國第一個稱霸。齊桓公這個領袖亂七八糟，沒有一點好處，但是因為管仲，成為歷史上的名王，「一匡天下，九合諸侯」。其實唐太宗同齊桓公一樣壞，但唐太宗時代的政治太好了，蓋住了一切。管仲在世的時候，齊桓公一點都不壞，管仲一死就完了，這段歷史很鬧熱，這時佛法還沒有來，《大學》《中庸》還不如《管子》詳盡。

心之在體，君之位也，九竅之有，職官之分也。心處其道，九竅循理。

管子說人的生命，一切唯心。那你就要問了，這個心是思想的心，還是肉團心？「心處其道，九竅循理。」就是心，你這個心念正，就是《大學》講的正心，你的身體就轉變了。九竅是九個洞，頭上七個，下面兩個，這與修安那般那有關，「心處其道，九竅循理」，你的氣脈通暢，心念清淨，身體就好了。

嗜欲充益，目不見色，耳不聞聲，故曰：上離其道，下失其事。

這是講一個人的修養，首先告訴你身體有九竅，佛學稱六根，醫學講五官，這同呼吸都有關係。人的欲望包括飲食男女、功名富貴，這個嗜好是廣義的，我們想抓一切東西，因此「目不見色，耳不聞聲」，眼睛壞了，耳朵也差了。「故曰：上離其道，下失其事。」這是管仲修養學問的中心。

毋代馬走，使盡其力，毋代鳥飛，使弊其羽翼，毋先物動，以觀其則，動則失位，靜乃自得，道不遠而難極也。

管子講修養比道家、儒家都早，這是中國上古的傳統文化。「毋代馬走」，馬已經會跑了，你不要拿鞭子拚命趕著牠跑，代馬走「使盡其力」，把馬的力量用完了，馬也死了。「毋代鳥飛，使獘其羽翼」，鳥本來會飛，你還拚命逼牠飛得快，就把鳥累死了嘛！「毋先物動，以觀其則」，內聖以至於外王，這是修養乃至於作人做事的原則。《老子》也說「不敢為天下先」，尤其作領導的，你如果形於容色，你的意見早都被下面知道了，你如果冷靜反省，「我但無心於萬物，何妨萬物常圍繞」。譬如W同學這幾個月事業發展得不順利，很煩人的，但是你要冷靜，「毋先物動，以觀其則，動則失位，靜乃自得。」你的起心動念先檢查清楚，一動則本體失位，離開本位了，內心清淨，才能比較客觀了解事物狀況。「道不遠而難極也」，這個道是代號，也就是心性本體之道，道在哪裡？就在你心中，一念清淨就呈現了。道不遠人，但是你要研究起來，連佛經三藏十二部還講不清楚，你不要以為《管子》簡單，司馬遷就把管子、晏子寫在一起，真講中國文化，他比孔子還早，孔子也很佩服他。

與人並處而難得也，虛其欲，神將入舍。

道的深遠，你怎麼樣研究都透徹不了，「與人並處而難得也」，道就在你這裡，就在你身上，不是講人與人之間的相處，就是在我們本身身上，你永遠搞不清楚。他說有一個修養工夫，「虛其欲，神將入舍。」你只要念頭一放空了，空也不要執著，這個時候精氣神就住到你自己的身上了。舍，身體就是個房子，換句話，得神則度，我們現在神都是外用，散掉了不能得度，《莊子》講無心則神全，一個嬰兒和酒醉的人跌倒都不會受傷，因為無心則神全，沒有妄念，神自然充滿。《達摩禪經》也講打坐可以修到「流光參然下」，光明就從頭頂上進來，佛學叫「灌頂」。管子懂不懂？他懂啊！他的修養並不簡單。「虛其欲，神將入舍」，神進來了。

掃除不潔，神乃留處，人皆欲智，而莫索其所以智乎。

所以你學打坐，要修養到心裡一切欲念空了，任何雜念都沒有了，空空洞洞，「神乃留處」，神進來了，你才能得定，這是你生命本有的元神就住在你身體上，形神歸一。「人皆欲智，而莫索其所以智乎。」這個時候智慧就會開發，一般人都不知道智慧是神的作用，是自己生命中本有的功能，人人都想得大智慧，卻不曉得智慧是怎麼來的，這個說法與佛法有什麼不同啊。

智乎，智乎，投之海外無自奪，求之者不得處之者，夫正人無求之也，故能虛無。

這個神就是智，精氣神寧靜了，一念不生全體現，大智慧就出來了，大而無外，小而無內，智慧就在我們生命本身上，你丟也丟不掉。但是我們的智慧為什麼起不來？因為自己沒有寧靜的修養，沒有得定。「求之者不得處之者」，有心去求一個智慧，有心想求得定，永遠得不了定，有求之心就是個大妄念，用妄念你找不到。「大正人無求之也，故能虛無。」君子的修養達到正人的境界，心裡無求無欲，自然與天地同根，與萬物一體。《老子》《莊子》也告訴你同樣的道理，但這個時候老子、莊子都還沒有出來，你想想看，這就是中國文化傳統的根。

## 能虛無大道可安

虛無無形謂之道，化育萬物謂之德，君臣父子，人間之事謂之義。登降揖讓，貴賤有等，親疏之體謂之禮。簡物小未（大）一道，殺僇禁誅謂之法。

管子分析得很清楚，後來道家《老子》《莊子》就用虛無，「故能虛無」，正人無求，自心本來清淨，道就在你身上，「虛無無形謂之道」，空到空都沒有，這是證到般若得道了。「化育萬物謂之德」，如果空到什麼都沒有，那也是個死東西，一天到晚死死在那裡打坐，也不對哦！還要起用，由道起用化育萬物，幫助天地化生萬物，起用自利利他，這就叫作德。道是體，德是用，得道的人沒有利世利人，那道有什麼用呢？得道的人要利世利人，化育萬物這就叫德。「君臣父子，人間之事謂之義。」所以後世儒家講君臣、父子、夫婦、兄弟、朋友五倫，這是社會秩序的建立，君臣父子之間安定叫義，義者宜也。「登降揖讓，貴賤有等，親疏之體謂之禮。」然後講社會的規範，「登降揖讓」，看到客人來了，到門口迎接，請進請上座，現在是握手行禮，「貴賤有等」，請長輩首長坐上座，「親疏之體」，哪個是遠客，就要更客氣一點，人與人之間的規範就是禮貌。「簡物小未（大）一道，殺僇禁誅謂之法」，簡，選擇，乃至很微小的一點罪惡、錯誤都不要犯，國家有法律禁止，這是法治。

大道可安而不可說，直人之言不義不顧，不出於口，不見於色，四海之人又孰知其則？天曰虛，地曰靜，乃不伐。潔其宮，開其門，去私毋言，神明若存。紛乎其若亂，靜之而自治。強不能遍立，智不能盡謀。

「大道可安而不可說」，這要做工夫了，所以後世道家儒家的修養工夫就是這樣來的。你說管子自己在做工夫嗎？當然也做，這是傳自上古的傳統文化，「大道可安而不可說，直人之言不義不顧，不出於口，不見於色，四海之人又孰知其則？」直心是道場，直心是無欺之真心，道不在言傳。「不出於口，不見於色。」外形也沒表示。「天曰虛，地曰靜，乃不伐。」天地都是空的，沒有自滿，沒有自認為有功勞，這與道家老莊都是一個原理，天地生萬物，並沒有要求一點還報，這叫不伐。所以你要效法天地，你看《老子》《莊子》也是講這個道理，這是上古的傳統文化，一貫之道。「潔其宮」，身體心地都要清潔。「開其門」，六根放下，打開了那個門。「去私毋言」，一點雜念妄想都沒有，這時候是得定的境界，「神明若存」，智慧自然出來，什麼道理都明白了。「紛乎其若亂」，雜念妄想多的時候，神明不在，「靜之而自治」，所以要「知止而后有定，定而后能靜，靜而后能安。」與《大學》的道理一樣。「強不能遍立，智不能盡謀。」這個大家看了都懂了，對不對？V同學點頭了，他懂了，你們晚上圍著V同學叫他講，因為他點了頭嘛！強出頭就抓住他了。

## 微管仲被髮左衽

《管子》這三篇，讀起來有些重複，但你不要認為重複，可見古人保留這些原始資料，雖然重複，也不願意刪掉。〈心術〉有上下兩篇，還有一篇〈白心〉，講到心地的起用，與行為有關係。我常常笑一般人去歐美學經濟，拿到經濟學博士，聽十六世紀以後歐洲國家的土匪經濟思想，那是站在自己的小國家立場，掠奪外國就叫經濟學。那中國呢？為什麼不去研究〈食貨志〉《古今圖書集成》？《管子》關於發展市場經濟、農業經濟的原則都有，他能夠領導齊國，輔佐齊桓公，在春秋時「一匡天下，九合諸侯」，匡者正也，把整個周朝政治衰弱、社會動亂的天下，一手扳正，並且九次做聯合國的主席，他領導中國幾十年的太平，然後留下他的政治體制。所以中國文化的內聖外王之道，不是要年輕人一天到晚在那裡打坐學佛，然後又想救天下，真叫你出來做事，一點小事都做不了。

孔子非常佩服管子，孔子在《論語》上雖然批評管子，他說管仲真了不起啊，可是他太奢侈了，他的享受同皇帝一樣，齊桓公有什麼他就有什麼，孔子就批評他這一點。老實講以管仲的瀟洒，他不在乎這個，因為他沒有碰到好老闆，碰到齊桓公，就只能夠幫助他做到這樣，也是替中國文化做了大事。所以孔子說「微管仲，吾將被髮左衽矣」，他說你們不要亂批評哦！如果沒有管仲把國家天下的文化整理好，我們都變成野蠻人了。齊國山東了不起的人物，孔子之前有管仲，孔子時代有晏子，都是很了不起的人物。所以這些書詳細給你們發揮起來，又是好幾篇博士論文了，配上經濟學，一路下來講到諸子百家。秦漢以後佛學來了，怎麼建立禪宗的文化，禪宗又怎麼樣影響中國，這是很長的一個課程。

不過我最近發現，中國真有人才呀，有很年輕的人寫的經濟、政論文章，寫得非常驚人！話講得非常好，我看了非常佩服，所以我很高興。我給宏達講，中國文化不會亡，中國真有人呀！十三億人口中間，這些年輕人怎麼會鑽到這個學問裡頭來？很了不起啊！

我隨便一翻《管子・白心》最後兩段，看到好句子，捨不得休息啊，你看「臥名利者寫生危」，拚命求名求利，那是對自己的生命造成危險，自己要修好自己嘛！「知周於六合之內者，吾知生之有為阻也。」拚命求學問的人，樣樣精通，口若懸河，有的學者寫文章吹牛一大堆，我常常笑他上知天文，下知地理，就是中間不通人事。「吾知生之有為阻也」，對你生命修養有妨礙的哦。「持而滿之，乃其殆也。」尤其是有了名利，有了學問知識，自己恃才傲物，「乃其殆也」，那太危險了。「名滿於天下，不若其已也。」天下聞名有什麼了不起，你算了吧！還是自己的修養重要。「名進而身退，天之道也。」名也成就了，事業也成就了，已經當了教授了，教授以外還有什麼？老老教授，大大教授，還是要退下來自己好好修養。「滿盛之國不可以仕任，滿盛之家不可以嫁子」，譬如說現在美國人自認為是滿盛之國，天下第一，驕傲得很。「不可以仕任」，不要去作他的官。「滿盛之家」，發了財，事業作得很大，最好你不要嫁女兒給他，也不要娶他的女兒為媳婦，要失敗的，都到了頂了。「驕倨傲暴之人，不可與交。」驕是外面，傲是骨子裡頭，雖然外表不驕傲，可是內在自己很自大，不要和他來往。「道之大如天，其廣如地，其重如石，其輕如羽，民之所以知者寡，故曰，何道之近而莫之與能服也。」道就在你眼前，就在你身上，自己就是摸不著。我希望你們讀古書，每一句、每一個字都要反覆深入，那會啟發自己的智慧。不要認為一看都懂了，你曾讀古書，要讀一百遍，就有一百次的不同發現，你試試看。

# 八月十日

# 第一堂

這一堂唸佛大家唸得很好，當你佛號一停止，此心與氣就沉下來，當下就到達寂滅清淨的境界。可惜有些人一唸完了，心就動了，沒有體會進去，很可惜。

## 傳統體制

今天我想把這一次的課程作一個總結，我本來希望由身心性命的修養之學，講到入世的用法，而對少數幾位朋友我想告訴他，你的年齡也到了，年齡到了不是入世而要出世，多留意了，時不及待，大勢至菩薩代表形勢，說來就來，無常迅速，人到中年萬事休啊。這話看似消極，也是真話，大家相識一場，希望給大家一個貢獻。

昨天特別抽出來《管子》的中心思想，〈心術〉就是心法，涵義很深，古文很簡單，因為管子有這個修養，因此在春秋時期天下大亂的時候，他真做到了撥亂反正。再過四百年就是戰國蘇秦、張儀的時代了，蘇秦、張儀都擅用謀略學，內養當然不夠，比不上管子，更不及孔孟，但這兩個同學把那麼一個亂世，等於是今天的國際局勢，輕輕擺布，使整個國際安定了三十年，用的是謀略縱橫之學。對於現在的國際情勢，我常說你們要多讀《戰國策》，《戰國策》都沒有讀過，談國際政治經濟，影子都摸不到。當然管子的運氣不好，他也是玩的，碰到齊桓公這個老闆還算可以。

但是我們這個國家的管理體制，一直到現在還是沿用管子的基本模式，大家不知道，中國幾千年的政治有一個一貫的體制，這個體制在哪裡？在《周禮》。周朝開始建立聯邦制度，分封諸侯，土地是國有，農業經濟是井田制度，應用上就是現在講的社會主義、共產主義的理想，大家不要搞錯了，把中國的封建等同於外國人講的封建。歐洲的封建制度同中國完全兩樣，這個名稱一直錯用至今，中國的封建是分封建國，就是聯邦，但又不是美國的這種聯邦，中國的更偉大。你要知道，那個時代國家的文化還沒有完全統一，言語、交通都沒有完全統一，只有分封諸侯的農業經濟大致上是統一的。農業生產好幾百年來都是非常安定的，人民安居樂業，雖然沒有達到堯舜禹時的太平，也是非常了不起的。

周朝中央政府領導諸侯，並建立了六部九卿的體制，譬如春官禮部是管禮義與教育，包括現在所謂的意識形態等等。周朝八百年到了秦漢一變，法治更加統一嚴肅了，但整體還是採用這個體制，幾千年來政治的體制到現在大致還是三級制，從中央天子到各省、縣，不過唐宋元明清期間，每一代六部九卿的具體建制都有變更。專門記錄歷代體制的古籍有十通，《白虎通》《通典》等等記錄了歷代的經濟、軍事、教育、政治，大家讀書的精力不夠，至少我都翻過，因為年輕時志在治理天下。你們現在不必讀這些書，可以看看《古今圖書集成》《四庫全書》，那已經很濃縮了。一直到明朝為止，這是康熙、雍正、乾隆三代為中國文化做的功勞，那比統治天下的功勞還大。還有乾隆《大藏經》的整理，把文化保留下來，都是了不起的功勞。

我常說這個體制，不管歷代人口多少，經濟發展始終以農業為基礎，農業經濟發展了，帶動工業經濟、商業經濟。商業經濟發展到現在，歐美的全球股票市場、期貨市場非常發達。其實有的學者研究稱，中國殷商時代就有外貿，現在墨西哥出土發現了中國商朝的貨物，夏朝以後稱殷商，是注重外貿商業的發展，世界貿易擴展得很遠，也傳播了文化，此所以稱作殷商。

西方文化開始於宗教，我講的西方是歐洲古國，從摩西出埃及開始，由宗教性的〈十誡〉形成契約觀念，成為西方法治精神的宗教淵源。而中國從上古以來，認為法是禮之餘，教育文化的禮制不得已，變成法制。到了管仲手裡以後，隨著時代的變化，漸漸把公有制變成私有制，土地財產開始私有，然後形成軍國制，全民皆兵，兩千多年用的保甲制度，那都是管仲的發明。管子的學問包括了齊家、治國、平天下，以經濟政治為基礎，以最高的文化平天下。這些文化直到孔子整理五經是一脈相承的，就像釋迦牟尼佛整理了印度文化，變成他的一代教化。

我一直很反感中國人跟著外國人喊，說中國歷史五千年是吹牛，只有三千年，甚至講大禹不是人是個爬蟲，堯是個香爐，舜是個燭台，這是日本人講的。《史記》記載秦始皇登上泰山，向上天禱告，司馬遷研究遠古史，他說管仲也講上古封禪有七十二家，足見中國文化的來源多麼深厚，亦可見管子的修養學問之偉大、之淵博。他等於到世間來玩了一趟，留下文化，傳用至今。這是我現在講到管子的感嘆。

## 孔門心法

中國文化從管子下來，重要的是孔子的思想，內聖修養的重點不是《論語》，而是《大學》與《中庸》。《大學》是孔子傳心法給學生，通過修心養性的內聖之學，達到外用，大學之道可謂孔門的心法。孔子以後，曾子的學生子思得了這個心法，他寫《中庸》講到人的心、性、情，內在綜合成為一個生命。《中庸》的講義我也寫了，到現在還沒有出版（編按：已於二〇一五年出版），還在考慮，因為不想像《大學微言》那樣太詳細。大家讀《中庸》讀成中國的中，錯了，要用山東、河南的口音「中」（音踵），這個事情對了沒有，中原河南的發音，事情對不對？「中」就是對了，打靶一樣打中了。《中庸》也有中道的意義，但是重點是「得其圜中」，庸是起用，證到本體才能起用，這是配合《管子》的心術，成為後世儒家修養的心法。

## 兵法與密法

世界文化很有趣，中國有子思的《中庸》，印度有龍樹菩薩的《中論》，也提到中。《中論》講明心見性的佛法見地，也是密宗的重要典籍，你們不要以為搖鈴唸咒、傳法灌頂就是密宗了，那是宗教性的信仰。我說很多人學密宗學得糊里糊塗，懂個什麼？密宗的最高法也可以說是「大圓滿」，紅教發展到花教薩迦派，就是到了宋、元，八思巴幫助忽必烈統一中國這個階段。最高的法門夢幻成就，夢幻大手印也是出自「大圓滿」。發思巴十五、六歲就神通具足，幫助忽必烈征服中國。在戰爭史上研究軍事學，忽必烈的出兵很奇怪，先從西北高原出兵，打上青藏高原，發思巴一出來，藏王就馬上投降，這是宗教對政治軍事的影響。再由西藏出兵下來就是雲南，你看唐宋四、五百年間沒有辦法統一雲南池西，而唐朝的亡國正是肇始於西南作亂。元軍從青藏高原下來，雲南大理一下就投降了，這時大理國已經立國數百年了，當時所有人夜裡做夢，看到發思巴大師帶領元兵過來了，手一比趕快投降吧，不要打仗了，打不過的。結果全民就投降了，這是宗教心理在軍事戰略上的應用。元軍從西藏、雲南兵戈不起順流而下，一直到廣東，廣州城內所有的老百姓一夜之間得同樣一個夢，不要打仗了，抵抗會死很多人，這樣元軍一下就進城了。蒙古騎兵在古代就是機械化的坦克車部隊，從高原，右邊一包下來，然後左邊從蒙古、山西向北京一包，中國就完了，這個戰爭是走這樣兩條戰略路線，很奇怪的用兵方法。

這是密宗文化裡的大師，後來從發思巴演變到元、明的「大手印」，其實紅白花教的修法都是融合了禪宗，最高的修法大手印就是禪，不過是漸修的禪，還不是頓悟的禪。到了明朝出了一個青海人，宗喀巴，他到西藏出家，悟道後創立了黃教。黃教的修法不是「大圓滿」，也不是「大手印」，是中觀正見，依據龍樹菩薩的《中論》，以般若中觀為主，宗喀巴大師著《菩提道次第廣論》，認為最後成佛的見地是中觀。

## 王通的教化

另外中國還有第三部與「中」有關的書，唐朝的開國將帥都是王通一個人的學生，文中子王通，有《中說》一書流傳後世。後世宋儒反對他，你敢跟聖人比！子思寫《中庸》，你們還寫《中說》，所以文中子這個號並不是皇帝給他封的，而是唐朝這一班開國將相的學生們獻給自己老師的。唐朝這一班開國將相都是很了不起的人物，還理會你儒家這一套？我們老師就是當代得道的聖人，尊為文中子。大家喜歡讀王勃寫的〈滕王閣序〉，王勃就是文中子的孫子，年紀輕輕就寫出那麼好的文章。所以我說現在辦教育，目標要學文中子這樣，應該培養後一代，我們自己不行，培養後一代出來嘛，成為安定天下的一代名臣，那真是了不起啊，這是唐代的文化。

# 第二堂

## 龍樹的《中論》

剛才講到龍樹菩薩的《中論》，子思的《中庸》及文中子的《中說》，都是中國文化內聖外王之學的精華。龍樹菩薩的《中論》是很重要的一本書，尤其是西藏密宗的黃教，宗喀巴一系下來到達賴、班禪，都用龍樹菩薩的《中論》修證，他們的中心最後是以中觀證道。《中論》有一個偈子，你參這個偈子就知道了。

諸法不自生　亦不從他生
不共不無因　是故知無生

大乘菩薩必須要證得無生法忍，才是菩薩入道之門，「無生」是生而無生。我常說世界文化的奇特，世界上一切的宗教哲學，都是講死的方面、空的方面，唯獨中國文化很特別，講生生不已的方面，這是中國道家儒家的思想。生滅是兩頭，世界上一切宗教哲學有個共通點，對於世界和生命，看法是悲觀的。所以一切宗教都做一個共同生意，這個世界多苦啊！你到我這個觀光飯店來，基督教、天主教在天堂開了一個觀光飯店，設備具全，價錢又便宜，都到這裡來啊！佛教也開了一個西方極樂世界，比起來好像比天堂好一點，價錢也公道。所以我跟其他宗教的人士講笑話，你們做不過佛教的，你們只在天堂開一個觀光飯店，佛教多了，有西方極樂世界，東方也有，十方都有，萬一下地獄，也沒有關係，地藏王菩薩在那裡等你。你不死不活在這個世界上，也沒有關係，有觀世音菩薩救苦救難，所以我說你們的生意做不過佛教。不過一切的宗教都做死人生意，宗教家都是站在殯儀館門口，隨時看到又死一個，又抬走了，死死不已。世界上只有中國文化不是，他站在婦產科門口看，白天生了一個，夜裡又出來一個，生生不已。我說你們西方的宗教哲學沒有吧！只有中國有，這是《易經》的觀念，《易經》也講生滅，宗教的生命哲學是站在晚上看太陽，日落西山了，夕陽無限好，只是近黃昏啊。我們中國文化是早晨看太陽，東方又有太陽紅，這是很奇怪的人類文化現象。

回過來我們看龍樹菩薩的這首偈子，菩薩證入無生，無生並沒有主張滅哦，沒有講死亡，也沒有講生，生滅是兩頭都不用，不生也不滅，即生即滅，非生非滅，這是無生的道理。所以「諸法不自生，亦不從他生」，緣起的，沒有個可以作主的，無主宰，非自然，不是上帝造的，也不是自己來的，萬物沒有主宰。「不共不無因」，是自他不二合攏來生的嗎？也不是。諸法不自生，亦不從他生，也不是共生的，因緣本身就是空的，無主宰，非自然，說是因緣生，因緣本身也是緣起的，自性是空的，所以不共生，但也不是無因生，有因果，但是因並不是最初那個生。愛因斯坦研究自然科學，最後作不了結論，可惜沒有看過《中論》。

現在研究自然科學的人應該著力參究，《中論》包括了物理科學的道理，用哲學的邏輯否定了一切宗教，進入真正的生命科學。「諸法不自生，亦不從他生，不共不無因。」不自生是一個觀點，不從他生是一個觀點，一切宗教是講從他生，一切唯物主義可以說是講自生。也不是自他、心物兩個合攏來，夫妻兩個相配一樣，陰陽相配生，不共生。也不是無因生，所以菩薩得無生法忍，生生不已而沒有生過，換句話滅滅不已而沒有滅過，「不生不滅，不垢不淨，不增不滅」，這就是中觀正見，有這樣的觀點才可以談學佛。《中論》最後有一篇專門講因果的關係，意義很深。

因果是一者　是事終不然
因果若異者　是事亦不然
若因果是一　生及所生一
若因果是異　因則同非因
若果定有性　因為何所生
若果定無性　因為何所生

因不生果者　則無有因相
若無有因相　誰能有是果
若從眾因緣　而有和合生
和合自不生　云何能生果
是故果不從　緣合不合生
若無有果者　何處有合法

是眾緣和合法，不能生自體，自體無故，云何能生果，是故果不從緣合生，亦不從不合生，若無有果者，何處有合法。

「因果是一者，是事終不然」，因果是一個東西嗎？他說不對。「因果若異者，是事亦不然」，因與果是兩個東西嗎？因是因，果是果，那也錯了。「若因果是一，生及所生一，若因果是異，因則同非因」，這是用印度的哲學邏輯討論科學，是很精密的一套思想，因中有果，果中有因，還是因中無果，果中無因呢？「若果定有性，因為何所生，若果定無性，因為何所生」，如果這個果有固定的自性，這個因是怎麼來的，這個果無自性，因更從哪裡來？「因不生果者，則無有因相，若無有因相，誰能有是果」，因中無果，因怎麼會生出來另外一個果，也就更談不到因了。「若從眾因緣，而有和合生，和合自不生」，如果說眾緣所生才構成物理世界，因緣和合所生，那你把因緣因素分開，光明還給光明，黑暗還給黑暗，都分完了，沒有和合相可得。再比如我們喝一杯牛奶，那包含了水、白糖、牛奶，看起來是一個，其實不是一個，水是水，奶是奶，仔細分析它沒有自性，是空的。「云何能生果」呢？「是故果不從，緣合不合生，若無有果者，何處有合法」，合就是因緣和合，由很多條件結合。下面他有解釋，「是眾緣和合法，不能生自體」，所以因緣生法的理論不成立。「自體無故，云何能生果」，因緣分析水是水，白糖是白糖，牛奶是牛奶，各管各的，既然緣起無自性，怎麼能生果？「是故果不從緣合生，亦不從不合生，若無有果者，何處有合法」，不是自生，不是靠因緣和合才有現象，也不是靠不和合而生，每個緣起把它分析完了，中間沒有東西，無自性可得，果也無自性，和合不和合也無自性。

## 《易經》的性理

《中論》同儒家的《中庸》不同，《中庸》討論什麼是心、性、生命。《易經》有一個大原則，也是中國文化的中心，「窮理盡性以至於命」，「窮理盡性」，科學、哲學的思想理論推到極點了，你才懂得宇宙萬物最後的那個本性，然後起作用「以至於命」，生命是怎麼來的，這是中國文化上古幾千年流傳下來的中心。後世道家講性命雙修，你要求證必須通過修習禪定，以身心性命做工具投進去幾十年，才能證果得道，超凡入聖。所以最後講到《中論》，使大家注意這個道理，不曉得大家「中」還是「不中」。

**問**：老師這個「窮理盡性」能不能講得具體一點。

**師**：窮理，窮不是富貴窮通的窮，窮字在中國，到底謂之窮，追到底叫作窮，你不要看到這個窮就是有錢沒有錢，那你錯了，古文這個窮字是到底，追到底，沒有辦法再追了，這個叫窮。追到底，有自性？沒有自性？所以必須要窮理才能盡性，這是由哲學到達科學的探求精神，窮理盡性，最後求證，一直到達命，生命究竟是個什麼東西，這才是真正的認知科學與生命科學。「窮理盡性以至於命」，是我們文化的中心，這句話出在《易經》的〈說卦傳〉，但是大家看了都不注意，倒是喜歡怎麼樣卜卦算命，能知過去未來。一般人都是迷糊，不知真正重要的是《易經》〈序卦傳〉，上下兩篇六十四卦。唯識學家結合易卦研究心理狀態，一爻一動，萬事萬物沒有動以前是零，這個零字代表空，但不是沒有，零代表不可知、無量無盡，什麼都在內，什麼都看不見，這是零的數理。一動就有一，萬事只有一沒有二，所謂二，是第二個一，由一到千千萬萬多少億，還是一個一，這是數理的道理，所以《易經》的理象數非常妙。

老子說道生一，一生二，二生三，三生萬物，就包含了太極生兩儀，兩儀生四象，四象生八卦，每個卦又生八個卦，八八六十四卦，只到這裡，再發展也逃不出這個法則。六十四卦大衍之數五十，又歸到五行了，其間的數理很多很多，真正其用四十有九，只到四十九為止，所以《易經》的先天八卦是這樣來的。文王的後天八卦只講六爻，八卦只有六個作用，等於唯識學的第八阿賴耶識，這是根本，真正用都是第六意識跟前五識的用，是這樣一個道理。後天的用只有六，沒有八，先天整個的用有八，後天作用都是六爻在用。《易經》六十四個卦，上面三十個卦是講宇宙萬有的開始，「有天地然後萬物生焉」，有了這個宇宙開始就有萬物了，一路下來，從物理的現象講歷史人生的生命，三十卦講完了。

下一篇呢？從生命開始，從男女關係開始，「有男女然後有夫婦」，有男女，然後就生孩子，生了孩子，這個生命一路一路怎麼樣演變，最後歸到什麼，一路包括了人文、歷史、社會的發展，發展到最後，輪迴因果，最後是空的。所以《易經》的〈序卦傳〉把人生的發展講完了，譬如一個人怎麼樣去讀書，怎麼樣做事，怎麼樣成家，怎麼樣發展，無論作皇帝，或者發大財，發了財以後最後是怎麼收場，一路下來逃不出這個法則，這叫循環往復，一邊陰一邊陽循環轉圈子。「无平不陂，无往不復」，物理世界沒有平的，本來沒有平，假定有個地平線，那是人為的假定，地哪裡是平的？地球是圓的，沒有中線，也沒有方位，兩頭是圓的，沒有只去不來。我們現在曉得，人在太空裡，這裡丟一個東西，轉一圈又回到你前面，這是自然的物理作用，就是因果，「无平不陂，无往不復」，去了一定回轉，就是這個道理。

所以《易經》的〈序卦傳〉看完了以後，就懂了人生的大道理，我們現在回過來探求中國文化，你翻開《易經》看看，在外國文化中跑了一圈，結果還是回過來找自家的文化。

# 第三堂（圓滿）

## 太極十三式

有些同學要學太極十三式，我看你們練練，你們先記會拳路動作，我再告訴你們內容，內行看門道，外行看熱鬧。（數位同學練習太極十三式）

注意啊，一個拳路出去，不管少林武當，這幾個字最重要，「前進後退，左顧右盼。」練神是眼睛看前面，不是看手，有許多女孩子在扭腰，那不是太極十三式。注意一個拳路的前進後退、左顧右盼。以前抗戰還沒有發生時，七七事變以前，國民黨有一位行政院祕書長叫褚民誼，你們老一輩大概知道，曾經留學法國，專練太極拳，他發明了一個太極球，很有道理。這個手這麼一出去，這個抱就是個球體，單隻手這樣過來，也是一個球體，這裡是個圓球，那裡也是個圓球，手是個圓球，指頭也是一個圓球，都是球體，空的。大家注意，像你們現在這樣常常練太極拳，會把膝蓋頭練壞，因為不知道步法。你們看到老師們教的那樣轉膝蓋頭，不是的，他是轉盆骨這裡，也不是腰這裡的兩塊骨頭。譬如我這樣練拳，身體轉過來，是這裡盆骨把腰帶過來，不是轉腰，兩個腿不動，不是膝蓋頭哦！膝蓋頭也要站住，不動哦，這樣轉過來轉得很正，你就懂得練腰了。

練拳尤其重要的是眼神，任何一拳出去，眼睛是看前方，這是練身體，也是練武功用，你跟人家打架，儘管他刀砍過來，劍砍過來，或是棍打過來，乃至子彈打過來，你不要看手槍子彈，就看對方的眼神，他要做什麼動作神態上已經有了，看對方的眼神，就很清楚了。譬如人家拿槍打你，他看到你想打，你看到他的眼神，他要打的同時，你一下子就轉過來，就不會受傷，所以太極拳有這樣一個道理。一過來這麼一撇就好了，不是逃避，那你會很吃力，移形換步，一個拳打過來，偏一下就好了，全身都是畫圓圈似的動力。所以第一練習前進後退，這樣進步是這個腳畫圓圈，提起來，不是膝蓋頭畫，這個腳是這樣過去。

你看兩個人摔跤，要把對方拉倒，他的腿這邊一提，對方就趕快一躲，因為怕腿被勾住，腿勾住以後一拉，人就倒了。前進後退是腳在畫圈子，八卦拳的步也是這樣勾過去，我老了動不了了，這一比內行就看出來了。所以掤是這樣掤的，就像做衣服，那個手指這樣很輕鬆地掤開，兩個肩膀打拳時一沉差兩寸。寫字也是一樣，大家拿到毛筆不會寫字，因為你筆是筆，手是手。練刀劍也是一樣，一般人練拳力量守在這裡，要把肩膀練得脫開了，太極拳含胸拔背，不是故意含胸，肩膀一脫開就含胸了，脫開了力量到哪裡？到兩手還不算數，要到指尖。如果寫毛筆字、練劍呢？到劍的尖上，你的力量一定練到那裡，這個手已經沒有了，肩膀脫開。有兩個步法，一個是弓箭步，這樣掤出去，一個是半弓箭步，那為什麼這樣掤呢？真的用起來，譬如說對方這個刀啊、劍啊過來，一隻手過來把對方架住、抓住了，另一隻手就過去了，所以練的時候這樣掤，同時你要懂得步法，不要把膝蓋頭練壞了，這一掤手就已經過去了，你轉身就來不及，對方的刀劍一下就來了，練的時候很慢，用的時候很快就過去了，這是掤。

## 報告圓滿

**馬宏達唸丁同學的報告：**此次老師教導與虛空一體合一的這種方法，深為受用。這三天來左後背（膏肓穴）都會被氣衝撞，有時會震得往前移動，左邊的大腿有時也感到氣的衝撞。今天唸佛號後出汗，處在光亮寧靜中，覺得當時衣服不夠，毛細孔有冰涼的氣鑽入，一陣一陣，呼吸正常，尚在寧靜中，變化時間不長，不久毛孔又覺冰涼氣出入，我怕受寒即回神，請老師慈悲指導，後背膏肓處是否有毛病。第二，氣亂竄如何歸元。

**師：**你聽了好幾遍都沒有注意，氣發動了不要理會，心越安靜、空靈，氣就越會發動，你只要不在乎它，只看住它，靜極了氣會發動，發動以後只是靜觀，不要作它的主張，身心自然會變化，你現在真懂了吧。

**丁同學：**懂了，謝謝老師。

**馬宏達**：還有他覺得毛孔有冰涼的氣從外面鑽進來……

**師**：同樣的不要管，你問得好，大家也要注意這個問題，你們有時本來坐得好好的，覺得清淨了，毛孔自然會張開，覺得外面的氣進來，如果你是在曠野中那就不要管了，覺到涼你也不管，那不會受寒的，如果你心裡一害怕，真的就受風寒了，這是唯心的作用，這樣能聽懂嗎？

**丁同學**：懂了，謝謝老師。

**師**：第二個問題，假定打坐時氣脈發動了，一下會出汗，也會覺得全身冷，因為汗出來身體會涼的，不要害怕，不理會它，因為你本來坐到這裡沒有出汗，出汗是因為工夫氣脈發動了，把水大濕氣逼出來，讓它自然乾，不要害怕。當然這個時候有人幫你從後面蓋好，那又反而不好，等氣機自然回轉了，毛孔自己會封閉，這樣聽懂了沒有？總而言之，不要著相，你是沒有融通佛法的道理，做工夫很容易著相，還有你的報告說我教你跟虛空合一，看光的方法不是你與虛空合一，而是與光合一，密宗講看光是看光，觀空是觀空，是兩個層次的法門，你現在結合起來也可以。

**馬宏達喰J同學的報告**：老師為大眾講解《解深密經》，其中說到一切影像皆唯識所現，換句話說只要心中生起一念，就會相應的有個影像好像明鏡照人一般，如果執著鏡子中的影像便是顛倒輪迴之因，也是內守幽閑之事，由此忽然想到老師的十二字真言，「看得破，忍不過，想得到，做不來」，便無話可說了。

**馬宏達喰R同學的報告**：太老師談到地水火風四大，末學有些想法，考慮一塊冰，這個冰的狀態是屬於地大，堅固的狀態，把冰加熱變成水，那麼這個的狀態當然是水大，若繼續加熱，水溫繼續升高，火大就顯現出來，再繼續加熱水至沸騰，變成水蒸汽時風大就顯現了。無論是冰、水或是水蒸汽，都是由一群水分子所形成的，一個水分子是一個氫原子和氧原子，一起形成水分子，那麼相同的水分子在不同的狀態下展現出堅固的地大狀態，或者是濕潤的水的狀態，或者是熱的火的狀態，或者是揮發飄散風的狀態，換言之地水火風只是物質在不同能量狀態的展現。（老師批：對。）上面提到物質和能量名辭，看是不同，但對物理學家來說是相同的物質能量，因為物質和能量是可以互相轉換的，物質可以轉變成能量，能量也可以轉變成物質，因此地水火風只是能量在不同狀態下的展現，所以地水火風本自不生，既然不生也就不滅了，而能量也經由地水火風而顯現，若將心意識加在四大裡面我就不懂了。（老師批：再參。）

**師**：再參是叫你還要研究一下哦，沒有答覆你，給你提個問題。

**馬宏達唸Y同學的報告**：南太老師慈鑒：太老師上課提到小乘先求證自己，我就想到H老師常告訴我們，不管修什麼法門都要親身體悟，一定要把五停心觀修好，這是學佛的基礎，接著講四念處，觀身不淨，觀受是苦，觀心無常，觀法無我，諸行無常是生滅法，生滅滅已，寂滅為樂。末學覺得四念處就是一念處，一念成就是四念成就，譬如說我們每個人的身體都是臭皮囊，最後都要死亡，化為灰燼，豈止是身不淨。受是苦就用不著說了。心無常，有形的一切本無常，無常也就沒有法了，既然無法哪還有什麼法我呢？

但因我們凡夫俗子都在顛倒妄想中，以為有個淨，以為有個樂，有個常，有個我，所以就痛苦不堪。這就難怪《華嚴經》四聖諦品中，開始文殊菩薩就說我們存在是過錯，釋迦牟尼佛說開佛知見，太老師有提到常樂我淨，佛法最後是歸到常樂我淨。我深深的體會四念處唯有耐煩的慢慢的修，才能修到常樂我淨，不知對否，請太老師指正。（老師批：對。）其次我也想到在修持上把佛法分成大小乘那是不必要的，比如說《楞嚴經》二十五位圓通，一開始就是憍陳如因四聖諦而悟道的，當然不可以說《楞嚴經》是小乘經典，我的意思是說有一個法門真修通了，就會一通百通，不知這個觀點對否？

（老師批：這個觀點對。）

**馬宏達唸F同學的報告：**題目是〈偉哉，自性如來藏〉。

偉哉，自性如來藏，具足宇宙一切功能，能產生一切作用圓融無礙；寂哉，自性如來藏，本自清淨，不垢不淨，本來寂滅，生生還是無生；覺哉，自性如來藏，心光獨耀，寂照十方，精真妙明。地水火風空覺識七大，自性如來藏七個大類的功能與作用同時具足，沒有先後，含蓋宇宙一切功能，雖然七大作用同出於自性如來藏，但各有自己的特性，故曰七大性離。從物理世界來說，共有地水火風空五個大類，前四大是以風大為例，風大的功能是從真空中來的，但它的表現又隨我們的心量變化，故曰：「性風真空，性空真風，清淨本然，周徧法界，隨眾生心，應所知量，寧有方所。」地大、火大、水大亦然。

然而空大又從哪裡來的呢？當從自性如來藏的真覺靈知之本體來，沒有真覺靈知，這個虛空的空性哪能體現呢？故曰：「空生大覺中」。《楞嚴經》中說「性覺真空，性空真覺，清淨本然，周徧法界，隨眾生心，應所知量，寧有方所。」此之謂也。從精神世界來說，自性如來藏有覺大與識大兩個大類的功能，此處的覺大不是覺海的本體，而是見覺、聽覺、嗅覺與身體感觸這個觸覺，這幾種的現量作用。識大乃是知性的意識，亦即分別事識，覺大與識大往往配合在一起，同時起作用，統稱為見聞覺知。

那麼，覺大與識大從哪裡來呢？當從能照的如來自性光來，亦名心光，百丈禪師稱之為「靈光獨耀，迥脫根塵，心性無染，本自圓成。」《楞嚴經》講覺大，「性見覺明，覺精明見，清淨本然，周徧法界。」講識大，「性識明知，覺明真識，妙覺湛然，周徧法界。」在在說明如來自性光所起照的作用就是覺大與識大，由此可總結如下：「心光寂照徧十方，見聞覺知由此現。空生大覺世界依，地水火風隨心生。」

自性如來藏的七大構成了宇宙一切物理世界與眾生世界，佛說我們真實的世界是常樂我淨又如何體會呢？

1. 自性如來藏本來寂滅，七大的種種業相與轉相雖表現生生不已，但生生還是無生，自性如來藏的真相沒有變過，因此說常。
2. 一切苦報皆由於執著七大所投影的塵勞，塵勞本無，七大本自清淨，云何不是極樂世界，因此說樂。
3. 我即自性如來藏，自性如來藏即我，我即佛，佛即我，了無分別，因此說我。
4. 自性如來藏本自清淨，七大也本自清淨，我們本在淨土中何勞妄求，因此說淨。

有如此知見，再看修行的次第，古德有云：「莫謂無心便是道，無心猶隔一重關」，一般修行人的無心地，是滅了第六意識的無夢無想境界，意根與第八阿賴耶識仍在。即使得了阿羅漢的滅盡定，從自性如來藏來說，只不過是關閉了部分的功能，是了不起，但畢竟不是究竟，唯有真正返回真空妙有，妙有真空的自性如來藏，行無緣之慈，同體之悲的願力才是究竟。（老師批：對。）自性如來藏與七大之深，深如海，唯證乃知，上述所言猶如囈語，知不足也。（老師批：好說。）

**馬宏達唸H同學的報告：**老師，今晨我和R同學、Q同學一起運動，想到當今之時，要成為領導禪門文化的人物之所以困難，有幾個原因：

一、此事要第一等善根。

二、此事要第一等吃苦。

三、此事要第一等誠敬和專一。

四、要對人類命運有一份憐憫與同情，從而產生高貴的四無量心。

我問Q同學：你發心了嗎？他回答發心了。然後，他又說是第六意識發心，第七第八識沒有發心。

我再問他：為什麼說是第六意識發心，第七第八識二識沒有發心呢？

他答：要證到空性，第七第八二識才能發心。

在這個對話的過程中，我想到初發心即成正等正覺。我又記起三十年前，在台北十方叢林書院的禪堂，老師要我發心，我當時知道發心的嚴重性，就淚流滿面，那是我當時的發心。再反省過來，想到Q同學所說的有現實性的道理，我看到有很多人發心，有的是第六意識發心，有的是前五識發心，有的是眼睛發心，耳朵還沒有發心。

弟子的問題是：

一、發心是否和搞科學一樣，在實驗室中摸著實驗？

二、Q博士說的對嗎？

師：《華嚴經》講初發心即成正等正覺，變成佛學的一個名辭，以大小乘的佛法來講，普通發心就是立志發願，不管六識七識，都不必討論，發心就是普通行為上有恒心，任何一個人即使做騙子小偷也要發心，要立志做這個事，這是普通的發心。大乘佛經講的發心，在禪宗叫作發明，後來科學也借用這個發明。發心在大乘講是發明本心，明心見性了才叫作發心，《華嚴經》所講初發心即成正等正覺，也可以說是普通人的立志，立志專一最後一定可以大澈大悟，所以後世有許多大菩薩寫了很多文章，勸發菩提心，對學佛要發起一個大志向，要大澈大悟、即生成佛，這叫發菩提心。但是世界上做任何一件事，就像學佛的三句話，發心一年佛在眼前，發心兩年佛在大殿，發心三年佛在西天。越來越遠了，這個是一般人的發心，做事業的也是這樣，譬如讀書、寫毛筆字、寫文章，開始都想有所成就，但是你看你們這些大教授，學生都是大博士了，還有沒有再用功啊？沒有，拿到博士熬到大教授，鬍子白了，佛在西天，學問早就丟遠了。

**馬宏達**：丙同學還有一個問題，他問佛在世的時候曾經示現神通，那麼後世用神通境界使人生信，可不可以？

**師**：真擔心這個問題啊！騙人就是神通，現在很多人赤手空拳都能創造那麼大的事業，這個神通多大啊？對不對？這個神通做好事當然可以啊，實際得道的人都在運用神通，你都不知道，此所以為笨也，對不對？

**馬宏達**：還有他問《楞嚴經》裡面孫陀羅難陀的修持，經三七日，看鼻中氣出入如烟，他想問一下這個烟是有形的還是意識狀態的境界，想像中的境界？

**師**：那得給他打個電話去問一下（眾笑）。

**馬宏達**：他說釋迦牟尼佛在涅槃以前，禪宗法脈傳給了大迦葉尊者，在這之後才陸續出現唯識宗等等，並有各派祖師，比如蓮花生大士，我想釋迦牟尼佛在涅槃以前，像唯識密宗這些學派的法脈傳承是誰？

**師**：他正在等你去接手（眾笑）。我答的都是正話，不是開你玩笑。

**馬宏達唸丙同學的報告**：古代人很容易證果，現在人則很難，除了根器以外還有什麼原因嗎？

**師**：沒有原因，古代人發心修行多，現在發心賺錢多。古代發心修行因為生活簡單，社會環境清淨，所以證果的很多。現在社會各種擾亂太多，都想做生意發大財，卻沒有幾個成功的，也是同樣的道理。你問的就是這一些問題，我看了你的報告，已經笑了半天了。

**馬宏達唸**：還有就是佛學修學有很多方法，那我們怎麼辨別用什麼方法？

**師**：這要問你自己，我這一次主要講的什麼方法？

**丙同學**：安那般那。

**師**：對，你能夠走這個路線試試，我認為最好，乃至勸這些老朋友，他們都學過很多的方法，我都勸他們走這個路線，這個還證不到，不要談別的了，因為鼻子是自己的，空氣不要錢買，這個都做不到你還談什麼呢？對不對？

**馬宏達唸**：再問一個問題，前天打坐，忽然心中一陣歡喜，就用另外一個心念來呵護這個歡喜心，最後這個歡喜心維持了很長時間。然後昨天打坐，老師的頭像突然出現在眼前，也用另外一個心念來呵護此頭像，但是相比前一天的歡喜，維持的時間沒有那麼長，不知道為什麼？

**師**：因為你太執相了嘛，想要維持。譬如男女談戀愛，你沒有談過戀愛，也沒有結過婚，外行，一見鍾情聽過嗎？世界上有幾個永遠鍾情的啊？鐘會敲啞的，人家形容愛情海枯石爛都不變，我說一定會變嘛，海一定有枯的一天，石頭也一定有爛的一天。你不要太執著了，不要著相。

**馬宏達**：大家起立向老師鞠躬致敬。

**師**：謝謝，不要客氣了，謝謝。

# 南懷瑾文化出版相關著作

## 2014年出版

南師所講呼吸法門精要
劉雨虹／彙編

孟子與盡心篇
南懷瑾／講述

東拉西扯——說老人，說老師，說老話
劉雨虹／著

雲深不知處：南懷瑾先生辭世週年紀念
劉雨虹／編

禪海蠡測
南懷瑾／著

禪海蠡測語譯
南懷瑾／原著，劉雨虹／語譯

孟子與滕文公、告子
南懷瑾／講述

太極拳與靜坐
南懷瑾／講述

## 2015年出版

點燈的人：南懷瑾先生紀念集
東方出版社編輯群／編

金粟軒紀年詩
南懷瑾／原著，林曦／注釋

話說中庸
南懷瑾／著

孟子與萬章
南懷瑾／講述

孟子與離婁
南懷瑾／講述

孟子與公孫丑
南懷瑾／講述

南懷瑾與楊管北
劉雨虹／編

禪、風水及其他
劉雨虹／著

如何修證佛法（上下）
南懷瑾／講述

藥師經的濟世觀
南懷瑾／講述

懷師之師：袁公煥仙先生誕辰百卅週年紀念
劉雨虹／編輯

我的故事我的詩
南懷瑾／講述

## 2018年出版

洞山指月
南懷瑾／講述

百年南師——紀念南懷瑾先生百年誕辰
劉雨虹／編

新舊教育的變與惑
南懷瑾／著

禪與生命的認知初講
南懷瑾／講述

易經繫傳別講（上下）
南懷瑾／講述

道家密宗與東方神祕學
南懷瑾／著

中醫醫理與道家易經
南懷瑾／講述

## 2016年出版

對日抗戰的點點滴滴
南懷瑾／口述

孟子旁通
南懷瑾／講述

大圓滿禪定休息簡說
南懷瑾／講述

我說參同契（上中下）
南懷瑾／講述

人生的起點和終站
南懷瑾／講述

孔子和他的弟子們
南懷瑾／著述

漫談中國文化：企管、國學、金融
南懷瑾／講述

跟著南師打禪七：一九七二年打七報告
劉雨虹／編

## 2017年出版

瑜伽師地論 聲聞地講錄（上下）
南懷瑾／講述

靜坐修道與長生不老
南懷瑾／著

圓覺經略說
南懷瑾／講述

答問青壯年參禪者
南懷瑾／講述

說不盡的南懷瑾
查旭東／著

說南道北：說老人 說老師 說老話
劉雨虹／著

## 2019年出

花雨滿天維摩說法（上下）
南懷瑾／講述

金剛經說甚麼（上下）
南懷瑾／講述

懷師的四十三封信
劉雨虹／編

## 2020年出版

禪宗新語
南懷瑾／著

楞嚴大義今釋
南懷瑾／著

懷師的四十八本書
劉雨虹／著

皇極經世書今說——觀物篇補結
閆修篆／輯說

談天說地：說老人、說老師、說老話
劉雨虹／著

## 2021年出版

照人依舊披肝膽 入世翻愁損羽毛——劉雨虹訪談錄
佟峻／編著

傳統身心性命之學的探討
南懷瑾／講述

# 傳統身心性命之學的探討

建議售價・600元

講　　述・南懷瑾
出版發行・南懷瑾文化事業有限公司
網址：www.nhjce.com
代理經銷・白象文化事業有限公司
412台中市大里區科技路1號8樓之2（台中軟體園區）
出版專線：（04）2496-5995　　傳真：（04）2496-9901
401台中市東區和平街228巷44號（經銷部）
購書專線：（04）2220-8589　　傳真：（04）2220-8505
印　　刷・基盛印刷工場
版　　次・2021年7月初版一刷
2021年11月二版一刷

設計編印 白象文化
www.ElephantWhite.com.tw
press.store@msa.hinet.net
總監：張輝潭　專案主編：林榮威

國家圖書館出版品預行編目資料

傳統身心性命之學的探討／南懷瑾講述. --初版.一臺北市：南懷瑾文化，2021.7
面：　公分
ISBN 978-986-06130-1-8（平裝）
1.佛教修持
225.7　　110004418